2015年松江区重点课题『实施尚美教育，引领特色高中发展的实践研究』的研究成果

U0749163

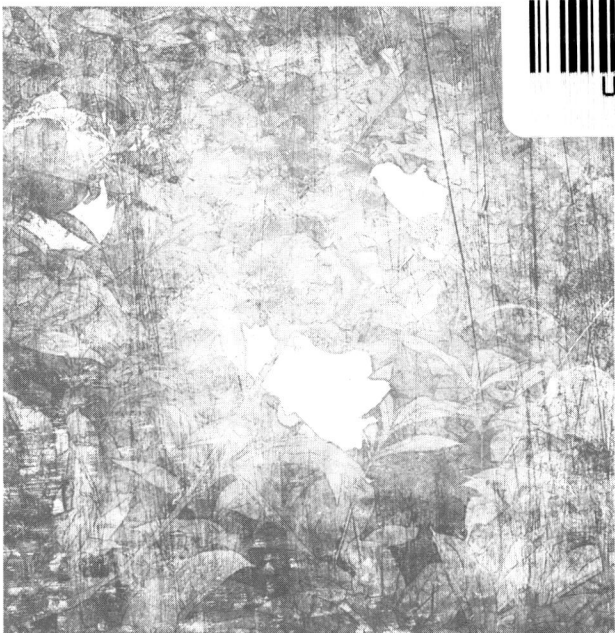

向着美的方向生长

高德品 等◎著

上海市松江区第四中学

尚美教育的研究与实践

华东师范大学出版社

图书在版编目（CIP）数据

向着美的方向生长：上海市松江区第四中学尚美教育的研究与实践/高德品等著.—上海：华东师范大学出版社,2019
ISBN 978-7-5675-9371-8

Ⅰ.①向… Ⅱ.①高… Ⅲ.①美育-教育研究-高中
Ⅳ.①G633.955.2

中国版本图书馆 CIP 数据核字(2019)第 138586 号

向着美的方向生长
—— 上海市松江区第四中学尚美教育的研究与实践

著　　者　高德品　等
策划编辑　张俊玲
项目编辑　魏　锦　黄诗韵
审读编辑　杨浩明
责任校对　吴　伟
装帧设计　卢晓红

出版发行　华东师范大学出版社
社　　址　上海市中山北路 3663 号　邮编 200062
网　　址　www.ecnupress.com.cn
电　　话　021-60821666　行政传真 021-62572105
客服电话　021-62865537　门市(邮购)电话 021-62869887
地　　址　上海市中山北路 3663 号华东师范大学校内先锋路口
网　　店　http://hdsdcbs.tmall.com/

印刷者　上海昌鑫龙印务有限公司
开　　本　787×1092　16 开
印　　张　15.25
字　　数　241 千字
版　　次　2019 年 8 月第 1 版
印　　次　2019 年 8 月第 1 次
书　　号　ISBN 978-7-5675-9371-8
定　　价　58.00 元

出版人　王　焰

(如发现本版图书有印订质量问题,请寄回本社客服中心调换或电话 021-62865537 联系)

目录

序一 /001

序二 /005

第一章　尚美教育的发展历程：寻美道路　/001

　　第一节　尚美教育的时代诉求　/002

　　　　一、加强美育工作的国家要求　/002

　　　　二、彰显文化底蕴的地方需求　/003

　　　　三、推进特色发展的学校需要　/004

　　　　四、促进全面发展的学生要求　/004

　　第二节　尚美教育的"三步走"　/006

　　　　一、起于美术（1993—1998）　/006

　　　　二、合于美育（1998—2014）　/007

　　　　三、走向尚美（2014年至今）　/008

　　第三节　尚美教育的"四中"经验　/008

　　　　一、特色学校是学校特色的高阶进化　/009

　　　　二、特色主题从学校积淀中传承选择　/010

　　　　三、特色方向需要有情怀的校长引领　/011

　　　　四、特色发展需要校外资源支撑突破　/011

第二章　尚美教育的价值追求：与美相遇　/013

第一节　尚美教育的理论基础　/014

一、善美融合思想：以美育德，成人之美　/014

二、全面发展学说：以美启智，美美与共　/016

三、多元智能理论：以美育美，至善至美　/016

第二节　尚美教育的办学理念　/018

一、以美育和，铸就管理的人本意蕴　/018

二、以美辅德，践行"尚美"凡人德育　/020

三、以美启智，追求"尚美"教学品质　/022

四、以人为本，构建"尚美养正"课程体系　/024

第三节　尚美教育的育人目标　/027

一、德育培养目标："平民本色"　/028

二、审美教育目标："尚美情怀"　/028

三、个性发展目标："未来强者"　/030

第三章　尚美教育的课程体系：尚美养正　/031

第一节　学科课程的美育价值　/032

一、自然学科的美育价值　/032

二、人文社会学科的美育价值　/034

第二节　尚美素养课程的特色构建　/035

一、"尚美养正"课程的缘起　/036

二、"尚美养正"课程体系　/038

第三节　多彩社团的尚美实践　/044

一、组建多彩社团，让学生在活动中绽放美　/044

二、开发特色社团课程，让学生在课堂中感受美   /062

第四章　尚美教育的特色课程：以美育美 /097

第一节　展美艺趣：发现生活的诗意 /098
一、尚美艺术课程 /098
二、尚美艺术节日 /101
三、尚美艺术实践 /103
第二节　弘美健体：塑造健康的身心 /107
一、以美健体的体育课程 /107
二、以美疏导的心理实践 /112
第三节　创意平台的实践创造 /115
一、创设实践平台，让学生在体验中感受美 /115
二、开发创意平台，让学生在实践中创造美 /116

第五章　尚美教育的教学变革："211"课堂 /119

第一节　"211"尚美课堂教学的内涵任务 /120
一、"211"尚美课堂的教学内涵 /121
二、"211"尚美课堂的教学任务 /122
第二节　"211"尚美课堂的教学特点 /126
一、目标设计美 /127
二、教学流程美 /129
三、教学方式美 /133
四、师生合作美 /138
五、教学评价美 /140

第三节 "211"尚美课堂的教学模式 /144

一、精炼问题引领学生 /146

二、有效活动贯穿课堂 /147

三、分层练习差异成长 /149

第六章 尚美教育的德育实践：以美养德 /151

第一节 以美养德的涵义特点 /152

一、以美养德的涵义 /152

二、以美养德的特点 /163

第二节 以美养德的体系构建 /164

第三节 以美养德的实践建设 /168

一、校外德育案例展示 /169

二、校内德育案例展示 /175

三、以美养德班级创建 /179

四、以美养德实践成果 /185

第七章 以人为本：成人之美的文化 /189

第一节 以美育人与成人之美思想 /190

第二节 以美育人的教师文化 /193

一、选聘任用：以"五美"为标准 /193

二、培训体系：落实"成人之美"师训理念 /195

三、团队建设：明确"美美与共"团队理念 /199

四、考核与评价：以评促建引领专业发展 /202

第三节 成人之美的管理文化 /203

一、管理文化核心 /203

二、具体目标及措施 /205

第四节 美美与共的环境文化 /210

一、教室环境美：温馨教室 /210

二、校园环境美：完善美化 /212

三、社会环境美：文明熏陶 /214

参考文献 /222

后记 /226

序一

美在生活中无处不在。人类对美的向往也从未停止。然而,让人遗憾的是,残酷的升学竞争压力让孩子们在原本可以享受美的年龄却失去了对美的憧憬。特别是高中阶段,在那些"只要学不死就往死里学"等充满鸡血的标语下,生活失去了色彩,生命也变得黯淡。德国著名哲学家雅斯贝尔斯在《什么是教育》一书中说:"教育是关于人的灵魂的教育,而非理性知识与认识的堆积。"我们期待教育能让我们的生命变得更加美丽,让师生在教育过程中不但能欣赏美,更能创造美,用才华与智慧创造温馨而美好的生活与世界。结识松江四中高德品校长十年,他作为一所高中校长,对教育之美的找寻与坚守,深深地感动着我。当前,教育中确实存在着诸多的"不美"现象。太多急功近利办学行为让教育异化,太多以分数论英雄的评价扭曲着孩子们的人生,太多以知识强化训练为主的课堂使人绝望。美在高中教育的丢失不仅体现在审美艺术课程的缺失,更多的是一张张练习、一份份考卷让高中生麻木,无暇顾及美,甚至失去审美能力和对美的向往。

现代社会与教育理论的发展,使得人们越来越清醒地认识到美育的重要性。美国当代发展心理学家詹姆斯·O.卢格说:"从某种意义来说,发展即是自我的生命——自我的成长、自我的保持以及自我的美化。"基础教育的本质就是助推所有人的全面发展以及个体的个性化发展,就在于教人求真,启人向善,让人自我美化。在此意义上,促进学生的个性发展,自主发展,向善、向美发展正逐渐成为教育的基本趋势,也成为当代教学实践变革的核心内容之一。从知识教学到学生成长,是课堂教学理论认识与实践变革的重大转变,这既是对日新月异的信息社会的时代回应,也是追求优质教育、践行以生为本的现实诉求。学校践行尚美教育,就是努力达到社会学家费孝通所倡导的"各美其美、美人之美、美美与共"的理想境界。

向着美的方向生长,意味着挖掘课程之美,形成校本特色。根据育人规律和课程审美化原则,学校对"课程价值、课程目标、课程内容、课程实施、课程管理、课程评价"进行全面构架,形成了六大课程群,分别为:语言与人文、数学与逻辑、科学与创新、体育与健康、社会与交往、艺术与审美。每一课程群由基础型课程、拓展型课程和研究型课程组成,通过以美养性、以美润德、以美益智、以美健体、以美践行来渗透美的因子,落实"尚美养正"课程理念,既满足了美术选修生的需要,又满足了全体学生的需求,提升师生的幸福指数。

向着美的方向生长,意味着构建课堂之美,提高教学效率。学校积极推进"'211'尚美课堂"变革,将美的元素融入教学中,充分挖掘教学中美的因子,给学生以美的感受,培养学生的鉴赏能力,让学生在美的情境中获取学科知识,启发学生去认识美、发现美、鉴赏美、创作美。教师在课堂构建中,注重目标设计的美、教学流程的美、师生合作的美、方法运用的美、教学辅导的美;在教学中,注重展示美的语言、美的板书,以激发学生的学习兴趣,提高教和学的有效性。

向着美的方向生长,意味着展现活动之美,绽放个性风采。活动是学生创造美并展示美的有效途径。学校重视学生社团建设,培养学生创新美、践行美的能力,先后组建了学科类、科技类、文化类等方面的30多个社团,让学生根据个人兴趣爱好,自主建立、自主管理,释放其内在潜能,绽放个性风采。学校重视学生的社会实践活动、志愿者服务活动和国内外游学行走课程建设,让学生在教师的指导下,自主进行综合性、实践性、合作性、创新性的学习活动,以提高学生的知识综合应用能力和动手实践能力。

向着美的方向生长,意味着浸润艺体之美,提升人文素养。以美术为主体,以音乐、体育为两翼的"一体两艺"模式,是学校"尚美素养教育"特色的发展思路。学校将"尚美素养教育"渗透到艺体教育中,让师生在体育教学中感受运动美、队列美、健体美,在音乐教学中感受旋律美、节奏美,在美术教学中感受线条美、色彩美,从而在美的熏陶和享受中不断提升人文素养,散发美的气息。

向着美的方向生长,意味着打造尚美之师,提升专业素养。学校制订了特色教师中长期发展规划,确立了"德艺双馨"的培养目标,通过外聘内培的方式,提高教师的艺术修养和审美水平。学校不仅注重现有艺术师资队伍的培养,而且还成立了校外专家辅导团,现已经与顾世雄、卢晓峰、朱平等一批画家签约,使他们成为校外特聘专家,作为对校内师资的补充。

向着美的方向生长，意味着健全管理机制，提升管理水平。管理是一门艺术，尚美的管理中既有严格规范的制度，又有亲切温馨的人文关怀，二者和谐统一。温和之中不失严格，严格之中彰显公允，从而使师生在他律与自律的统一中愉快地工作、学习和生活。在规范之美中，落实教育方针，规范办学，依法办学，规范师生行为，使教学有序进行；在人文之美中，切实关爱师生，共建团结和谐的氛围，倡导民主之风，提高参与意识，群策群力谋发展。

向着美的方向生长，意味着打造环境之美，营造育人氛围。优美整洁、充满生机的校园环境即校园物质文化具有"桃李无言"的特点。学校按照美的规律来设计和优化校园环境，校园环境的设置给人以美的熏陶、美的向往，渗透着尚美教育理念，体现学校的人文精神。例如，在教室、阅览室、学生宿舍、餐厅等场所装饰名言警句、书画名作，修建美术画廊、根雕艺术馆、校史陈列馆等，让学生在优美整洁的校园物质文化中不知不觉中受到美的熏陶，陶冶性情、激发美感、提高审美情趣、热爱学校、热爱生活。

教育实践的真谛不在于说，而在于做。"向着美的方向生长"的教育理念正在上海市松江四中实践、探索。团队着眼于社会家长对学校教育的期待，着眼于松江四中对办学品质的追求，多年来努力构建与实践着"向着美的方向生长"的教育理念。本书就是团队不断追求教育实践的智慧结晶，作为尚美教育实践者，他们一直在向着美的方向生长……

是为序！

国家教育部中学校长培训中心副主任

华东师范大学教育学部教授、博士研究生导师

刘莉莉

2019 年 5 月 16 日于华东师范大学

松江四中坐落于千年古镇泗泾,学校秉持"让美成就未来"的办学理念,育人环境优美,管理科学规范,办学特色鲜明,正成为一所受人瞩目的现代学校。

现代学校的校长,既要具备坚定的理想信念、高尚的道德情操、扎实的学识功底和宽厚的仁爱之心,还要能够把握时代发展的新需求和现代教育发展的前沿,在此基础之上形成稳定成熟的办学主张。上海市松江区第四中学的高德品校长带领学校部分优秀教师共同撰写了《向着美的方向生长——上海市松江区第四中学尚美教育的研究与实践》一书,系统地将该校"尚美教育"的发端和演进定格下来。读了书稿,顿生敬意。松江四中的办学实践告诉我们:要办好一所学校,校长要有深刻的洞察力和卓越的领导力,能够系统整合学校的内外资源,凝聚师生社会共识,充分激发学校办学活力,将办学主张转化为有效的办学行为,从而提升学校的办学质量。从这个意义上来看,高德品校长及其团队在松江四中倡导践行"尚美教育",境界宏达,步履坚实,其"仰望星空"的理性思考与"脚踏实地"的务实态度,具有教育家型校长的办学特质。

从"知"的角度来讲,"尚美教育"带有一定的创造性,隐含着校长的办学主张。通过对众所周知的"审美素养"与鲜为人知的"尚美素养"的比较,我们大略能够看出这两个概念中的差异,也可以借此管窥校长的办学主张。"审美素养"一般指人所具备的审美经验、审美情趣、审美能力、审美理想等。这个词语更多的是客观的、冷静的表达,是学术的、没有感情色彩的。在某种程度上,"审美素养"类似于三维目标中的"知识与能力"。从学生提升审美素养的角度来说,可能是主动的,也可能是被动的,学生的选择可能包含工具理性。"尚美素养"虽也包含"审美素养",但更强调学生对"审美素养"的崇尚、追求。这个词语更多的是主观的、热情的表达,是超出学术的、有感情倾向的,带有明显的办学追求和育人导向。在某种程度上,"尚美素养"类似于三维目标中的"情感、态度与价值观",有明确的学生中心色彩,强调调动学生本心中对于美的向往和追求。从学生接受的角度来说,更多的是主动的,不是应该具备或者已经具备的经验能力,而是自己首先审视审美之于自己生命经历和生命创造的价值,在理解认可的基础上具有主动追求的冲动,带有价值理性。可以说,对这一概念的提出与重视比较准确地把握住了"以人为本"的精神,带有时代性和创造性色彩。

审视这一办学主张提出的过程,同样能够进一步证实校长的理想信念和仁爱之心。作为区域内的一所极其普通的高中,松江四中的办学出发点是立足校情、学情,寻求生存发展之路——"起于美术,合于美育,走向'尚美'"。不必讳言,了解上海及其他地区基础教育的同仁均知,"起于美术"可以说是为学生上升拓展通道,彰显浓厚的仁爱之心,解决的是生存问题;而松江四中独特的"合于美育,走向'尚美'"则见出昂扬的理想信念。"尚美"统领学校课程、环境与人的发展,面向的是发展方向。这里,特别难能可贵的就是校长及其团队在理想与现实之间实现了平衡,但又始终不忘循序渐进、小步快走地靠近理想。学校"平民本色,尚美情怀,未来强者"的育人目标,柔美壮美兼备,蕴含着来自底层的不屈灵魂和勃勃生机。

从"行"的角度来看,五年多来,"尚美教育"经过实践、总结、再实践、再总结,已经初步形成了学校文化变革的顶层设计框架。通过本书,读者们可以了解这所学校在"尚美教育"上的价值系统、目标系统、策略系统、操作系统和保障系统。诸多文献研究和国家的政策文件均在强调"尚美教育"的价值,而要将"尚美教育"落实为学校课程建设、教学变革、德育实践、学校文化,其理念转化为行动之缓、教师变革课堂磨砺之艰、从个体突进到整体推进之难,基础教育界的管理者久经实践,均能感同身受。难能可贵的是,松江四中并未将"尚美教育"窄化为"艺术教育",而是哲学地进行系统思维、全面渗透,形成了学校"尚美教育场"。基础教育的每一小步都凝聚着一所学校全体师生家长的无数心血;以敝帚自珍之心出发,必生感慨崇敬之意。近几年来,从中央到地方均在大力提倡美育,对于一所志在"尚美教育"特色学校的普通高中,相信其实践应能给各所学校的美育工作提供借鉴。

如何实现"尚美教育"的可持续发展?从一般意义上讲,学校的可持续发展依托的是教师和学生两个主体,两个主体的和谐互动才能激发源源不断的内驱力。从松江四中这所普通高中的学情出发,首要在调动普通学生对审美的热爱、向往,唤醒其生命中的脉动,其次才是依托教师建设课程来系统地提升学生的审美经验、情趣与能力。学生审美素养的提升又能反过来进一步巩固其对美的热爱和向往,这样才是符合教育规律的学习,才是可持续的发展。

我对松江四中的未来和高德品校长寄予着更高的期望,祝愿"尚美教育"之树开枝散叶,形成森林,泽被南北,代代不息!

上海市特级校长

上海市格致中学校长

张志敏

2019 年 6 月 5 日于格致中学

第一章

尚美教育的发展历程：寻美道路

第一节　尚美教育的时代诉求

　　上海市松江区第四中学(以下简称"松江四中"或"四中")二十余年的特色发展之路,一方面是对以往办学内容与形式的补缺,另一方面则是在教育改革的浪潮中坚持教育本体,以"尚美"理念为核心塑造与完善学校新的人文精神,回归教育本真。

一、加强美育工作的国家要求

　　近年来,随着社会的转型发展,国家政策对教育的导向也越来越多地摒弃传统的以分数定终身的应试教育取向,转而更加关注学生的综合素养和全面发展。党的十八届三中全会就对全面改进美育做出了重要部署,2015 年 9 月国务院印发了《关于全面加强和改进学校美育工作的意见》,强调审美培育对提高学生审美与人文素养、培养学生的社会责任感、创新精神和实践能力,促进学生全面发展所起的重要作用。

　　2018 年 9 月习近平总书记在全国教育大会上发表重要讲话,充分肯定广大教师为培养造就德智体美劳全面发展的社会主义建设者和接班人的辛勤付出和重大贡献,并对学校和教师的下一步工作提出指导思想和具体要求,强调要全面加强和改进学校美育。

　　《中华人民共和国国民经济和社会发展第十三个五年规划纲要》中,教育部分也提出印发《关于全面改进美育教学提高学生审美和人文素养的意见》,召开全国学校艺术教育工作会议。开齐开足艺术课,多渠道解决艺术师资短缺问题。建立艺术教育工作评价制度,推进全国农村学校艺术教育试验县工作。开展好全国大中小学生艺术展演、高雅艺术进校园、中华优秀文化艺术传承学校创建等活动。这些政策对"美育"的关注不仅仅是一个国家的教育指挥棒从应试主义取向转向综合素质取向的必须,更体现了一种社会育人导向的现实需要——在信息化、全球化的背景下,在越来越充满变化和挑战的时代里,我们需要怎样培养面向未来的学生? 其中,中国学生发展核心素养的发布就是对这种导向及时而准确的诠释[1]。

文化基础中的人文底蕴包含审美情趣,是指"具有艺术知识、技能与方法的积累;能理解和尊重文化艺术的多样性,具有发现、感知、欣赏、评价美的意识和基本能力;具有健康的审美价值取向;具有艺术表达和创意表现的兴趣和意识,能在生活中拓展和升华美等"。这些要点为我们勾画出学校和社会在全新的时代挑战下育人目标的蓝图,也提示松江四中在当前背景下开展尚美素养教育的必要性和紧迫性。

二、彰显文化底蕴的地方需求

松江四中作为泗泾地区"最高学府",应该承担起"传承文化"的重责。"尚美教育"就是主张"以美育人、发展学生"的育人理念,将美渗透到学校教育工作的各个环节,以美的语言教导人,以美的行为感悟人,以美的环境陶冶人,以美的画面打动人,全面提高学生道德、文化、艺术等修养,从而使学生身心得到和谐发展。学校搭建尚美创意平台,开辟"创美涂鸦墙",让学生自由表达对美的畅想,描绘泗泾的民俗文化、标志建筑、风土人情,感受家乡之美,激发对家乡的热爱,树立文化自信。松江四中师生每年都会参加泗泾镇"古镇戏台"演出,将其作为展示学校艺术特色的一个有效载体,是学校校外活动品牌项目。从组织排练到最后演出,参与演出的全体教师学生为演出尽心尽力,把学校最优秀的节目展示给所有观众。这项活动的开展,不仅给学校师生创造了一个施展才华的平台,也让学校的艺术教育走出校门走进社区,同时,让更多的居民群众得到文化的熏陶和精神生活的享受。

[1] 王红旺,张玉滨,王敏.核心素养在高中各学科教学中的体现[J].教育教学论坛,2018(21):244-245.

三、推进特色发展的学校需要

松江四中作为一所地处郊区的普通完全中学,如何为学子打通一条通往高校的道路? 成为学校苦苦思考的一个问题。学校自上世纪 90 年代初期提出"艺体见长、全面发展"的办学思路,经过多年摸索和实践,逐渐聚焦于艺术特色。近 20 年来,学校的"寻美之路"经历了一个"起于美术,合于美育,走向'尚美'"的历程:面对高考压力,学校在部分美术教师的鼓舞下,开始通过强化美术学科特色打通高考新通道,学校艺术教育特色初步显现。在长期以美术特长教育为主的实践中,学校认识到单纯技能教育的不足,并进而将"美术"升华至"美育",致力于从单一学科向学校教育全过程渗透。从 2009 年起,学校一直被评为松江区艺术特色学校。以美育人的美育学校特色初步彰显,"尚美素养教育"的提法应运而生,它起于美术,合于美育,转向尚美。2015 年,学校成为首批 25 所上海市特色普通高中创建项目校之一。于是,就有了"尚美素养特色高中创建"项目的落地,它承载着四中逆境中勇敢崛起、困难中努力奋进、忧患中追求卓越的精神。费孝通先生曾用四句话"各美其美,美人之美,美美与共,天天向上"勾画了一幅和谐共处的社会愿景,学校借用其意,将其写入学校发展规划,希望作为学校的文化愿景,它能成为伴随师生共同成长的长明心灯。

结合国家政策的导向、对教育的思考以及学校的美育传统,学校认为在松江四中开展尚美素养教育实践探索有其独特的必要性。但是尚美特色高中的创建是一个循序渐进的过程,不是形而上地提概念,需要从学校的课堂教学、课程开发等方面去落实尚美素养教育。所以如何进行尚美素养特色课程体系建设,并探索与之相适应的课堂教学模式是学校发展的核心问题,同时还应加强尚美文化建设、队伍建设、环境建设等,进而将其内化为稳定的办学风格,形成稳定的制度架构,逐步将"尚美"上升为学校文化的有机组成部分。

四、促进全面发展的学生要求

教育的源头在哪儿? 归宿在哪儿? 追溯教育最早发生的时刻,是人类为了满足基本的生活需要所产生,而寻找教育的最终归宿,也无非是使人向善,追求美好生活。

美育是人类全面教育的一个有机组成部分,是人类实现自我发展需要的一个重要途径,它的根本宗旨在于培育人的人格和心灵。王国维认为,教育应分心育与体育两大领域,心育应包括智育、德育、美育三个方面。他说:"真者智力之理想,美者感情之理想,善者意志之理想也。完全之人物,不可不备真善美之三德,欲达此理想,于是教育之事起。教育之事亦分三部,智育、德育、美育是也。"所以,没有美育的教育是不完善的教育。美育不仅与智育、德育、体育相辅而行,而且还有自己独特的功能和规律,在整个教育中占有重要地位,它可以促进人的全面发展。

从人的全面发展观点出发,马克思也提出要按照美的规律塑造人、重视艺术教育的功能、培养全面发展的人。他认为:"人懂得按照任何物种的尺度来进行生产,并且随时随地都能用内在固有的尺度来衡量对象,所以,人也按照美的规律来塑造。"[1]在这里,马克思从哲学的高度阐述了人类的社会实践与动物的活动所遵循的不同原则,表明了人类不仅按照美的规律来创造世界,而且也是按照美的规律来塑造自己。如此一来,人类要想变得更美,就必须不断地丰富自己。因此,对人施以各种教育,包括审美教育,就是必然的了。审美,就是对审美对象进行美的感受、欣赏、评价、判断和创造。我们周围的世界充满了各种各样的美,有自然美、形体美、社会美和艺术美。审美教育的任务就是鼓舞人们去认识美、欣赏美、追求美,继而创造美,使人们充满对生活的信心和希望。正如列宁所说"人没有美感也不可能有对真理的追求"。因此,审美教育就要培养人们对于美的热爱,从而感到生活的乐趣,提高生活的情趣,培养对生活的崇高目标,最终实现人性的完善,达到全面培养人的目的。为了实现这一目的,审美教育不仅十分必要,而且要与智育、体育、德育和劳动教育等几方面相互渗透和互相作用,使这几方面的教育呈现出一个统一的完整过程。

要塑造全面发展的人生,就不要局限于分数、排名、等级和证书,而要更多地去培养学生发展美、创造美的能力,"尚美素养教育"就是一种基于人的全面发展的教育。

---

[1] 刘泽民.应用美学[M].长沙:中南大学出版社,2000:251.

第二节　尚美教育的"三步走"

松江四中"尚美教育"特色思想的成形过程是学校 20 余年寻"美"之路的过程，它启于"美术"，合于"美育"，走向"大美"，以追求幸福与自由的美好人生为终极目标。

一、起于美术（1993—1998）

1993 年，松江四中进行"学校多通道办学，学生多规格发展"的高中办学模式改革探索，加强体育、美术教育，开设电工、机械等课程，形成"正确定位、因材施教、前期渗透、'二一'分流、一张文凭、多种技能、升学就业、各奔其道"的基本框架，初步形成"学校多通道办学，学生多规格发展"的高中办学特色。其基本特点是：从四中生源相对较差的实际出发，根据每个学生的实际，有针对性地进行培养教育，使每个学生选择一条适合自己发展的道路。有的学生按"3＋1"升入高校；有的以"文化成绩＋美术或体育或音乐专业"升入高校；有的以"文化成绩＋技能"升入高职。这一探索初见成效，在前三年内，高考升学率都达到 54％以上，有的学生还考入重点大学。即使有的学生不能升入高校，但除了获得高中毕业文凭外，还具有电工、机械等技能证书，因此，毕业后较快适应就业，从而走出了单一升学模式的困境，调动了学生学习的积极性。高中办学模式改革推动了学校教育改革和素质教育，得到区教育部门的认可和家长、学生们的欢迎。

事实上，当初松江四中并没有主打"美术"特色的牌子，但"无心插柳柳成荫"，这一改革却为今后二十余年的学校发展找到了突破口。当时的杨启栋校长说："有人戏称我们四中是培养体育教师的摇篮，但我们的美术特长生进入高校的增长幅度也惊人。因此，'学校多通道办学，学生多规格发展'的做法并非不登大雅之堂，而是走了一步好棋,体现了以生为本的教育思想。"但不可否认的是,办美术教育确实也是出于当时的社会压力和学校生存需求,功利色彩较为浓重。

二、合于美育(1998—2014)

1998年起上海教育改革进入了第二期工程(简称"二期课改"),是针对"一期课改"后教育现状的反思而实施的,因此它在课程理念上实现了突破性变革,即树立起课程是为学生提供学习经历并获得学习经验的观念;以学生发展为本,构建体现时代特征和上海特点的课程体系;以德育为核心,强化科学精神和人文精神的培养;以学习方式的改变为突破口,重点培养学生的创新精神和实践能力;加强课程的整合,促进课程各要素间的有机联系。上海"二期课改"进一步提出了"以学生发展为本"的素质教育课程理念与目标,强调学生的素质处于不断发展的状态,包括在德、智、体、美的综合素质的基础上,揭示了提高素质的根本落脚点,并强调素质的动态性和发展性,把学生素质的发展作为适应新世纪需要的培养目标和根本所在。

在课改的浪潮中,我们坚持美术特色教育实践。同时,我们认为,"学生的发展"就是"课改"中提出的品德形成和人格发展、潜能开发和认知发展、体育与健身、艺术修养和发展、社会实践等五大方面。只有在这五个方面实现均衡发展的学生,才能真正实现由学校人向社会人的转化。那么,这五种发展该如何具体而全面地落实到实践中?我们主张以"美"为核心,尝试将美的要素融入到课程、教学、德育中去,由单一的"美术"升华到"美育"概念,从单一学科向学校教育全过程转变。

课程初步做到三类课程齐全、管理机制完善,运作模式规范,形成了具有四中特色的校本教材、校本练习和学案课例。在开发校本课程中,学校坚持"四贴近"原则——贴近学校特色、贴近学校实际、贴近师资力量、贴近社区,以此推进学校校本课程建设。"版画""蛋壳画""电脑绘画""禁毒防爱教育""十八岁成人仪式活动""法制教育"相继被评为区级特色课程。"曲棍球"被松江区选为市级特色课程参评。

创新实验室作为重点项目,开发陶艺、泥塑校本教材,培养师资,鼓励学生参与陶艺、泥塑项目,增加特色亮点。同时进一步开发、开设如民俗、体育(篮球、足球)、舞蹈、合唱、音乐歌剧欣赏等短课程。

德育工作目标管理更趋精细化,提出"分层德育"理念。根据各年级学生的身心特点,明确了各个年级的教育重点。高一:以校为荣,定位立志;高二:自我管理,自立自强;高三:树立理想,立志成才。继续整合社会资源,充分发挥社区和家庭教育功能,形成德育合力。

三、走向尚美(2014 年至今)

2014 年,正值国家和上海市提出关于"推动普通高中多样化和特色化发展"的要求,松江四中结合自身发展实际并以此为契机,在 2014 年 8 月 28 日召开的松江四中第三届教代会第三次会议上,通过了《尚美特色普通高中创建规划》,同年成功入选上海市首批特色普通高中创建项目学校。自此,学校以"尚美求真 明德问学"为校训,秉持"让美成就未来"的办学理念,着力"建设一所有追求、负责任、敢担当的优质特色高中",创建"尚美"特色课程,追求"尚美"教学品质,践行"尚美"凡人德育,铸就"尚美"管理意蕴。

在特色创建过程中,学校既感受到了当前以"应试教育"为主流的教育思想与模式带来的压力,同时也坚定信念,将尚美教育定位成学校办学方向与目标,因为四中人始终坚信素质教育是广大人民的强烈要求,它关系到中华民族的伟大复兴,关系到一代代中华儿女的素养。

第三节　尚美教育的"四中"经验

2014 年至今,我们不仅分析了学校实际办学的优势与不足,而且也更深入地挖掘出学校继续向前推进的生长点,在这充满困惑与艰辛的五年中,我们不断实践与反思,得到了如下几点重要启示。

一、特色学校是学校特色的高阶进化

国内对特色学校的内涵界定并不统一,通常有三种流行的观点:"第一种是特长观,认为有突出的个别强项或优势的学校为特色学校,第二种是优化发展观,这种观点认为特色学校是学校改革的产物,通过改革,学校工作得到全面优化,形成完整的全面发展的综合模式,特色应体现在学校的各个方面,是学校的群体现象,第三种是名校观,认为只有高质量高规格的名校才能称为特色学校。"[1]

从我们的实践经验来看,一所学校若想办出特色并非难事,艺术、体育、科技、德育、教学等角度都可以做文章,但这种特色可能只是单一的、局部的,或依赖于有特长的少数学生,或依赖于充足的物质基础,或依赖于部分学科教师,或依赖于几位主管领导,其整体性和稳定性是值得怀疑的。因为我们的目的是要保持特色,而不是阶段性地亮出特色。所以,特长观与名校观存在一定的认识误区。我们相信,一所真正的特色学校,其特色必定体现在学校各层级的管理与运行之中,不因外部环境的改变而轻易动摇。而这种稳定性的保持,就必须回归教育的根本目的,即满足学生多元发展需要,促进学生心智健康发展,同时也要让教师在工作岗位上获得成就感与幸福感。"尚美"特色的办学追求,就是要为每一位师生的发展提供无限的可能,使其绽放生命的光彩,向着美的方向生长。

学生有特色,学校才有特色。松江四中早期特色发展倾向于艺体特长生,在一定程度上忽略了其他学生的主动性和能动性,如今校园文化活动不断丰富,"悦"读节、科技节、体育节、社团节和文化艺术节,基本可以满足所有学生的发展需要,培养他们认识到自己的特色,发展自己的特色,展现自己的特色。同时,学生活动的开展也促进了教师特色的形成。学校还为广大教师开设了摄影、书法、瑜伽、烹饪等课程,邀请专业

---

[1] 何丙华.特色学校的内涵和创建因素[J].许昌师专学报,1999(02):126-127.

人员授课指导。总之,以师生发展为本的特色学校创建超越了办出特色的狭隘观念,也为特色创建提供了切实可行的操作手段。

二、特色主题从学校积淀中传承选择

"学校的特色主题,是学校的教育理念在办学过程中的集中体现,是学校在特色建设过程中所依据的目标和方向,是学校特色的灵魂,对学校特色建设的各项工作起到统领的作用。"[1]

在繁杂多样的潜在主题选项中该如何去选择成为难题。事实上,我们应该综合学校各种因素,找到一个适合学校本身且不失个性色彩的主题,继而无所畏惧,走出特色发展之路。其中最重要、最合理、最可行的要素就是自身的文化传统。我们将"尚美"作为特色主题正是基于这样的考虑。

第一阶段:美之术——项目特色。上世纪90年代初期,面对高考压力,学校在部分美术教师的鼓舞下,开始美术学科的强化教学,打通高考新通道。学校艺术教育特色初步显现。

第二阶段:美之韵——学校特色。在长期以美术特长教育为主的实践中,学校认识到单纯技能教育的不足,进而将"美术"升华至"美育"。树立"全员、全学科、全过程"的美育意识,以美育人的美育学校特色初步形成。

第三阶段:美之魂——特色学校。松江四中作为上海市首批特色普通高中创建项目校,又进一步提出走向"大美"("尚美")的理念,立足学生"生命本位",努力创造一切适合学生发展的条件,着力提升学生审美和人文素养,陶冶情操,激励精神,涵养品行,温润心灵,彰显学校"尚美"教育情怀。

四中人正是出于对学校历史文化的尊重、传承、挖掘,并适时地批判,才使"尚美"的精神内涵得以渗透与延续,逐渐凝聚成学校的血液、精神和灵魂。

---

[1] 张文青,马勇军.学校特色建设中"特色主题"的研究与启示[J].基础教育研究,2014(01):16-19.

三、特色方向需要有情怀的校长引领

2015年,高德品校长在"'新常态'下对学校发展路径的再思考"的报告中提出了"尚美养正"的教育基本理念、学校发展理念以及管理理念。把"以法为度,以人为本,以和为贵"作为管理原则;把"识人之美,用人之美,成人之美"作为人才理念;把"秉爱立责,享受幸福"作为服务理念。

2016年,"走向美"的理念经过四中人一年的践行,逐步上升为更加具有尚美内涵与情怀的教育价值取向——"让美成就师生的幸福"。同年,高德品校长又在松江四中举行的第六期长三角名校长高级研修学员办学思想凝练交流会上,将这一理念化作"向着美的方向生长"的主题报告,[1]翔实地阐述了学校"尚美求真、明德问学"的尚美文化精神;"美智、美心、美言、美行、美体、美天下"的尚美文化培养目标;"美、真、德、学"四位一体的尚美内涵;"文化启美、艺体修美、学科育美、德育融美、社团赏美、实践悟美"的六大核心课程体系内容。此后,在"向着美的方向生长"这一办学理念的指引下,松江四中致力于成为一所有追求、负责任、敢担当的优质特色高中。

四、特色发展需要校外资源支撑突破

学校特色创建如果只囿于校园,那么必将会带来不可突破的瓶颈。因为真正的特色是以师生成长为本,人的成长不可能脱离更为广阔的自然与社会,因此我们意识到要充分利用周边的自然与社会资源,寻找特色发展突破口。

结合泗泾地方特色,传承民间传统艺术,学校注重剪纸、绘画、书法等重点项目的辅导,突出培养学生的创新意识、创新能力,也注重培养学生的道德情操,使学生在乡土艺术的学习中,欣赏美、发现美、创造美。开掘本地名人文化资源,推进"中国梦"教

---

[1] 高德品.教育是一种坚守,校长是一份责任[J].上海教育,2017(21):26-29.

育,推出了学校第一批德育校本教材《史量才》《马相伯》。

搭建尚美实践平台,开设"六走进"体验课程。"走进高校",利用松江大学城资源,让学生们参观、体验、感受大学,为选择一个适合自己发展的专业做好准备;"走进企业",参观天喔集团,了解企业质量文化,树立正确的职业伦理观;"走进社区",开展"设计之美"和"出谋划策"等系列咨询活动,免费帮助社区居民提供各种风格的美化设计方案,在传递美的过程中,感受奉献的快乐;"走进自然",每年暑假组织新高三美术生去乌镇、黄山等风景区写生;开展优秀学生干部"游学行走",使学生与自然对话,增强生态意识。

此外,学校还积极邀请校外教育教学研究机构的专家为创建学校特色提供理论指导,从而在科学的指引下少走弯路,避免误区。

第二章

尚美教育的价值追求：与美相遇

苏霍姆林斯基说过："美是道德纯洁、精神丰富、体魄健全的强大源泉。"从本质上说尚美教育属于审美教育的范畴。审美教育可以分为两类，广义和狭义。狭义的审美教育是指"艺术教育""美感教育""审美教育""美学和审美素养教育"等；而广义的审美教育认为："审美教育是渗透美学原则在各科教学后形成的教育，追求人生的美学趣味和教育的审美境界。"[1]

"尚美教育"则取审美教育中的广义之意与实质取向，即将美的元素渗透于学校各项教育教学活动中，以塑造师生美好完整的人格为目标。

---

[1] 蒋莉莉.美术特色高中的生物教学中渗透美育的实践研究[D].苏州大学,2013.

第一节　尚美教育的理论基础

追溯教育最早发生的时刻，是人类为了满足基本的生活需要所产生。寻求美育最早的源头，亦是来源于生活。1750 年，德国普鲁士哈利大学的哲学教授鲍姆嘉登的学术专著《美学》一书出版，宣告了美学作为一门独立的学科正式成立。但是美育实践和美育意识，古已有之。因此，"尚美教育"的追求与导向可以从众多教育理论中寻得端倪，其中最有代表性的则是以下三种：善美融合思想、全面发展学说、多元智能理论，这三种理论恰好与学校对学生的道德发展、全面发展、个性化发展的教育追求相互呼应。

一、善美融合思想：以美育德，成人之美

提起美育，就无法避开道德教育，道德教育是美育的重要功能之一。国内外关于美育和德育的探讨起源较早。毕达哥拉斯及其学派提出的命题是音乐能净化人的灵魂，认为音乐和人的灵魂都是一种和谐，所以"净化"不仅是灵性的，而且是道性的。

柏拉图认为："图画和一切类似艺术都表现这些好品质，纺织、刺绣、建筑及一切器具的制作，乃至于动植物形体都是如此。美、节奏好、和谐，都由于心灵的职责和善良。"在柏拉图看来，只有心灵善良，人才能创造出美的事物，并且他认识到自然美和艺术美能够熏陶人的性情、净化人的心灵，还强调要从小培养青少年爱美的习惯。古希腊另一位思想家亚里士多德说"美是一种善"，从而使美和善、美育和德育融合起来。[1]

---

[1] 秦双.美育视角下大学生德育研究[D].南京：南京师范大学，2015.

康德认为人的精神活动应该分为三个方面即"知、情、意",并且认为沟通认识(知)和道德的桥梁是审美判断(情)。[1] 美育家席勒认为美育有着巨大的作用,它能使感性的人培育出理性,向理性过渡;理性的人培育出情感,向感性过渡;引导人们逐渐从自然状态趋向道德状态,培养人们健全的人格和美好的心灵。经过研究,康德把人的能力分为"纯粹理性""实践理性""判断力"三种:纯粹理性有关人的智力,指向物质现象的领域;实践理性有关人的意志,指向道德实践的领域;判断力有关人的感情,指向审美情感的领域;它们所追求的目标分别为"真""善""美"。这表明精神教育应该包含求"真""善""美"的智育、德育、美育,以分别提高人的三种基本能力。

苏霍姆林斯基是一位重视"美育"的教育家,指出:"美是一种敏感的良知的教育手段""没有一条富有诗意的、感情的和审美的清泉,就不可能有学生全面的智力发展"。苏霍姆斯基认为"美是道德纯洁、精神丰富和体魄健全的有力源泉""教会孩子能从周围世界中感受到精神的高尚、善良、真情",并在此基础上确立自身的美。苏霍姆林斯基在他的学校里,经常带领儿童欣赏家乡大自然的美,欣赏一花一草的美,这给儿童留下美的印象,留下一种"情绪的记忆",在幼小的心灵里播下爱家乡、爱祖国的种子。这就是"在审美感受的基础上形成道德信念"。

而我国关于美育的德育价值论述最多的当属著名教育家蔡元培,他提出通过美育和智育相辅,"而图德育之完成"。他认为:"教育之目的,在使人人有适当之行为,即以德育为中心是也。"而美育是达成道德教育的关键手段,美育"可以陶冶活泼敏锐之性灵,养成高尚纯洁之人格",可以使人"超越利害的兴趣,融合一种划分人我的偏见,保持一种永久平和的心境",可以"使人生美化,使人的性灵寄托于美,而将忧患忘却"。他提出的"以美育代宗教"的口号,其目的也是在于通过独立的美育给人以自由、向上的高尚情感。在具体的学校教育方法中,他倡导通过两种"美育"的途径来进行道德教育:首先是营造美的环境,注重创设校园优雅的自然环境与人文环境,最好"有山水可赏",让学生在美的场景中度过日常的学习时光,使学生减少浮躁之风,内心淡然平和;其次是丰富学生的在校活动,多举办一些形式新颖、立意高远的校园活动,如爱心义卖、道德两难问题辩论赛、成绩展览会等,使学生在充满美感的实践中提升道德水平。

---

[1]秦双.美育视角下大学生德育研究[D].南京:南京师范大学,2015.

从以上教育哲学家的观点可以总结出,美育与德育相互依存,相辅相成。松江四中"尚美教育"的理念正是站在对目前教育中的人文缺失,过分追求功利的反思的价值立场上提出的,表达了"以美促进道德教育"的教育立场,同时也顺应了当前国际上呼吁人性回归的教育大趋势。

二、全面发展学说:以美启智,美美与共

中国在摆脱原始氏族社会的野蛮状态进入到古代文明的奴隶制社会,便有周公"制礼作乐"。礼是伦理关系的规范、仪式,乐是包括诗、歌、舞在内的综合体艺术,礼乐结合,既是治理国家的法律、制度,又是进行教育的方式。

春秋末期,孔子把教育从国家政治生活中独立出来,创立了古代教育体系。他以"六艺"(礼、乐、书、数、射、御)教授弟子。乐,实际上就是专门的美育课。孔子结合音乐、诗歌、舞蹈等艺术形式发挥了他的美育思想,奠定了中国古代美育的思想基础。老子提出和阐发的一系列概念,"道""气""象""无""虚""实""虚静""玄鉴"等,对中国古典美学产生了极为重大的影响。中国古典美学的元气论,中国古典美学的意象说,中国古典美学的意境说,中国古典美学关于审美心胸的理论等都发源于老子的哲学和美学。

三、多元智能理论:以美育美,至善至美

根据杜威的观点,艺术是形式和内容的结合;艺术家总是把他们的观念融合到客观被造物上。他认为,只要通过教育发展人们的创造才能,那么,每个人都有可能获得并享受审美体验,艺术并不只属于专业艺术家。好的教育有助于身心统一,和谐发展,或者是思维和行动统一起来,达到这些以后,教育就成了最高的艺术形式——教育的艺术。[1] 在杜威

---

[1] Howard A. Ozmon, Samuel M. Craver.教育的哲学基础(第七版)[M].石中英,邓敏娜等,译.北京:中国轻工业出版社,2006.

的眼里,艺术是平等的,每个孩子都有成为艺术家的可能;而艺术又是具有差异性的,"一千个观众眼里有一千个哈姆雷特",每个学生都有独特的审美视角和不同层次的审美能力。因此,美育本就意味着个性化与差异化,美育促进人的个性化发展。

霍德华·加德纳所著的《多元智能》一书中定义了八种智能类型:言语—语言智能、逻辑—数理智能、音乐—节奏智能、身体—动觉智能、交往—交流智能、自然—观察智能、视觉—空间智能、自知—自省智能。他所倡导的"多元智能"理论及与之相应的"以个人为中心的学校教育"虽没有承认审美力的独立存在,但他认为每种智能都能导向艺术思维的结果。作为大肆批判"一元化"教育观点和"智商式思维"方式的代表,他的理论对于审美教育有着很重要的现实启发。

首先,他为艺术、审美等综合素质教育申请了教育机会的"入场券",使学生的个性化发展有了可能。他的理论引起了人们对单一教育标准之外的综合素质的关注,艺术教育被更频繁、更有效地引入学校课堂,拥有不同兴趣和特长的学生也有了更多发现自己、展现自我的机会;其次,他阐述了包括音乐、空间等每种智能相互之间的平等性,捍卫了每个学生个性发展的机会和权利。他认为智能没有高低、重要之分,只是在每个个体身上表现出不同的特点。人与人之间没有智商高低的差别,而是智能类型、强项是什么的差别。正如贝多芬、爱因斯坦、莎士比亚、达芬奇等名人的智商、智能是无法进行比较的,他们都有相对而言的优势智能。[1]正是这些优势智能构成了一个人的个性标签,让他/她成为"自己"。这就使教育工作者更加有意识地去关注和保护每个学生的兴趣、特长、喜好和情感,并且尽可能平等地呵护每位学生的个性发展。最后,加德纳将艺术教育和美育放在十分突出的位置,系统性地阐述了为有效促进学生的个性化发展,艺术教育应采取何种方法。比如他曾在哈佛大学推行的"零点项目"就主张将美育与其他教育综合起来,采取多种教与学组织形式和过程性、生成性评价方法,他反对将美育仅仅看作是一种技巧和概念的掌握,而是一种特殊的对待世界的方式与态度,也就是"个性化的感情、方式和态度。"[2]

"尚美教育"追求的是一种多样化的教育,每个学生都可以生长出不同的美的形

[1] 文平.多元智能理论视域下基础音乐教育的研究[D].长沙:湖南师范大学,2014.
[2] 曾繁仁.加德纳的"多元智能"理论与美育[J].山东大学学报(哲学社会科学版),2001(04):11-20.

态,成为独一无二的自己。但个性化与前面提到的全面发展并不矛盾,全面是基础,个性是特长,一个"大写的人"和一个有个性的人都是学校想要培养的人。换句话说,只有学生善于发现自己、敢于成为自己、乐于欣赏自己,这所学校才会充满生机。而"尚美教育"正是朝着这个"让美成就未来"的教育目标在不断努力。

第二节　尚美教育的办学理念

"尚美教育"已然成为了松江四中信仰层面上的办学方略和醒目的教育品牌。"尚美"理念在学校的管理体制、德育教育、学科教学、以及课程体系方面发挥着重要的作用。

一、以美育和,铸就管理的人本意蕴

松江四中着力营建依法治校、专家治校、师生自治相结合的现代学校管理制度,实行扁平化、网络式的管理模式,其实质就是民主管理。民主管理的人本意蕴主要涵盖行政、教师、学生三个层面,分别关注学校办学目标与战略使命的有效实现、关注教师自身的成长、发挥与突破、关注如何促进学生个体充分全面发展。因此,学校坚持"相信群众,依靠教师;民主公正,科学规范;与人为善,成人之美"的管理思想;坚持"以人为本,以和为贵,以法为度"的管理原则;坚持"办事有规章、过程能透明、考核定标准、奖惩讲公正"的管理目标,进而打造具有"尚美"特色的管理文化。

1. 完善民主管理,健全"尚美"制度文化

依法治校、民主管理就是要尊重师生的权益,学校积极搭建民主管理平台,使师生成为民主管理的主体。

为了弥补原年级组长负责制的缺陷,突出合作共进的管理文化及学校绩效考核文化的要求,学校成立"年级组工作指导委员会",架构了以年级组长为核心的年级发展共同体,以班主任为核心的班级发展共同体,以备课组长为核心的学科发展共同体,以家委会为核心的家长志愿者共同体,使各年级管理工作更加人性化、精致化、高效化。

松江四中首届学术委员会于2014年10月成立,体现了民主办学、专家治校的办学思想。2017年3月,按照学校《章程》和《第二届学术委员会换届方案》的要求,经自愿申报、组织考核、投票表决等民主程序,并报校务会审核决定成立第二届学术委员会。

学校成立"绩效工资联席会",做到管理公开透明,便于民主监督,使其真正成为教工参与学校民主管理、积极参政议政的一个平台。成立"食堂民主管理委员会",规定其职责为加强食堂与师生的双向信息沟通,对食堂安全、质量、价格进行检查和监督等,以此提高后勤服务质量,完善食堂管理制度,规范食堂管理行为。

家委会承担着构建与学校、家庭三位一体的教育网络的责任,对加强家校沟通、增进家校互信、促进家长对学校德育与教学工作的参与和监督,发挥了重要作用。为继续巩固家校合力,学校又推出"家长访校建言日"的家校合作项目,旨在充分听取学生家长对学校工作的意见和建议,发挥好"增信释疑,互利共生"的价值功能。

针对学生反映强烈、急需满足愿望的对话主题,学校推出"我与校长共进午餐"平台,为学生与校领导面对面互动交流搭建平台。以此丰富学生在校生活经历、疏导学生各种不良情绪、引导学生客观辩证地认识周围世界,进而打造学校"凡人德育"的特色教育项目。

2. 推行管理竞聘,打造"尚美"管理团队

建设一支优秀的管理干部队伍,加强干部能力与素质建设,是全面提升学校管理水平和办学水平,推进特色高中创建的必要组织保证。

"尚美"管理文化的意识体现、管理效率的提高,关键是要重视对中层干部队伍的建设。中层干部是学校各部门的领导干部,兼有承上启下的双重身份,既是学校决策的具体执行者,也是校领导联系师生员工的桥梁和纽带,其地位与作用的特殊性不容

忽视。因此,加强培养中层管理人才队伍至关重要。一方面,学校采取中层干部岗位竞聘制,为有能力、有才华、能做事、肯做事、做成事的教师搭建平台,创造成长机会。竞聘分为笔试、面试和民主岗位匹配度三个环节;另一方面,学校在每年的8月份进行为期3天的行政干部培训。内容包括专家主题讲座、党风廉政建设集体谈话、外出考察学习及中层干部微报告等,旨在夯实行政管理团队的人文底蕴,增强其作为学校管理者的责任感。以培训方式做好校本研修工作,也将是学校今后提升干部专业成长的一种常态。

3. 实现"成人之美",构筑"尚美"师训体系

在学校"尚美"价值引领下,学校逐渐探索出一种立体式的"成人之美"师训管理体系。高德品校长在《上海教育》(2016年8月)上发表《尚美养正——构筑"成人之美"的校本师训体系》一文,为三个不同阶段的教师提供了成长路径,并向社会分享了学校的实践经验和具体做法:一是规范教师基本素养,成见习期新教师专业成长之美。除市、区级层面操作的见习期教师规范化培训、老教师"传、帮、带"形式外,学校还积极开发学校特色微型见习期师训模式——"青蓝工程""入岗入职""专业成长档案袋"。二是拓展教师发展空间,成名优骨干教师领航示范之美。三是挖掘教师潜在动力,成瓶颈期教师的二次成长之美。利用学术委员会、专家讲座、市区(镇、校)级骨干教师评选等机制,学校善为人梯,为"熟手型"教师向名师成长提供平台。[1]

二、以美辅德,践行"尚美"凡人德育

学校主张"以美育人、发展学生"的育人理念,将美渗透到学校德育工作的各个环节。针对四中学生实际情况,除了渗透美育思想,规范性教育也不能松手,于是形成了"规训为基,对话为本"的德育方略,坚持走"凡人德育"道路,构建"以美辅德"的尚美德育精神和育人模式。

---

[1] 高德品.尚美养正—构筑"成人之美"的校本师训体系[J].上海教育,2016(22):31-33.

1. 坚守底线，力抓常规细化美

学校德育常规工作力求精细化到班主任与学生个人的个体层面与班集体、教室、寝室的集体层面。学生发展处采取集中培训、分批培训、自学相结合的形式，定期、定主题开展班主任培训工作，出席人员包括职初教师和心理教师。培训内容涉及师德教育、常规工作、心理健康、师生关系、工作艺术、安全教育、法制教育等方面。强化德育队伍工作实训，为学校育人工作的顺利开展提供了理论知识、经验分享以及德育人才的保障。每学期在班级、年级内评选"学习之星""礼仪之星""文明之星""进步之星"等个人称号，评选集体层面的"文明示范班""文明班""温馨教室""温馨寝室"，班级黑板报、班级文化建设优秀集体等称号。学校从中优选出比较出色的学生和班级，申报市级、区级"三好学生""优秀学生干部""优秀少先队员""美德少年""先进班集体"等荣誉称号。这些举措很好地实现了规范学生在校行为规范，培养其良好文明习惯的效果。

此外，安全教育、生命教育、法制教育、十八岁成人仪式、学雷锋活动、爱心义卖、纪念日活动、毕业班毕业典礼、劳技、学农、军训、东方绿舟、南京爱国主义教育等社会实践专题教育早已是学校的德育常规工作项目。

2. 开放办学，促进协作合力美

家校联手合作是学校特色德育项目的重点，包括"教育缘"家校工作坊、家长沙龙、家长访校建言日、校园开放日、亲子活动、"影子校长"等。同时，学校继续利用社会教育资源，与佘山防化营、少管所、戒毒所、福利院、"马史"（马相伯、史量才）纪念馆等共建单位合作，强化德育网络体系和德育协作合力。

3. 学会关心，涵养心灵健康美

良好的心理素质对人的健康发展极为重要。学校非常重视学生的心理健康教育，不仅设立了心理咨询室，还配备了学生生涯发展导师。学校不仅为学生提供了许多心理教育的专家专题讲座，也让学生在实践中涵养出心灵的健康美。为了达到这个目的，一是要学生自发自觉地关注自己的心理健康；二是要懂得主动关心他人、社会乃至人类，蕴养包含浓烈而高尚的情感因素，由此心灵之美自内向外延伸，达到真正的和谐之美。

4. 激发个性，彰显校园活力美

松江四中"尚美文化"多点闪耀，2014年之前主打文化艺术节与科技节，此后学校又增加了"悦"读节、体育节和社团节，为学生搭建起了激扬个性、展现尚美风尚的大舞台。

2014 年 11 月 19 日,松江四中开展了"构建书香校园,提高审美情感"的第一届读书节活动。后来,读书节内容拓展至诵读、书法、舞台剧、绘画、松江作家进校签名赠书并开设讲座等活动,就此更名"悦"读节。

科技节至今已举办过 6 届,现有科技类活动组织和社团 24 个,配备科技指导教师 20 名,其中机器人社获得过 2016 年松江区虚拟机器人比赛一等奖,"未来城市"小组获 2015 年"市西杯"未来城市大赛上海赛区总决赛"未来城市希望奖"称号。

体育节主要结合学校每年固定的春秋季田径运动会,举办过"我运动,我健康,我快乐""让尚美动起来"等为主题的活动,其中足篮球比赛还邀请共同体学校同场竞技。

文化艺术节是松江四中历史最悠久的校园文化节日,至今已举办过 31 届。其中学生器乐、相声小品、合唱比赛是亮点,并在 2017 年 12 月,值松江四中建校 65 周年之际,进行了闭幕式展演活动。

社团节是近年来四中校园内最受学生欢迎、参与度最高的文化节日。参加活动的有油画社、动漫社、环保社、国旗社、街舞社、机器人社、心海驿站、模拟法庭等三十多个社团,展现了我校学生社团的创意和才华。其中舞蹈类社团多次代表学校参加"古镇戏台",赴少管所表演等活动。街舞社还获得过 2016 年松江区舞蹈节高中组第一名、2016 年上海市学生舞蹈比赛三等奖;光影公社获 2015 年松江区首届校园微电影大赛最佳影片;模拟法庭获 2015 年 11 月 2 日"松江区青少年法治小品大赛"优秀表演奖;炫舞青春社获 2015 年区啦啦操比赛一等奖。

2014 年 6 月、2016 年 1 月、2018 年 9 月,松江四中举行了三次德育年会,倡导"人人都是德育工作者",使全体教师认识到只有适合学生发展的教育,才是最好的教育,只有适合学生发展的教育才是最有效的教育,只有适合学生发展的教育才是最有希望的教育。共同坚守学校教育"优秀做人,成功做事,幸福生活"的价值追求,传承四中的优良传统,努力进取。

三、以美启智,追求"尚美"教学品质

2014 年以来,学校积极倡导"以学定教、绿色课堂"的教改理念,坚定地走"以生为

本、少教多学"的道路,结合"尚美"绿色课堂的教育理念,学校一方面继续加强"严谨科学的教学风格",精细化管理教学常规工作,重点抓好备课、上课、作业、辅导、测试、评价等环节;另一方面,借鉴其他较为成熟的教学模式,与"尚美"内涵融合并创新,使四中教学效能与品质升级。经过实践与探索,学校构建了"尚美智慧,增值课堂"的"211"尚美课堂教学模式。此外,学校依托校际共同体,采用专家引领现场研修的方式,以课例研修为载体,将先进的理念融于听课、评课的过程之中,更新了教学理念,开拓了教学视野,优化了教学行为。

1. 文质彬彬,打造"211"尚美课堂

"211"尚美课堂教学模式是将审美的追求融合在课堂教学和学科课程教学中,用艺术的、审美的方式提升教学品质,营造审美课堂,形成"以学定教、先学后教"为特征的课堂教学"四步八字法"(准备、研讨、反馈、讲评),推广"小组合作"的学生自主研讨学习法。

"211"尚美教学模式也体现了儒家"文质彬彬"的美学思想,"文质彬彬"在孔子的美学思想中强调的是人的内在道德品质(内质)要与人的文饰(形式)相和。一个人缺乏文饰则会粗野("质胜文"),若单有文饰而缺乏内在道德品质则会流于虚浮("文胜质"),因此只有文与质相融合才能成就一个完满而健全的人。类似的,教学环节若一味追求形式之多变,则显得轻浮无质;若无形式之巧思,内容也显得沉重无趣。

"211"模式将一节课40分钟分成三部分:前20分钟,老师精讲课文;接下来的10分钟,师生、生生互动、点评,或学生做拓展活动;最后10分钟,学生练习巩固。从形式上讲,它讲究的是课堂艺术的节奏美。三部分犹如三个乐章,环环相扣,层次分明,波涛起伏,曲折有味。教师讲解是主旋律,为整堂课定下了一个主基调,围绕着它,师生、生生以对话的形式进行质疑、解疑,不同性质的声音既相互对抗,又不为对方所湮没,形成一种复调型的艺术形式。这种异质性要素的共存便是"和"的思想,和则生美,同则不和。事实上,"和"在此地也成了这一模式想要确立的审美标准(法则)。

孔子曰:"尽美矣,又尽善也。"让课堂焕发美的生命力,需要美的教师。围绕"尚美"教育理念,致力于课堂教学的审美化改造,学校注重培育"五美"教师,即教师形象气质美、教学表达艺术美、教学设计精当美、教学过程优化美和师生关系和谐美。组织礼仪修养、情绪管理、生活情趣等培训,提升教师气质形象;采取"请进来,走出去"的研修模式,促进教学设计、表达、过程的美化;引导教师关注学生差异,促进学生发展,让师生经历和谐美好的情感体验。比如，在市级展示活动中，以"丝绸之路"为主题的跨学科融合课，英语老师以 BBC"一带一路"新闻播报引入，历史老师讲述古代丝绸之路史实，美术老师带领学生鉴赏敦煌壁画，舞蹈老师与学生一起表演飞天舞，政治老师引导学生认识"一带一路"的现实意义，研究型课程老师指导学生完成探究型作业。将美的体验贯穿全过程，各美其美，直观形象地呈现"五美"理念。

2. 专家引领，助力教师专业成长

尚美课堂的成功打造，需要建设一支"尚美博学、合作互助、智慧育人"的教师团队。2016 学年开始，学校借助"毛东海特级教师工作室"、见习期教师规范化培训基地、上师大外国语学院教育教学实训基地的优势以及学校已有的区名师工作坊等平台，在理论与实践的结合中全程引领青年教师专业化发展。学校还为青年教师积极搭建成长平台，比如"青年教师论坛""青年教师读书会""青年教师学术沙龙""青年教师发展共同体""尚美杯"青年教师教学大奖赛，并给与更多的优秀教师走出去的机会，参加市级、区级教学比赛。同时，学校积极邀请在市、区内有影响的教育教学专家来校指导示范，有效促进了学校教学的提升。

3. 科研兴校，提升办学品位特色

学校规划科研室积极开展"尚美"课题研究，在教育部重点课题"基于实践共同体的义务教育学校均衡发展研究""信息技术与教育教学深度融合典型案例研究"，区委托招标课题"指向学生成长需求的课堂教学变革的行动研究"，区重点课题"实施尚美教育，引领特色高中发展的实践研究""基于移动终端环境的中学学习共同体创建研究""绩效工资背景下学校教师团队建设""指向学生思维发展的写作指导"，区级一般课题"SOLO 分类评价理论在中学学科教学中的应用研究"等课题之外，每位教师每学期都要有一个和"尚美"相结合的教学或者德育小课题，通过课题研究，提高教师的审美视角，培养学生的心灵美、行为美、人格美。

四、以人为本，构建"尚美养正"课程体系

立足学校实际，制定学校课程开发、教材选用、课程安排、课程实施、课程评价和管

理的基本原则,有利于推进学校优质特色发展。

2014学年度,学校课程整体上由三大板块8个课程群组成:基础课程板块(国家必修课程群、国家选修课程群、基础拓展课程群)、特色课程板块("马史"文化课程群、尚美培育课程群、体育修身课程群)、综合课程板块(综合实践课程群、生涯规划课程群)。当时学校自主开发基础拓展性课程群(12门)、特色课程板块三类课程群(67门)、综合课程板块两类课程群(33门),已形成"教科室——教研组——备课组——任课教师"阶梯研究网络,其辐射面涉及每一位教师。目的是掀起教研热潮,梳理研究成果,破解发展瓶颈,明确发展方向,形成常态化的自我矫正、自我问责和自我完善的风气与氛围,提升教师激发学生内在动力的能力和素质,最终促成尚美特色体系成熟。

2015学年,学校提出"尚美养正"的课程理念。这一理念结合了校本化后的国家课程、地方课程以及学校特色,包含六板块、三维度、三层次。六板块是语言与人文、数学与逻辑、科学与创新、体育与健康、社会与交往、艺术与审美;三维度是基础型课程、拓展型课程、研究型课程;三层次是国家课程、地方课程、校本课程。其中,"社会与交往""艺术与审美"两大板块是学校的特色课程。基于面向全体学生、满足学生需求、促进学生发展的原则,注意开发面向全体学生的普及性课程、面向部分学生的提高性课程、面向特需学生的多样性课程,形成四大课程系列:身心修养美、个性特长美、开放包容美、求真智慧美。

目前,按照"整合""融合""综合"的思路,学校已经形成"文化启美、艺体修美、学科融美、德育辅美、社团赏美、实践悟美"的课程实施手段。

1. 基础课程的融美

通过区重点课题"实施尚美教育,引领特色高中发展的实践研究"的研究、实施,各学科从现状分析出发,从学科的课程、教学、学习以及团队四维度,深入思考学科理念、学校发展目标、途径和策略等学科建设的重要问题,在学科层面建立起美育渗透学科课程群,实现学科融美。

2. 特色课程的创美

以美术学科为重点,进行整体设计,并辅以《高中美术学科个别指导方案编制和实施》和分层进阶的探索研究。包含5个模块:鉴赏与评述、绘画与雕塑、设计与工艺、书法与篆刻、媒体与创作。体现5个基本特征：全人，健全人格；全程，全部过程；全息，所有要素；全策，多样方法；全员，多元主体。2017年1月18日，松江四中彭菁、彭小莺分别开发、制作的慕课课程"美印版画"和"尚美·墨韵·雅行——楷书初体验"跻身上海高中名校慕课平台。

由美术进而拓展到铜管乐队、安塞腰鼓、歌舞、朗诵、合唱、民乐、中国鼓、女子曲棍球、足球、篮球、排球、健身操、创意软陶、编织、摄影等艺体特色课程。2014年安塞腰鼓队还代表松江区参加上海市民族鼓乐大赛，荣获初中组三等奖。2015年，原创情景式朗诵节目"满江红"荣获上海市初中组一等奖佳绩。学校鼓舞节目"振奋"受邀参加2017年上海市普教系统"一校一品"展演，登上上海国际舞蹈中心舞台。

另外值得一提的是，松江四中师生每年都会参加泗泾镇"古镇戏台"演出，将其作为展示学校艺术特色的一个有效载体，是学校校外活动品牌项目。从组织排练到最后演出，参与演出的全体师生为这场演出尽心尽力，把学校最优秀的节目展示给所有观众。通过这项活动的开展，给学校师生创造了一个施展才华的平台，也让学校的艺术教育走出校门走进社区，让更多的居民群众得到文化的熏陶和精神生活的享受。

3. 实践课程的尚美

松江四中社会实践特色课程建设以"尚美"为主干，衍生出诸如"社区服务与社会实践活动"等众多的特色课程，并把该课程细化为："画"落我家模块、社团润泽模块、职业体验模块和社会服务等多模块，通过模块设计推进"社区服务与社会实践活动"课程面向学生，走进生活，让"美"找到了生根发芽的土壤。

为了让学生树立参与社会、服务社会的意识，发挥尚美特色，学校组织了以"职业体验，服务社会"为主题的社会实践活动，学生走进西安路绿叶社区、镇幼儿园等场所，展开墙面涂鸦活动，为社区单位"添新衣"，广富林遗址、泗泾古镇特色跃然于墙上，或淡雅，或艳丽，各有风韵。

学校课程的建设充分体现了"以人的发展为本"的教育理念，尊重个体差异，将人的全面、和谐发展作为最终目标，是对教育本质、教育本源中"人学"的深刻认识。松江四中将不断丰富"尚美"课程内涵，提供多样化、可选择的课程菜单，满足学生个性化的发展需求。完善"尚美"特色课程建设，使四中学生具有平民本色，拥有尚美情怀，敢做未来强者。

此外,我们也认识到环境能够影响人和改变人,因此努力在"天人合一"的思想涵养下"创造艺术之环境",使学校外在的环境凸显尚美特色,又吻合自然本色——既弘扬尚美文化的韵味,又与整个学校的自然环境融为一体。通过打造尚美校园,塑造学校"处处是美、时时有美"的浓郁校园文化,极大地触发师生情趣,引发师生联想,使师生在愉悦中感受美,浸润美。

比如,学校创设各种有利于"尚美"文化传递的情景、氛围,不断唤醒、激活、开发潜藏于学生意识深处的"尚美"文化,有计划地让师生把自己的作品展示出来,满足他们创造美、展示美的心理需求。我们积极推进"尚美"体验中心的建设,建造了陶艺泥塑、书法、葫芦雕刻、DIS、3D创新实验室、地理信息等专用教室。新建了校史馆、学生艺术作品展示馆、艺术长廊等人文景观与设施,为学生创设新空间,放飞思想的翅膀,使他们的智慧闪烁光芒。

经过全体四中人的努力,尚美特色办学得到了社会各界的关注与肯定,《中国教育报》《文汇报》《青年报》《新闻晨报》《新民晚报》和新浪、网易、上海电视台、松江区电视台、松江区人民政府官方微信"上海松江"等媒体对学校特色办学与实绩进行了报道和宣传。同时尚美五年,硕果累累,绝非闭门造车所获。在立足自身发展的基础上,我们曾远赴全国各地多所名校实地考察,探求办学宝贵经验。所谓独乐乐不如众乐乐,松江四中到2019年共计接待国内外教育教学考察团六十余批,向来访客人们展示了近几年的办学绩效,包括学校特色培育、师资队伍铸造、校本课程建设、课堂教学改革、尚美校园改造等方面,受到国内外教育同仁与专家的认可和赞赏。

第三节　尚美教育的育人目标

尚美教育,从本质来说属于审美教育的范畴,从特性上来说,审美教育可以认为是借审美对象的形象,以自由交往的方式,给受教者以情感陶冶的教育[1]。审美教育具有形象性、情感性、自由性、深远性四个方面的特点。尚美教育承于美育,融合尚美素养,致力于引导人的全面和谐发展,这是其他教育不能代替的。学校结合美育特色,确立尚美教育的育人目标为"平民本色,尚美情怀,未来强者"。

一、德育培养目标:"平民本色"

"平民本色"是对学生肩负社会责任的要求,强调感恩乡梓,家国认同,世界眼光。"本色"就是做人的最基本的底色,是自我内在的锤炼和修行。在尚美教育的熏陶下,学生能明白自身的家国意识和责任意识,保存自身的纯善品质和内心的平和喜悦,成为儒雅的尚美学子。

保持学生的"平民本色",是对学生的纯良本性的尊重,是对学生追求个人幸福和人生目标的鼓励。"平民本色"集中体现了尚美教育中"以美育德"的功能。高尔基有一句经常被引用的名言:"美是未来的伦理学。"这句话将审美教育与道德教育紧密地联系起来,"把审美情感和审美判断能力的培养纳入德育之中。它不仅有助于对教育效果的评价,也有助于促进教育方法的改革,运用形象教育的手段直接培养受教者形成表里一致的道德品质,从而造就内心和谐、个性全面发展的人。"[2]

二、审美教育目标:"尚美情怀"

"尚美情怀"要求学生具有"美"的涵养和品味,能发现、感知、欣赏、评价美,进而创造美,能在生活中拓展和升华美。审美教育的总体目的,在于使个体审美心理结构完善,使它与智力结构和伦理结构协调发展,同步前进,培养学生成为一个全面和谐发展

---

[1] 杨恩宁.审美教育学[M].沈阳:辽宁大学出版社,1987:92.
[2] 杨恩宁.审美教育学[M].沈阳:辽宁大学出版社,1987:137.

的人。为了实现这个目标,必须逐步培养学生的审美感受力、审美鉴赏力和审美创造力。

审美感受能力,是多种心理功能如感知、想象、理解、情感协调活动的能力。这种能力,表现为对审美对象形式整体的直接把握和领悟,从而产生一种审美愉悦。审美感受力带有先天的素质,但更需要后天的引导与培养。在教学中,引导学生领会和体验外界,通过知觉与特定人类情感联系起来,内化为他们的感性知识、自身的习惯,这是培养学生审美感受力的关键所在。审美感受能力的培养不仅在于领会和体验,还包括审美想象力和审美理解力的培养。"在审美欣赏中培养审美感受力,包括多方面心理能力的培养,目的在于使受教者注意对审美对象的形式、结构、样态的直观感受和领悟,而不是一般的智力认识,因而要启发受教者凭直观去领悟行驶中的深蕴,只有这样,才是审美感受力的锻炼。"[1]

审美鉴赏力是对审美对象鉴赏和评价的能力。它包括对审美对象的美丑的识别,还包括对审美对象的审美性质的深刻理解,以及对审美对象的评价。个体在鉴赏审美对象时,产生的或美或丑的评价是一种较为简单的鉴赏。"审美鉴赏能力不仅需要一定的美学知识、审美素养,还要有一定的审美观念、趣味、理想作为鉴赏的标准。"[2]审美鉴赏的复杂性,使得审美教育在培养和提高学生的审美鉴赏力时,不仅需要着眼于审美的培养,还要结合世界观、人生观的教育,以扩大受教者理论、知识视野,同时要承认审美鉴赏的历史客观性以及审美个体的差异性,要特别注意审美理想教育,以使受教者有一个健康的审美意识。

审美创造力是一种表达美、创造美的能力,是审美感受力和审美鉴赏力的锻炼和提高。培养、开拓审美创造力是培养审美能力的重要任务,因为它直接涉及按照美的规律来创造新的生活。想象力和才能是审美创造力的两大支柱,这两项能力只有在审美操作中去实践。松江四中为学生开创了多种多样的活动,着力培养学生创造美的能力。如学生通过美术的练习创造美术作品,根据班级特色打造温馨教室,根据个性发展创建学生社团,都是一种审美创造。尚美校园环境优美,就是天然的创造美的净土。

---

[1] 杨恩宁.审美教育学[M].沈阳:辽宁大学出版社,1987:84.
[2] 杨恩宁.审美教育学[M].沈阳:辽宁大学出版社,1987:85.

学生自制的银杏叶书签、镜头里的校园掠影,和谐美好的人文氛围,都是尚美学子审美创造力的体现。

以上三种审美能力的培养、锻炼、提高,构成了松江四中尚美教育的基本任务。事实上,这三个方面的任务虽有侧重,却又密不可分,实现这三个方面的任务,就实现了总体目的,使个体审美心理结构完善化,转而成为美化生活的才能和创造力。

三、个性发展目标:"未来强者"

"未来强者"要求学生具备能够适应终身发展和社会发展需要的必备品格和关键能力。培养素质全面、个性彰显的生活的强者、事业的强者和时代的强者。

中国学生发展核心素养以培养"全面发展的人"为核心,分为文化基础、自主发展、社会参与三个方面,综合表现为人文底蕴、科学精神、学会学习、健康生活、责任担当、实践创新等六大素养,具体细化为国家认同等18个基本要点。[1] 其中,文化基础中的人文底蕴包含三个要点,分别为:人文积淀,即具有古今中外人文领域基本知识和成果的积累,能理解和掌握人文思想中所蕴含的认识方法和实践方法等;人文情怀,即具有以人为本的意识,尊重、维护人的尊严和价值,能关切人的生存、发展和幸福等;审美情趣,即具有艺术知识、技能与方法的积累,能理解和尊重文化艺术的多样性,具有发现、感知、欣赏、评价美的意识和基本能力,具有健康的审美价值取向,具有艺术表达和创意表现的兴趣和意识,能在生活中拓展和升华美等。这三个要点既关乎学生基本人文知识和素质的积累,又关乎学生的道德意识和价值情感,也关乎学生对于"美"的感受力和理解力。让四中学子"向着美的方向生长",使学生成为懂得审美的人,完整人格的人,充满智慧的人和富有感情的人。这些期待构成了学校和社会在全新的时代挑战下育人目标的蓝图,那就是让每个学生变得更"美"。

---

[1] 王红旺,张玉滨,王敏.核心素养在高中各学科教学中的体现[J].教育教学论坛,2018(21):244-245.

第三章

尚美教育的课程体系：尚美养正

在"学生发展核心素养"背景下,松江四中进一步突出课程在学校教育实践中的核心地位,引领学校加强课程领导力建设,立足以学生发展为本的办学思想和人的全面发展的培养目标,加快推进学校课程体系建设,实现国家和地方课程校本化、校本课程特色化,丰富学校课程文化,加大课程实践力度,营造全面实施素质教育的良好氛围。学校在充分挖掘学科美育价值的基础上,以"尚美养正"作为课程理念,不断地进行实践探索,构建了适合本校学生发展的"尚美素养教育"课程体系。

第一节　学科课程的美育价值

一、自然学科的美育价值

自然科学是研究自然界的物质形态与运动规律的科学,它是人类改造自然的实践经验的总结。学校开设的相关课程是对自然本质的认识和把握,是人类智慧的体现。学生在学习的过程中,会自然而然地感受到这些学科所蕴含的撼人心魄的美。但是,由于各门自然学科的特点和内容并不相同,他们的美育价值及其表现形态也会呈现出不同的特点。下面对自然学科的美育价值做具体的分析。

(一) 数学学科的逻辑美

数学是人类智慧和创造力的结晶之一,数的发明和使用在人类历史发展进程中具有划时代意义。数学的美不同于常规意义上那种赏心悦目,因此不易被普通人所理解和接受。数学美主要体现为相对抽象的理性美。虽然抽象,但这并不代表数学的美飘忽不定,不可琢磨,"哪里有数,哪里就有美"。

(二) 物理学科的现象美

物理学科的美育蕴含在物理现象和抽象之中。物理学科展示了光、声、力、能、电、磁等一系列神秘物质。这其中既包含我们在日常生活所见或实验出现的现象,也包含对其中规律的探索。在物理教学过程中渗透美育就是让学生感受这些现象之美,感慨科学之美。

在我们的生活中有很多常见但费解的物理现象,例如雨过天晴出现彩虹,钢铁巨轮在大海航行,汽车在马路上飞驰,在物理实验室中所出现的电流、加速度等。这些物理现象总是让人赏心悦目。

（三）化学学科的结构美

化学是研究物质及其运动和变化的科学。其学科知识本身揭示了物质内部丰富多样的运动形式及其规律，揭示了物质所固有的各种物理性质和化学性质，因此化学教学中蕴藏着许多美育素材。[1]化学本身具有科学性、系统性和规律性，因此化学存在诸多科学美因素，其内在美，主要体现在对物质各方面特性、变化规律以及相互间内在转化的证实。化学的内在美还表现在其理论的统一性和知识的逻辑性。这种严密的逻辑性和规律，深刻地揭示了知识严密的逻辑性内涵，体现着内在美。原子结构模型的演变过程，体现了人类对原子的认识过程，体现了人类在不断深化、不断追求、不断探究物质的实质，体现了化学学科的结构美。[2]

（四）生物学科的动态美

生物学是一门研究生命活动及其变化规律的科学，因此生物的美育主要体现为动态美。每种生物都蕴含线条、形体、色彩、声音等美学因素，我们看到生物时都会被这些因素的一方面或几方面所吸引，而构成生物的这些美学因素又构成一种整体自然美，如动物的五官基本都是对称的，体现了对称美学；动物的皮毛给人一种柔顺、光滑的美感；动物的动作有时憨态可掬，有时苍劲有力，发出的声音也是千奇百怪；植物的形态多种多样、颜色五彩斑斓。这些都是一种美的享受。在细节上，细胞分裂、个体发育过程等生命现象也体现了美学特性。在内部构造上，生物的各种器官相互配合，有机协调，让人叹为观止。

美在自然科学中广泛存在。自然界作为自然科学研究的对象，既纷繁复杂，气象万千，又和谐统一。千百年来，自然科学从不同的侧面去揭示大自然的内在秩序和奥秘，形成各学科的理论，人文学者们也从不同的侧面来描述它的风采。自然科学既告诉人们真理，也展示美的光辉。

---

[1] 钟启泉.化学教育展望[M].上海：华东师范大学出版社,2001：120.
[2] 李国胜.浅谈化学教学中的美[J].理科教学研究,2006(6)：22-24.

二、人文社会学科的美育价值

(一) 语文学科的语言美

在学科教育中,语文学科与美育关系十分密切。因此有人说:"没有美育的语文教育是不完全的语文教育,放弃或忽视语文教育阵地的美育也是有缺憾的美育"[1]。语文主要学习文学,而文学是语言的艺术,因此语文之美必然包含语言美。语言主要表现在丰富性、节奏性和形象性。通过语言的描绘,对文学形象进行形象地刻画,使之跃然纸上,从而产生动人心魄的力量。教材和课外阅读以及试题中那些脍炙人口的名作都蕴含着丰富的语言之美。

(二) 英语学科的人文美

英语作为一门外语,表面上看是一种语言,但其实更是一种文化。走进英语,意味着我们走入一种全新的文化。通过学习英语我们学习了英语语言国家的政治、经济、文化、艺术、礼节、风俗民情等,这些新奇的、包罗万象的知识具有强烈的美感。教师在英语课堂上,都会讲解相关国家的基本知识,如衣食住行、历史、城市、景色等,在好奇心的驱使下,学生能够认真学习这些知识,在轻松愉快的氛围中了解其风俗文化,感悟文化多样性之美。

(三) 政治的思辨美

高中思想政治课主要包括政治、经济、文化、哲学和国际社会组织等模块,要求以马列主义、中国特色社会主义思想为指导,全面培养学生整体素质的综合发展。习近平总书记曾多次强调,实现中华民族的伟大复兴需要中华文化繁荣兴盛。文化是一个民族发展的成果和延续文明进步的重要力量,追求真善美是人类的永恒价值。在高中政治

---

[1] 曾祥芹.文章学与语文教育[M].上海:上海教育出版社,1995:263.

教材中,政治、经济、文化、哲学等板块中包含了许多与道德行为和原则相关的内容,尤其是在文化及生活的相关章节中,非常重视传统文化的传承和创新,以此提高人们的思想道德水平,弘扬民族精神,为良好的行为习惯和高尚的修养打下基础。

(四) 历史的社会美

对于中学生来说,历史学科主要是学习人类发展过程及社会发展规律和趋势,其内容包括物质文明、精神文明和政治文明等三个方面。历史社会美是历史美育的主要体现。历史社会美是指历史上顺应社会发展潮流,对人类发展起到积极、促进作用的人、事、理论的美。人是历史的创造者,人物也是历史课堂中最常出现的要素。对于如此丰富的育人资源,教师在教学过程中要引导学生以那些具有进步性、正义性、为民族和国家牺牲自我、为人类做出重要贡献的人物为榜样,同时要以那些阻碍历史进步、开历史倒车的人为反面例子,在社会的风云变幻中区分真善美与假丑恶。此外,历史进程中的重要事件也蕴含诸多美的因子,如工业革命所蕴含的机械之美、科技之美等。

(五) 地理学科的自然美

生活在这个星球上,最震撼人心的还是大自然的鬼斧神工。地球表面70%以上是海洋,大海的波涛汹涌,海底生物的千姿百态、五彩斑斓都让人叹为观止。在陆地,一望无际的草原、垂直自然带的高山、壮丽的冰川、望而生畏的悬崖、奔腾不息的河流等都让人流连忘返。浩瀚的宇宙、转瞬即逝的流星、让人类恐惧的日食、四季的变换、昼夜的轮回都让人体悟到地理的自然美。

第二节　尚美素养课程的特色构建

多年来,学校在挖掘各个学科美育价值的基础上,结合泗泾地域文化和时代要求,以大艺术观的视野,不断审视自身的办学方向、办学行为和办学特色,从学生的学情和发展需要出发,逐步形成以美术特色项目见长的办学模式,逐步确立了由"美术"而"美育",由"美育"而追求人生的"幸福与自由",凸显"尚美素养教育"的特色办学系统。学校的"尚美素养教育"课程建设,也在传承、发展和创新中,不断丰富、完善,让学生的多元智慧、情感智能、兴趣爱好得到了主动的、生动活泼的发展。

一、"尚美养正"课程的缘起

(一) 何为"尚美养正"课程

所谓"尚美教育",就是培养学生具备认识美、发现美、鉴赏美、追求美和创造美的基本素养的教育。我们认为,不管社会如何发展,人们对美的向往和追求不会变。尚美素养是学生发展核心素养的重要组成部分,通过个体在艺术领域学习、体验、表达等方面的综合表现,发展他们的审美情趣。我们深入挖掘美术学科的育人价值,努力把审美精神融合到其他学科当中,我们从培养学生的观察与发现、鉴赏与审美、想象与创意、创作与表现、文化理解五方面的能力着手,通过文化启美、艺体修美、学科育美、德育融美、社团赏美、实践悟美等形式,让学生努力具有健康的审美价值取向,懂得珍惜美好的事物,并能在生活中拓展和升华美,提升学生的尚美素养。

(二) 为何构建"尚美养正"课程

学校在推进课程建设过程中发现,课程数量不断增加,但课程之间缺少逻辑关系,课程理念没有实现教育的全过程渗透,教师的课程开发存在着一定的盲目性,有的课程内容已经不能满足今天学生的成长需要。因此,整体规划、设计学校的尚美素养教育课程体系,深度建构学校课程已经迫在眉睫。探寻四中的历史文化积淀,环顾地域发展现状,对照当今教育发展要求,我们确立了"尚美素养教育"发展之路。"尚美养正"课程构建水到渠成。

1. 落实"立德树人"的社会需要

现如今各类媒体,尤其是网络媒体等,存在大量扭曲广大青少年艺术感受的垃圾,美丑不分,是非不明,给学校艺术教育带来了严峻的挑战。这需要学校艺术教育给予正确的引导,而现实是,艺术学科地位经常处于边缘状态,成为其他学科的附庸,课时屡被侵占。

教育部 2014 年印发的《关于全面深化课程改革落实立德树人根本任务的意见》(以下简称《意见》)中,明确提出学校课程改革要落实"立德树人"。《意见》要求学校要培养学生高尚的道德情操、超群的科学文化素质、健康的身心和良好的审美情趣。在这一背景下,德育被放到了一个更为突出的位置上。松江四中一直在思考如何从学校的已有课程体系入手,切实落实"立德树人",以此达成《意见》中的学生培养目标,让学校依托课程,实现从教书走向育人。

2. 学校特色体现的现实需要

松江四中以尚美立校,践行以美育人。由于松江四中的历史和生源因素,学校多年来以美术学科为切入点,学校的美术特长生占到总体学生数的 70%~80%。在长期以美术特长教育为主的实践中,学校课程仅在绘画的鉴赏力或者美术教育方面有所涉及,比较狭隘。学校认识到单纯技能教育的不足,进而将"美术"拓展至"美育"。随着学生发展需求的变化和校情的变化,学校又进一步提出"走向美"的理念,将办学宗旨定为"让美成就未来"。现如今,学校有意识地培养教师的审美情趣,把考察所有学科中潜在的美学观点,纳入尚美养正课程,不是作为美术与艺术的特殊领域中的特殊经验,而是更广义的审美教育。

学校积累了大量的"尚美教育"的实践经验,并在课程开发和实施方面做了大量的探索。然而,美中不足的是没有系统地梳理学校的现有课程,构建出凸显学校特色的课程体系。课程是一所学校特色最直接的体现,因此学校特色课程体系的建设也就成了现实需要。

3. 学生核心素养培养的本质需要

我国中学课程仍是一种比较典型的学科中心主义的课程。它以"升学—应试"为目标,强调学科的细分化,重理而轻文,带有完全的学术化的倾向。这种课程,往往将学生作为一个知识的容器,忽视学生的主观能动性;过分强调知识体系本身的逻辑性和结论的唯一性,忽视学生学习知识的应用价值及学生创造力的培养;知识内容比较陈旧,脱离学生与社会现实需要;重记忆而不重理解,窒息学生的个性。

核心素养,在新一轮高中课程标准制定中,被放到了一个核心的位置上。从三维目标到核心素养,可以说是更进一步地落实了"以学生发展为本"的教育理念,更进一步地实现了从教书向育人的转变。要培育学生的核心素养,就要根据学生的需要并结合本校学生的实际情况,调整课程结构,丰富课程内容,打破各学科之间的界限,推进多学科的融合。这样一来,学校特色课程体系的建设也就成了题中之义。

(三)"尚美养正"课程价值

1. 课程:承载学生的未来

松江四中的办学宗旨为"让美成就未来"。对学生而言,高中是一个重要的阶段,不仅是学生储备知识的重要阶段,也是学生提高艺术修养、形成健康人格的关键时期。课程是学校培养人的载体,因此课程承载着学生的未来。学校希望每一位学生在学校不仅能学到学科知识,获得学科知识需求的满足,还能通过尚美教育,得到艺术的熏陶、获得审美的情趣,形成坚韧乐观、诚朴正直的人格。

2. 选择:成就学生的个性

每一位学生都是不同的,他们的需求各不相同;每一位学生都要成长,但他们的成长轨迹也是各不相同的。学校要给学生更多的、更贴合学生需求的课程菜单供学生选择,为学生提供更多的学习、实践和体验的机会。这样一来,不同基础、不同个性的学生都有相应的学习机会,进而也就满足了学生多元发展的需求。

3. 评价:促进学生的发展

学习的主体是学生,因此要充分发挥学生学习的主动性。课程的实施还应该能够促进学生主动发展。促进学生主动发展的课程评价,应该具有自主性、多样性、形成性和参与性。既要发挥教师对学生的评价作用,更要吸纳学生自己、家长等群体参与,以此促进学生学习的持续性和主动性。

二、"尚美养正"课程体系

结合艺术特色发展需求,学校将国家课程和地方课程校本化,建构起"尚美养正"课程体系,包含六大课程群,分别为语言与人文、数学与逻辑、科学与创新、体育与健康、社会与交往、艺术与审美。其中,社会与交往和艺术与审美为特色课程群。(图3-1,表3-2)每一课程群由必修课程、选择性必修课程、选修课程组成,以美养性,以美润德(图3-2),以美益智,以美健体,以美践行,渗透美的因子,落实"尚美养正"课程理念。

图3-1 "尚美"课程结构图

图3-2 "以美润德"示意图

表3-1 松江四中课程总表

学习领域	课程			
	必修课程	选修课程		研究型课程
		选择性必修课程	选修课程	
语言与人文	语文 英语 历史 政治	读书与写作 诗歌鉴赏 英语课本剧 "马史"文化 英语听说	演讲与主持 历史与人物 科普英语 古诗文阅读 英语沙龙	
数学与逻辑	数学	数学思维 数学思想与方法 数学与美 数学与音乐 数学与艺术	快乐数学 生活中的数学 数学与传统文化	

学习领域	课程			研究型课程
	必修课程	选 修 课 程		
		选择性必修课程	选修课程	
科学与创新	物理 化学 生物 地理 信息技术 劳技	科技创新 生活中的理化生 科普生活 网页制作 云体验	车模 航模 木工 实体设计 发明创造 机器人 动漫设计 影视剧创作 光与影 地球奥秘	课题研究
体育与健康	体育	游泳 田径 心理健康 卫生保健	健美操 足球 篮球 排球 羽毛球 曲棍球 武术 围棋 象棋	
社会与交往		传统文化 环境教育 安全教育 人生规划 职业导航 爱国教育 研学旅行 环境保护 习惯养成 十八岁成人教育 责任教育 毕业励志 感恩教育 国防教育	青少年领导力 小记者 模拟法庭 辩论 校际交流 社区实践 高校体验	

学习领域	课程			
	必修课程	选修课程		研究型课程
		选择性必修课程	选修课程	
艺术与审美	音乐 美术	声乐 合唱 泥塑版画 书法 素描	管乐 安塞腰鼓 戏剧 剪纸 陶艺 国画 雕刻 街舞 电影欣赏 沙画 版画	课题研究

（一）六大课程群

1. 语言与人文课程群

语言与人文课程群以培养学生的语言文字运用能力,提升学生的综合素养,为学好其他课程打下基础为目的,开设了读书与写作、诗歌鉴赏、马史文化、英语听说等选择性必修课程,并根据学生的兴趣爱好,开设了演讲与主持、历史与人物、科普英语、古诗文阅读、英语沙龙、英语课本剧等选修课程。在动态的语言实践过程中,让学生掌握语言运用的规范,感受、体验、鉴赏优秀作品和文化的魅力,从而更好地落实国家课程,这也是推进高效课堂建设的一个有效延伸。

2. 数学与逻辑课程群

数学与逻辑课程群以数学这门具有很强逻辑性、抽象性、系统性的学科为出发点,发展学生的逻辑思维能力,培养创新意识、实践能力和学习数学的兴趣,养成良好的学习习惯。结合生活、学校的美育特色,开设了数学思维、数学思想与方法、数学与美、数学与音乐、数学与艺术等选择性必修课程。为了让学生的数学学习生活化、艺术化,开设了生活中的数学、数学与传统文化等选修课。让学生的数学思维更加灵动,更加接地气,从而推动学生的数学学习向更高的理解层次发展。

3. 科学与创新课程群

科学与创新课程群依托物理、化学、生物、地理、信息技术、劳技这些基础课程和校外的科技资源,进行课程整合、重组和资源优化配置,开设了科技创新、生活中的理化生、网页制作、云体验等选择性必修课。并根据学生的兴趣爱好和个性特长,开展各类社团活动,如车模、航模、木工、科普、实体设计、发明创造、机器人、动漫设计、影视剧创作、光与影、地球奥秘等选修课程,进一步提高学生的科学素养和创新能力,为学生的可持续发展提供更多可能。

4. 体育与健康课程群

体育与健康课程群以激发学生的兴趣与特长,促进他们的身心健康为主要目的。开设游泳、健美操、田径、曲棍球、足球、篮球选择性必修课程学生自主选科,采用走班形式,进行体育专项化教学,深化体育课程改革,积极发展具有校本特色的体育项目。根据学生心理需求开设心理健康课程,采用各类讲座、心理辅导、主题活动、社团活动等形式,帮助学生拥有阳光心态,健康成长。

5. 社会与交往课程群

社会与交往课程群以一系列校内外的课程资源为依托,分为国家课程与校本课程两个板块。国家课程分为职业与人生、文化与安全两个板块,旨在培养学生基本的人生规划能力与社会安全意识;校本课程分为选择性必修和选修两个板块,且分别指向自我认知与发展(认识自我,发展能力)、社会探索与实践(探索外部世界,提升交往能力)以及生涯规划与管理(规划适合自己的学业道路与人生之路)这三个生涯发展阶段。课程内容涉及校内的职业规划课程、毕业励志课程以及校外的游学行走、职业角色模拟等,为学生创设了多种多样的社会交往途径来认识自己,认识职业,学会选择和规划。

6. 艺术与审美课程群

艺术与审美课程群以培养学生的审美素养为立足点,分为国家课程和校本课程。国家课程开设必修课,对学生进行基本的音乐、美术学科教育。校本课程板块分为选择性必修课程和选修课程。选择性必修课程分为感悟音乐之美与欣赏书画之美两个模块,选修型课程分为绘画雕刻、设计工艺、舞美传媒三个模块。整个艺术与审美的课程涵盖美术、音乐、书法、设计、舞蹈、传媒等多个方面,力图充分挖掘各领域美的元素,从审美教育的层面展现学校"让美成就未来"的办学追求。

以"艺术与审美"课程群为例,开设面向全体学生的普及性课程、面向部分学生的提高性课程、面向特需学生的多样性课程。(表3-2)

表3-2 艺术与审美课程群

课　　程	高一年级	高二年级	高三年级
普及性课程	艺术	艺术	艺术
提高性课程	美术史论 素描:石膏几何体 　　　静物写生 　　　石膏五官 速写:单个人物 色彩:单个物体	美术史论 素描:石膏像 　　　人物头像 速写:双人组合 　　　风景临摹 色彩:静物组合	美术史论 素描:石膏像 　　　真人写生 速写:多人组合 　　　人物+场景 　　　风景写生 色彩:风景写生
提高性课程	编导:艺术常识、故事创作、影视剧评论写作等		
	播音主持:发声练习、新闻播音、才艺展示等		
	表演:朗诵、声乐、形体、命题表演等		
	器乐:钢琴、大提琴、小提琴、古筝、二胡等		
多样性课程	审美常识、中国画、装饰画、美印版画、创意绘画、葫芦雕刻、篆刻、泥塑、陶艺之美、根雕艺术、设计入门、戏剧的魅力、光与影、书法纵横、建筑欣赏、音乐之声、舞蹈之魂、摄影美学等		

(二) 四大课程系列

基于面向全体学生、满足学生需求、促进学生发展的原则,松江四中对"社会与交往""艺术与审美"两大课程群进行梳理,分成面向全体学生的普及课程、面向部分学生的提高课程和面向少数学生的特需课程,并形成四大课程系列:身心修养美、个性特长美、开放包容美、求真智慧美。4个课程系列各年级均有侧重,具体见表3-3。

表 3-3　松江四中四大课程系列

课程系列	高一年级	高二年级	高三年级
身心修养美	安全专题教育	道德模范评说	高考心理指导
	国防专题教育	志愿者活动	升学、生涯指导
	心理健康专题教育	运动与健康专题	未来强者指导
	危机处理专题教育	生活中的法律常识	
	孝道素养教育		
个性特长美	社交礼仪常识	三模型科技制作	美术专项培训
	书法、绘画艺术	美术写生创作	音乐专项培训
	形体训练基础	手工布艺坊	表演专项培训
开放包容美	外语交际基础	中外历史人物评说	走出校门－游学行走
	英语经典宣读	模拟联合国	国际时政风云
	外国文化介绍	模拟法庭、人大	国际视野－艺术交流
求真智慧美	初高中衔接	网络学习方法	高考策略指导
	学习方法与学习常规	研究性学习方法	自主招生指导(专业统考)
	学科思想与方法	知识拓展类选修	高考自选模块,大学预修

第三节　多彩社团的尚美实践

一、组建多彩社团,让学生在活动中绽放美

在松江四中,学生们从自己的兴趣出发,组创社团,集合一批有着同样梦想的同学。在社团活动中,提升对艺术的欣赏力、培养对文学的探析力和对科学的创造力,

为学生的生涯发展提供平台、奠定基础。目前学校社团分为人文类、艺术类、科技类、体育类4个大类,共有38个社团。高一和高二的学生根据自己的兴趣自主选择社团。

(一) 人文类社团

1. 模拟法庭社

模拟法庭社成立于2015年5月,学生亲切地称其为"魔(模)法社"。模拟庭审活动是该社团的主要活动。在教师的指导下,学生扮演庭审中的各个角色,如法官、书记员、公诉人、辩护人、法定代理人、被告人、证人、法警等,以司法审判中的法庭审判为参照,模拟审判某一案件。(图3-3)除此之外,模拟法庭社还开展了法庭参观旁听、法治手抄报制作、法治小竞赛、法治主题电影欣赏、小品排演等一系列主题活动。模拟法庭社排演的法制小品曾获松江区青少年法治小品大赛"优秀表演奖"。(图3-4)

图3-3

2. 跨文化交际社团

跨文化交际社团(Intercultural Communication Club)是由一群乐于交流、勤于学习的学生组成并进行管理的学习型学生社团。社团积极为学生提供了多种多样的与跨文化交际有关的活动,开设了形式多样的主题讲座,如餐桌礼仪、婚礼礼仪、节日文化等,让学生能够身临其境地感受各国文化。社团还举办了合唱、知识竞赛、辩论赛等活动,让学生通过组织和参加形式多样的活动得到锻炼和提高。此外,社团通过组织联谊活动,如圣诞交流派对等,为学生创造了良好的学习和交流的平台,让学生通过参与活动,了解更多的知识,提高学生的语言运用能力。使语言学习更贴近生活,创造向上向美的校园学习环境。

3. 英文电影鉴赏社团

英文电影资料是鲜活的语言材料,涉及的题材广泛,同时反映英美国家的文化,

图 3-4

为学生提供了丰富的文化场景,大量地接触电影使学生有更多机会接触真实的语料。英文电影鉴赏社让大家在真实的语言环境中感受英文的魅力,在轻松的环境下对英语学习产生兴趣,培养听力和口语学习的自信,丰富了学生的精神文化生活。(图 3-5)

4. 辩语争锋社团

辩论是一种能力也是一门艺术。口才是现代社会中交际的"贴身名片"。通过辩论不仅可以学到很多新知识及思维方法,还可以促进拓宽视野,培养自己的综合素质。

辩语争锋社团通过组织辩论活动帮助学生提高文化素养和驾驭语言的能力,激发广大辩论爱好者的热情,塑造诚恳的辩论风气,提升学生分析解决问题的能力,为学校的辩论精英提供一个展示个人风采的舞台。通过辩论比赛选出的优秀选手组成尚美四中辩论队去参加区级的辩论比赛,该社团在近几年的比赛中都取得了优异的成绩。(图 3-6)

图 3-5   图 3-6

5.自然环境社团

自然环境社团从地理的视角,探索自然与环境之间的关系,为学生搭建学习与交流的平台。将课程知识与实践相结合,将课堂与社会相结合,关注民生、关注热点、关注社会,采取探究式、调查式、考察式、观察式等多种学习手段,在教师的指导下,以学生自主设计、自主实践为主要形式,提高学生在社会生活中动手操作、体验经历、信息搜集、文字整理等方面的能力,为高考综合素质评价,为今后从事社会实践活动奠定良好的基础。

6.英语话剧社

英语话剧社(English Drama Association)是一个以锻炼学生英语口语能力,培养自信为主要目的的学生社团。在英语教师的指导下,学生自行开展丰富多彩的话剧编排活动(图3-7),打造校园文化生活,培养组织与协调能力。英语话剧社作为英语课堂的延伸,为学生营造了一个轻松愉快的英语交流环境。

图 3-7

在日常社团活动中,社团成员学习并表演话剧,自发组织各种类型的活动和游戏,如英语电影和演讲视频观摩、影视剧配音和英语小游戏等。学生在轻松愉快的氛围中学习英语,提高口语能力,同时带动听、说、读、写技能的提高,全面提升综合语言应用能力,使得学生未来有更广阔的空间去发展自我,实现人生价值。

7. 飞鸟源英语读书社

飞鸟源英语读书社(Paradise of Pursuit)主要是通过课外阅读来帮助学生培养语感、开拓视野。学生在教师的指导下有计划、有方法地阅读各种类型的英语材料。教师选择适合学生实际水平的阅读材料,文章体裁多样化,如小说简写、戏剧、散文、故事、游记、时事新闻等。社团也会通过组织丰富多彩的活动推进课外阅读,如读书征文、课本剧表演、优秀美文诵读展示、阅读知识竞赛等,展示读书成果。

8. 心海驿站

学生的心理健康越来越受到全社会的关注。心海驿站集合了一批对心理学感兴趣的学生,通过组织团体辅导活动(图3-8),帮助学生缓解在学习生活中产生的压力,提高人际沟通技巧,帮助学生成为更好的自己。

图 3-8

9. 海暖花读书会

尚美书院海暖花读书会的口号是"书香浸润人生,'悦'读放飞梦想;与书同行,收获四中满园书香"。该社团的主要目的是激发学生的读书热情,营造浓郁的校园书香氛围,建设积极向上的校园文化。读书会围绕特定的主题,定期组织开展精彩有趣的读书交流活动;不定期开设一些读书讲座,分享电影、音乐、诗歌、旅行的种种乐趣;还会组织一些阅读调查活动等。读书是一种诗意的生存状态,是一种幸福的生活方式,是一种温暖的生命体验。

10. 美食社团

美食社团以美食为载体,介绍各国饮食文化的差异,展示世界各地风土人情,穿插视频、图片、音频等,让学生在轻松的氛围中体会文化差异,感受文化熏陶。美食社通过学生自主探究(图3-9),展示一些简单的美食制作方法,使学生具备基本的厨艺技能与素养。实践活动提高了学生的想象创作能力、创新思维能力和动手实践能力,激发了学生对美食、对生活的热爱,并使他们能主动为家庭、为他人做些贡献。从世界各地美食再到中国美食,让学生感受世界不同的饮食文化,将饮食与传统节日、各地特色餐厅结合,拓展学生的知识面,增加学生的学习兴趣。

图 3-9

图 3-10

11. 国旗社团

国旗社团承担学校各种大型活动中的护旗升旗工作,负责每周一升旗仪式的护旗升旗工作。社团社员认真负责,风雨无阻地进行训练,还积极向其他同学宣传国旗知识。通过参与护旗实践活动,促使成员形成服务意识,激发他们的爱国热情,增强国家认同感,做一名有着美丽中国梦的四中学子。(图 3-10)

12. 领袖训练营

领袖训练营为学生搭建一个更为宽广的平台,给予学生机会,让学生充分参与到学校建设及活动中。学校每一个活动,从策划设计,到具体执行、管理、评价,学校都交由学生处理。这样不仅充分调动学生的积极性,为学生个性发展搭建舞台,增强了学生的信心,也让学生寻找问题、制定方案、解决问题的能力得到提高。"领袖气质"不是天生的,领袖训练营为学生们提供了一个平台,让学生们发现更美好的自己。

(二) 艺术类社团

1. DM 插画社

DM 插画社为学生提供有关插画方面的知识,把对插画感兴趣的学生聚集在一起交流和创作,并努力将插画艺术在全校推广,为喜爱绘画创作的学生提供了展示机会。DM插画社在培养学生兴趣的同时,提高了学生的艺术审美眼光。DM插画社也鼓励同学们创作属于自己的作品,并提供展示机会。作品既有随意的涂鸦,也有精心设计的创作。作品可能风格迥异,但具有美的感染力。(图 3 - 11、图 3 - 12)

 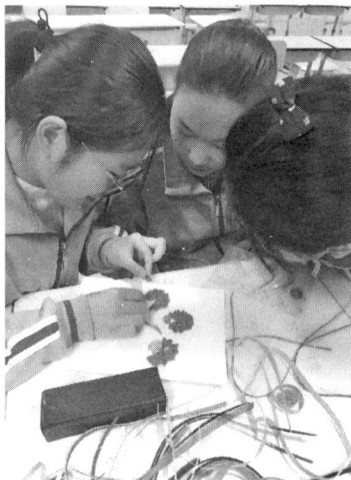

图 3 - 11   图 3 - 12

2. 陶艺社团

陶艺是一种既年轻又古老的艺术。说它年轻是因为现代陶艺独立发展的时间不长;说它古老是因为制陶透着原始的魅力。陶艺因其体验感强、有成就感,深受学生的喜爱和好评,社团从培养学生体验美、欣赏美、表现美、创造美的能力着手,创作出丰富多样的陶艺作品。

陶艺社团活动不仅可以让学生通过作品的造型、材料、肌理、纹饰、釉色来表达作者的意念,满足自我个性的要求,更能够增强学生的自信心和成就感。(图 3 - 13、图 3 - 14)

3. 魅力油画社

油画对于现在的学生来说,还是一个谜一般的事物,它背后蕴藏的技巧、表现方式、历史与人文内涵,有待学生去探究学习。魅力油画社团借助学校尚美教育发展的

图 3 - 13

图 3 - 14

契机,为学生在美育方面全面发展搭建了一个舞台,让一群善于发现美、描绘美、创造美,希望留住美的同学们,在艺术的殿堂里结识,在老师的指导下,相互探讨,共同启发,携手创作。(图 3 - 15、图 3 - 16)

图 3 - 15

图 3 - 16

4. 葫芦雕刻社

葫芦雕刻是一种用葫芦雕刻的艺术。2008 年 6 月 7 日,葫芦雕刻经国务院批准列入第二批国家级非物质文化遗产名录。葫芦雕刻社开展了一系列葫芦雕刻课程。学生们在学习雕刻的过程中感受民间雕刻艺术之美,学在其中,乐在其中。葫芦雕刻社团曾在湖南卫视《我的纪录片》20170412 期中亮相。社团目前有民间葫芦雕刻艺人"葫芦爷爷"和学校美术专任教师负责。(图 3 - 17、图 3 - 18)

图 3 - 17

图 3 - 18

5. 暖暖橡皮章社

橡皮章是使用小型雕刻刀具在专用于刻章的橡皮砖上进行阴刻或阳刻,制作出可反复盖印图案的一种休闲手作形式。雕刻橡皮章作为较新的手作形式,可以让学生在

图 3 - 19

繁忙的学习生活中陶冶情操,丰富课余生活,而且创作形式多样,简单易学,将学校美术特色融入手工创作当中,激发了学生协作、创新、实践动手的能力。雕刻橡皮章的时候,从选取自己喜欢的图案,到看着线条从自己的刀尖下产生,再到最后通过五颜六色的印台将图案展现出来,这一过程有利于学生提高自己的审美情趣。图 3 - 19 是学生的作品。

6. "墨印松江"版画社

版画作为传统美术的重要内容,是手工和绘画相结合的艺术。版画社为一部分有特长爱好的学生提供了一个展示个性才艺的机会,给没有接触过版画的学生提供了一个学习特长的机会。制作版画既要动手又要动脑,版痕的处理、留白的位置都要经过酝酿和构思。每个点、每条线、每个面都考验着制作者的技法,更考验着制作的耐心和细心。"墨印松江"版画社培养出一支优秀的学生版画创作队伍,他们的作品不仅装点着多彩校园,而且传承了中华传统民间艺术文化。图 3 - 20 为版画社学生的作品。

图 3-20

7. 泥塑社团

泥塑艺术是我国一种古老常见的民间艺术。它以泥土为原料,以手工捏制成形。或素或彩,以人物、动物为主。泥塑社团成员在教师的指导下,利用橡皮泥打开想象的空间,塑造出各种小动物或梅、兰、竹、菊等植物。大家在泥塑课上可以尽情发挥自己的想象力,追忆童年,在玩中学、学中思,让泥塑成为表现美、创造美的载体。图 3-21 为学生的作品。

图 3-21

8. 尤克里里

尤克里里(ukulele)即夏威夷的四弦"小吉他",是一种可以激发节奏潜能的乐器。尤克里里社团将对尤克里里有兴趣的同学聚在一起,主要针对零基础的同学,让他们学习简单的弹唱,发展自己的小特长,培养自信心。弹奏尤克里里可以帮助学生锻炼自己的左右手配合能力,社团成员也可以通过自弹自唱缓解学习和生活压力,自娱自乐。

9. 民族舞蹈社

民族舞蹈社通过日常训练让学生拥有一个良好的身体形态,让学生们能够通过舞蹈社团的活动升华对艺术的理解,在表演的过程中领悟到团队协作的重要性,并借助舞蹈大胆自信地表现自我、展示自我。社团排演的舞蹈不仅活跃在学校的舞台上,每年还都会参加古镇戏台的演出。民族舞蹈社让学生在舞台上自信地展现自我,在学生的生命中留下不可磨灭的色彩。图 3-22 是学生们的演出照。

图 3-22

10. 魅力街舞社

街舞社团的每一个成员怀着对街舞的满腔热情和热爱,努力学习,刻苦训练,他们有着高度的荣誉感和责任感。在学校的一些活动和比赛中,参演一些活力四射的舞蹈作品,既展示了街舞中不同风格的舞蹈形式,也展现了街舞轻松自在、追寻自由的精神。通过不懈的努力,街舞社荣获松江区舞蹈比赛一等奖及上海市舞蹈比赛三等奖。

11. 根雕社团

根雕是以树根的自生形态及畸变形态为艺术创作对象,通过构思立意、艺术加工及工艺处理,创作出人物、动物、器物等艺术形象作品。根雕社团是一个发现自然美而又创造加工美的社团。学生可以从中发现美、创造美、传承和弘扬传统文化。目前,学校已经成立李光辉根雕社团工作室(图3-23),邀请艺术家定期来指导。

图 3-23

12. 书法社

书法可健身怡情、养性修心。书法社团就是一个集合大家练习书法、提高书法水平的平台。书法社团为同学们提供良好的学习书法的气氛,可结识更多热爱书法的好友。书法社团的活动主要有书法欣赏、书法练习、书法展示等。图3-24为书法社的活动照片。

13. 光影公社

电影作为一种深受年轻人喜欢的艺术形式,正在逐步深入人们的日常生活,电影逐渐成为年轻人茶余饭后最主要的的谈资之一。光影公社不但提供优秀电影给同学们观看,也教会他们如何将电影作为一门艺术来欣赏,更是提供了一个平台给同学们创作自己的微电影,让他们表达自己的内心想法,述说他们的美好生活和梦想!社团

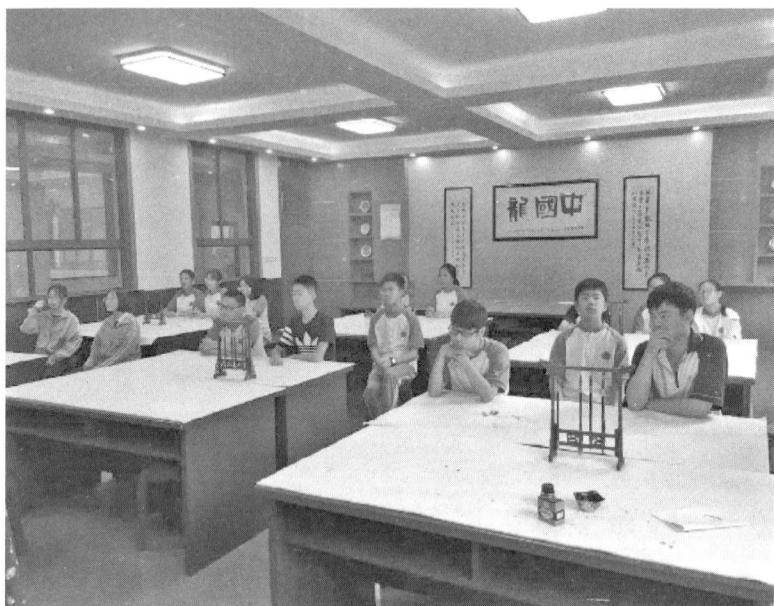

图 3-24

成员拍摄的微电影《心灵的微光》获 2015 年松江区首届校园微电影大赛最佳影片。

14. 单眼看世界

摄影是一门技术,更是一门艺术,"单眼看世界"引导学生了解摄影的基本知识,摄影所需要的各种摄影器材,通过理论联系实践的方法,去掌握并创作拍摄全过程和后期暗房操作技能。同时使学生灵活掌握摄影中常用的拍摄方法、技巧,创造性地运用摄影器材创作出符合时代要求的好作品。

(三) 科技类社团

1. PS 图像处理社

Photoshop 是迄今为止世界上最畅销的图像编辑软件,它集图像编辑、设计、合成、网页制作以及高品质图片输出等功能为一体,可以用来制作包装盒、杂志封面、平面广告、图片特效以及数码照片处理等,深受平面设计人员和电脑美术爱好者的青睐。

Photoshop 图形图像处理技术课程已作为利用计算机进行艺术设计与制作的必修课,PS 图像处理社为那些对 PS 技术感兴趣的同学提供了一个学习的机会,让那些对设计感兴趣的同学对图像处理技术能有一个初步体验。图 3 - 25 中，PS 图像处理社的学生们正在上课。

图 3 - 25

2. 创客空间

随着时代的发展，现代科学技术对人类的生产和生活方式影响很大。创客空间社团以学校技术与创新实验室为发展平台，帮助学生在社团课程中培养创新思维，用与众不同的创意，创造独一无二的事物。创客空间不是"黑客"，而是"创客"，创客空间是技术与创新实验室成员。创客空间鼓励学生们突破想象，执著努力地把想象变为现实。

3. 创新 3D 部落

3D 打印是一种以数字模型文件为基础，运用粉末状金属或塑料等可黏合材料，通过逐层打印的方式来构造物体的技术。（图 3 - 26）

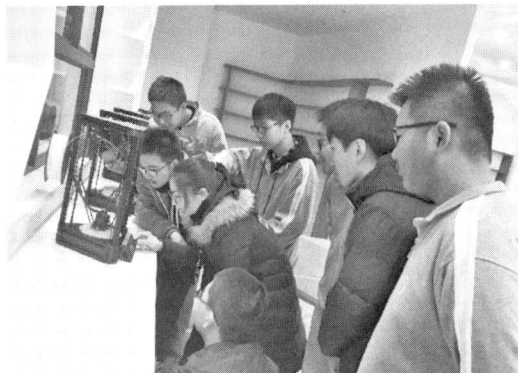

图 3 - 26

创新是 3D 社团的核心理念,创新中孕育的就是一种智慧之美的力量。创新 3D 社团旨在激发学生学习 3D 的兴趣,为大家提供学习平台和资源,鼓励大家运用 3D 技术进行自主创新活动。创新 3D 社团提高了大家对 3D 的认识,增强学生的三维数字化素养,提高学生的思维力、动手能力和创造能力,帮助学生树立正确的科学观。

4. 趣味化学社

图 3 - 27

高中阶段的学生好奇心强,化学学科教学中的实验能极大地激起学生兴趣,化学实验中也存在许多未被发现的美。将化学学科中的规律应用于美的创造和生活中具体问题的解决,锻炼学生发现美、创造美的能力,培养学生对生活的热爱,正是对美育的绝佳诠释。图 3 - 27 是化学社的学生们正在做化学实验。

5. 虚拟机器人社团

虚拟机器人是在电脑里用软件模拟建造机器人,并对机器人进行模块化编程,以达到使机器人按照人的思想去前进、转弯、自动驾驶,以及根据特定的地图去完成任务的过程。机器人的外观与汽车的结构相似,包含多种电机和传感器。该社团在 2016 年松江区虚拟机器人比赛中获得一等奖。

6. "星之旅"天文社

天文宇宙是一门古老而又年轻的学科,从神秘的玛雅人到我们的祖先,运用星相占卜、推演,解释了许多奇特的自然景观。天文社主要通过虚拟天文馆软件,模拟演示天文现象,让学生更直观地认识宇宙,认识地球的自转和公转,月相变化,四季变化,天体坐标、亮度以及认识一些著名的深空天体。此外,还结合美术特色,探究以美术的形式展现星空,增强学生的动手能力和对宇宙探索的热情。

7. SNS 分交部

全称 Social Networking Services 分享交流俱乐部。微博微信作为当代网络社交的重要传媒平台已经成为了国家信息发布、企业产品推广、自媒体运营的重要手段和战略重点。在 SNS 分交部，同学们将根据自身的兴趣和特长组成团队，捕捉市场热点，制作微信推送，学习微博推广技巧，从而锻炼未来就业的基础能力。

（四）体育类

1. "炫舞青春"健美操社团

"炫舞青春"健美操社团为热爱健美操的同学提供了学习健美操和展现自我的机会，多次参加校运动会开幕式表演以及文化节才艺展演，在松江区中学生健美操比赛中取得优异成绩，为学校争光。社团曾获 2014 年、2016 年区健身操二等奖，2015 年区啦啦操一等奖，2016 年和 2017 年区"一校一球一操"表演最佳啦啦队。（图 3 - 28）

图 3 - 28

2. 绿茵足球社

足球是一项运动，更是一种艺术。绿茵足球社是一个充满活力，充满感情，充满欢乐的社团。这里有强大的凝聚力，"合作"是最基本的要求，"团结"是社团的信念与坚持。社团本着"阳光、积极、向上"的宗旨。2012 年 10 月，足球队获得了上海市"五人制"初中男子足球比赛冠军;2012年7月,足球队获得了松江区初中男子足球比赛冠军;2016年11月,足球队获得了松江区初中男子足球比赛冠军(图3-29)。

图3-29

3. 尚美篮球社

尚美篮球社团结全校篮球爱好者,利用社团时间开展篮球活动来丰富学生的业余文化生活,缓解学习压力,促进篮球文化在校园的传播。篮球不仅可以增强同学们的身体素质,锻炼同学们的意志,而且还可以团结其他同学增强彼此之间的联系,培养各班级同学间的感情,为对篮球感兴趣的同学们提供锻炼、学习、展示自我的舞台。(图3-30)

4. 曲棍球社

曲棍球又名草地曲棍球,是奥运会项目中历史最为悠久和光辉的项目之一,现代曲棍球运动起源于19世纪初的英国,并于1908年伦敦奥运会首次成为正式比赛项目。我国唐朝时期的"步打球"类似于曲棍球运动。曲棍球可以锻炼学生的灵活性、柔韧性、协调性、耐力、体力、智商、意志力和胆量等诸多方面,有利于培养学生吃苦耐劳的意志以及团队合作精神。(图3-31)

图 3-30

图 3-31

图 3-32

5. 起航田径社

田径社是一个新兴的社团,是由校团委领导下的学生团体之一。社员在这里可以根据自己擅长的项目,选择田赛、竞赛中的不同项目,指导教师会对社员进行系统、专业的训练和指导,表现较为突出的社员还有机会代表学校参加区、市举办的各大田径社赛事。田径可以帮助学生强健体魄、激发潜能。(图 3-32)

二、开发特色社团课程,让学生在课堂中感受美

学校的30多个社团在长期实践的过程中,逐渐形成了自己社团的特色课程,指导老师围绕课程目标,根据课程纲要指导学生开展社团活动,而不是随意的、即兴的开展活动。下面对学校的部分特色社团课程进行介绍。

(一)"模拟法庭"课程纲要

1. 课程目标

(1)通过"亲身、亲历"参与模拟法庭活动,使学生熟悉司法审判的实际程序和过程。

(2)利用身边的违法违纪案例对学生进行法制教育,增强学生法律意识和自我保护意识,锻炼学生的社会适应能力,提高他们分析判断和辨别是非的能力。

(3)让更多的学生去关注法律,学法,懂法,守法,用法,做一个真正的法制公民。

(4)加强未成年人法制宣传教育,传播法律知识,加强法制意识,共建尚美校园,形成人人知法、懂法、守法的校园氛围。

2. 课程内容

课程内容如表3-4所示。

表3-4 模拟法庭课程内容

模　块	活　动　内　容	活　动　说　明	课时
守法小卫士	1. 法治小知识学习	采用自主学习的方式,根据老师要求搜集资料并交流。	2
	2. 观看电影《十二怒汉》	观看法治小电影,并根据要求进行思考讨论,交流感想。	2
走进泗泾法庭	1. 参观泗泾法庭	实地考察,参观泗泾法庭,感受法庭的庄严神圣,并旁听案件审理,留下直观感受。	1
	2. 法官讲授专业知识	法官来学校讲授庭审流程和注意事项,加深认识。	1

模　　块	活 动 内 容	活 动 说 明	课时
我们的法庭	1. 制作法治宣传小报	采用合作学习的方式,制作法治宣传小报,为更多同学普法。	2
	2. 模拟法庭展示	学生自己模拟一次案件审理的全过程,并由法官点评讲解。	2

3. 课程实施

学习对象:高一年级,学生人数 15～20 人;学生自主选修,具有探究热情,具备一定的自主学习能力。

课时安排:本课程共 10 个课时,每课时 80 分钟。

活动场地:教室、泗泾法庭。

(二)"跨文化交际社"课程纲要

1. 课程目标

(1)了解文化的基本内涵,以及文化展现的几种形式,包括国家或民族的历史、地理、风土人情、传统习俗、生活方式、文学艺术、行为规范、思维方式、价值观念等。

(2)深入了解不同国家文化差异,以及文化的一些由来,通过搜集资料、自主学习、小组讨论、故事讲述等形式,学会搜集、分析、整理资料,并学会合作解决问题,展示学习成果等。

(3)通过专项学习和活动体验,能够选取切入点,制定合理的研究方案,展开课题研究。培养学生发现问题、研究问题和解决问题等能力,激发学生的研究热情,养成基本的研究规范。

(4)通过学习和研究跨文化交际的相关内容,在增强跨文化知识的同时,增强交际能力。此外,增强对我国民族传统文化的认同感。

2. 课程内容

通过学习、讨论、体验等活动,记录每一位社团成员学习成长的过程,让社团成员广泛学习和了解跨文化方面的知识,拓宽视野。通过形式多样的跨文化交际活动,增强学生组织和参与活动的能力,提高学生的跨文化交际能力。通过对比中西方国家文

化的异同、由来等,增强学生对中华民族文化的认同感并弘扬中华民族文化。(表3-5)

表3-5 跨文化交际社课程内容

模　块	设 计 说 明	活动内容	活 动 目 标	课时
跨文化交际初探	采用专题学习的形式,让学生学会从待选问题中挑选出适合研究的课题,并能分析原因。	了解跨文化交际的内涵和表现形式。	1. 确定研究课题的角度和方法; 2. 通过倾听、互评,学会客观评价他人和接受他人的评价,提升表达交流的能力; 3. 在生活中逐步培养问题研究的意识。	3
跨文化饮食文化	采用专题学习的形式,涉及到图书馆和互联网的利用。学生自主查阅、了解跨文化饮食文化方面知识,采用讲座展示、对比差异探讨、实物对比等的形式,对比了解跨文化饮食差异及发展变化。	了解跨文化饮食文化的差异。	1. 通过互联网查询、图书馆资料查阅、互相点评、成果展示,能根据需要搜集、筛选、整合相关资讯;自主了解并学习不同国家饮食文化的差异; 2. 通过PPT展示、倾听、实物对比等形式,深入了解饮食文化差异; 3. 养成自主学习以及与他人交流的研究意识; 4. 发现跨文化饮食文化的特点和魅力,对中华饮食文化形成强大的认同感; 5. 培养基础的推理能力和思考分析能力。培养用联系的、辩证的观点看问题的习惯。	3
跨文化交际礼仪文化	采用专题学习的形式,涉及到图书馆和互联网的利用。学生自主查阅、了解跨文化交际礼仪文化,通过视频、讲座展示、对比差异探讨等的形式,了解跨文化交际礼仪文化的差异及发展变化。	了解跨文化交际礼仪文化的差异;影响礼仪文化发展变化的因素。	1. 通过互联网查询、图书馆资料查阅、互相点评、成果展示,能根据需要搜集、筛选、整合相关资讯;自主了解并学习不同国家交际礼仪方面的差异; 2. 通过PPT展示、倾听、实物对比等形式,深入了解礼仪文化差异; 3. 养成自主学习以及与他人交流的研究意识;	

模　块	设　计　说　明	活动内容	活　动　目　标	课时
			4. 发现跨文化交际礼仪文化的特点和魅力,对中华礼仪文化的博大精深形成强大的认同感; 5. 培养基础的推理能力和思考分析能力。培养用联系的、辩证的观点看问题的习惯。	3
跨文化服饰文化	采用专题学习的形式,涉及到图书馆和互联网的利用。学生自主查阅、了解跨文化交际礼仪文化,通过视频、讲座展示,对比差异探讨等形式,了解跨文化交际礼仪文化的差异及发展变化。	了解跨文化交际礼仪文化的差异;影响服饰文化发展变化的因素。	1. 通过互联网查询、图书馆资料查阅、互相点评、成果展示,能根据需要搜集、筛选、整合相关资讯; 2. 自主了解并学习不同国家交际服饰方面的差异; 3. 通过 PPT 展示、倾听、实物对比等形式,深入了解服饰文化差异; 4. 养成自主学习以及与他人交流的研究意识; 5. 发现跨文化服饰文化的特点和魅力,对中华服饰文化的博大精深形成强大的认同感; 6. 培养基础的推理能力和思考分析能力,培养用联系的、辩证的观点看问题的习惯。	3
跨文化节日文化	采用专题学习的形式,涉及到图书馆和互联网的利用。学生自主查阅、了解跨文化交际节日文化的起源、发展变化等,通过视频、讲座展示,对比差异探讨等的形式,了解跨文化交际礼仪文化的差异及发展变化。	了解跨文化交际节日文化的起源和差异;影响节日文化发展变化的因素。	1. 通过互联网查询、图书馆资料查阅、互相点评、成果展示,能根据需要搜集、筛选、整合相关资讯; 2. 自主了解并学习不同国家节日文化方面的差异; 3. 通过 PPT 展示、倾听、实物对比等形式,深入了解节日文化差异; 4. 养成自主学习以及与他人交流的研究意识;	

模　块	设 计 说 明	活动内容	活 动 目 标	课时
			5. 发现跨文化节日文化的特点和魅力,对中华节日文化的博大精深形成强大的认同感; 6. 培养基础的推理能力和思考分析能力,培养用联系的、辩证的观点看问题的习惯。	3
爱我中华民族文化	学生对中华民族有极强的文化认同感,并形成传承中华民族文化的伟大使命感。	社团文化展示。	1. 通过实践、学习、互评,展示,锻炼领导能力、沟通交流、公众发言和自我展现的能力; 2. 培养民族意识,增强对中华民族文化的了解与热爱之情; 3. 组织形式多样的展示活动,传承中国传统文化。	3

3. 课程实施

(1) 学习对象:高一年级学生,人数 12 人左右;学生自主选修,具有一定实践能力,团队合作的热情,具备一定的自主学习能力。

(2) 课时安排:本课程共 18 课时,每课时 40 分钟。

(3) 活动场地:走班教室、图书馆等。

(4) 学习资源:教学课件、图书馆资源、网络资源等实地资源。

(5) 活动建议:在社团学习活动过程中为学生提供更多扩宽知识面的机会,让学生了解更多有关西方或其它国家的文化知识。

(三)"英文电影鉴赏"课程纲要

1. 课程目标

(1) 培养学生英语听说能力和兴趣,养成英语思辨习惯。

(2) 通过英文电影赏析,了解英美文化、社会、政治和历史等各方面相关知识,提高文化鉴赏力,增强跨文化意识,提高跨文化交际能力。

（3）熟练掌握电影中的经典对白，丰富英语语言积累，提高英语口语表达的自信和英语文化素养，在生活中灵活应用所学的知识。

（4）谈论分析影片中人物性格和主题，提高思辨能力，促进学生思维实现从感性到理性的飞跃。

（5）了解电影字幕翻译原则和特点。

（6）了解剧本和电影改编的一些知识，鼓励学生阅读原著。

2. 课程内容

以 PPT 课件和带有英文字幕的电影视频为教学素材，鉴赏《傲慢与偏见》《风雨哈佛路》《歌舞青春》《穿普拉达的女王》《肖申克救赎》6 部英文电影，学习英美国家的文化，鉴赏经典对白，探讨电影主题，分析总结电影字幕翻译原则和特点。（表 3-6）

表 3-6　英文电影鉴赏社课程内容

模　块	活动内容	活动目标	课时
课程介绍与英文电影概述	课程介绍与英文电影概述	1. 学生了解课程性质； 2. 明确课程要求。	1
《傲慢与偏见》鉴赏	1. 故事背景 2. 重点词汇与表达 3. 影片欣赏	1. 学生了解影片故事背景； 2. 通过影视欣赏，学习和掌握地道的英文表达，同时提高文化鉴赏力。	2
	1. 电影主题讨论 2. 经典对白赏析（模仿） 3. 影片中所呈现的西方文化分析	1. 引导学生对影片进行思考和评论，"赏"和"析"结合才能促进学生思维实现从感性到理性的飞跃； 2. 鼓励学生模仿经典对白，提高文化素养，培养学生英语口语表达的自信； 3. 了解掌握西方文化，提高跨文化交际能力。	2
《风雨哈佛路》鉴赏	1. 故事背景 2. 重点词汇与表达 3. 影片欣赏	1. 学生了解影片故事背景； 2. 通过影视欣赏，学习和掌握地道的英文表达，同时提高文化鉴赏力。	2
	1. 电影主题讨论 2. 经典对白赏析（模仿） 3. 影片中所呈现的西方文化分析。	1. 引导学生对影片进行思考和评论，"赏"和"析"结合才能促进学生思维实现从感性到理性的飞跃； 2. 鼓励学生模仿经典对白，提高文化素养，培养学生英语口语表达的自信； 3. 了解掌握西方文化，提高跨文化交际能力。	2

模　块	活动内容	活动目标	课时
《歌舞青春》鉴赏	1. 故事背景 2. 重点词汇与表达 3. 影片欣赏	1. 学生了解影片故事背景； 2. 通过影视欣赏，学习和掌握地道的英文表达，同时提高文化鉴赏力。	2
	1. 电影主题讨论 2. 经典对白（模仿） 3. 电影中所呈现出的中西文化差异	1. 引导学生对影片进行思考和评论，"赏"和"析"结合才能促进学生思维实现从感性到理性的飞跃； 2. 鼓励学生模仿经典对白，提高文化素养，培养学生英语口语表达的自信； 3. 了解掌握西方文化，提高跨文化交际能力。	2
《穿普拉达的女王》	1. 故事背景 2. 重点词汇与表达 3. 影片欣赏	1. 学生了解影片故事背景； 2. 通过影视欣赏，学习和掌握地道的英文表达，同时提高文化鉴赏力。	2
	1. 电影主题讨论 2. 经典对白赏析（模仿） 3. 影片中所呈现的西方文化分析	1. 引导学生对影片进行思考和评论，"赏"和"析"结合才能促进学生思维实现从感性到理性的飞跃； 2. 鼓励学生模仿经典对白，提高文化素养，培养学生英语口语表达的自信； 3. 了解掌握西方文化，提高跨文化交际能力。	2
《肖申克救赎》	1. 故事背景 2. 重点词汇与表达 3. 影片欣赏	1. 学生了解影片故事背景； 2. 通过影视欣赏，学习和掌握地道的英文表达，同时提高文化鉴赏力。	2
	1. 电影主题讨论 2. 经典对白赏析（模仿） 3. 影片中所呈现的西方文化分析	1. 引导学生对影片进行思考和评论，"赏"和"析"结合才能促进学生思维实现从感性到理性的飞跃； 2. 鼓励学生模仿经典对白，提高文化素养，培养学生英语口语表达的自信； 3. 了解掌握西方文化，提高跨文化交际能力。	2

3. 课程实施

（1）学习对象：高一、高二年级，20人左右；学生自主选修，具有探究热情，具备一定的自主学习能力。

（2）课时安排：本课程共20课时，每课时40分钟。

（3）活动场地：教室、计算机房、图书馆。

（4）学习资源：校本教材、教学课件、图书馆资源、网络资源资源。

（5）活动建议：在电影主题探讨和经典对白模仿环节，希望学生积极思考并参与讨论，敢于挑战自我，表现自己。在主题探讨的过程中，思想得到升华，在模仿经典对白的同时提高对英语口语的兴趣。

(四)"激发协作潜能"课程纲要

1. 课程目标

（1）了解团队精神对于个人成长的重要性。

（2）通过一系列的体验式活动，让学生更好地认清自己的角色，更快地融入团队，更积极高效地与团队成员合作竞争。

（3）通过专题学习和活动体验，激发学生的协作潜能，让学生能负起在团队中乃至社会中的责任。

2. 课程内容

"激发协作潜能"校本课程学习内容框架围绕7个方面展开，分别是"我们在一起""原来这就是我""我要改变""我的成长计划之沟通""我的成长计划之情绪体验""我的成长计划之情绪大体验""愤怒大作战"。活动内容不仅涉及到让学生理解团队的重要性，意识到改变的必要性，更重要的是让学生在活动过程中培养团队协作相关的能力，如情绪管理、沟通等。（表3-7）

3. 课程实施

（1）学习对象：高中一年级，学生人数20人左右；学生自主选修，具有探究热情，具备一定的体验能力。

（2）课时安排：本课程共7课时，每课时40分钟。

（3）活动场地：心理团体辅导室、操场。

表 3-7　激发协作潜能课程内容

模　块	设计说明	活动内容	活　动　目　标	课时
我们在一起	1. 人形图 2. 彩笔 3. 海报纸 4. 双面胶	1. 共融; 2. 团体形成; 3. 我们的约定; 4. 总结。	1. 领导者及团体成员建立平等共融的关系; 2. 让团体成员明确团体的性质、目的、内容,澄清成员的团契期待; 3. 订立团队规范,建立团体的共识与契约,营造安全、友善、信任的团队气氛。	1
原来这就是我	镜中我学习单	1. 暖身活动:嘴巴、手指不一样; 2. 镜中我; 3. 心思传导; 4. 总结。	1. 通过游戏活跃团体的气氛,建立愉悦、信任、安全、友善的团体; 2. 引导成员客观地认识自我、欣赏自我、接纳自我; 3. 再次引导成员认识自己身上存在不好的行为表现,激发成员想要改变的动机。	1
我要改变	卡片(红、蓝)	1. 热身:抓手指; 2. 换卡游戏; 3. 我的决定; 4. 总结。	1. 通过游戏活跃团体的气氛,建立愉悦、信任、安全、友善的团体; 2. 在游戏中,引导成员从正反两方面来认识自己的行为表现; 3. 在成员已经具有改变动机的情况下,帮助成员迈出改变的"第一步"。	1
我的成长计划之沟通	一条长绳、A4纸;两条长绳、四象限图卡;脚印图、一条长绳;有效沟通反馈单	1. 热身活动:折纸游戏; 2. 四象限反思; 3. 迈向愿景; 4. 总结。	1. 通过分组折纸游戏活跃气氛,并帮助成员认识到自己在人际沟通方面的表现; 2. 引导成员从"观察、感受、转化、应用"四个方面进行反思,并且结合"迈向愿景"进一步帮助成员制定成长计划; 3. 引导成员有效地实施计划。	1

模　块	设计说明	活动内容	活　动　目　标	课时
我的成长计划之情绪大体验	"天气卡"	1. 我的情绪我来选； 2. 分享天气卡； 3. 总结。	1. 引用"天气卡"引导成员回顾一周的生活状态，选取合适的天气来表达自己的情绪变化； 2. 帮助成员正视自己的情绪，并对他们的情绪加以解释； 3. 引导成员认同、接纳他人的情绪，并给予适当的共情。	1
我的成长计划之情绪大体验	情绪卡片、情绪图片	1. 导入活动； 2. 找到另一半； 3. 角色扮演； 4. 总结。	1. 通过团体活动，帮助成员进一步了解人的个性与情绪，学会辨别他人情绪； 2. 促使成员学会接纳自己和他人的个性与情绪； 3. 掌握处理自己的消极情绪和应对他人消极情绪的方法。	1
愤怒大作战	人形图、彩笔、电脑——情感教学绘本《我不想生气》	1. 热身游戏； 2. 愤怒色彩； 3. 愤怒应对训练； 4. 总结。	1. 通过游戏，活跃气氛，让成员感受到彼此间的友好，调动他们的积极情绪； 2. 通过活动，对成员进行愤怒应对训练，教会他们在激惹情境中有效地控制自己的情绪，从而做出非攻击性的反应； 3. 引导成员将在团体中学习到愤怒应对方法迁移到日常生活中去。	1

（4）学习资源：校本教材、教学课件、活动材料。

（5）活动建议：教师应帮助学生理解合作和竞争不是对立的关系，团队很重要，但是在团队中保持独立性也是很重要的。

（五）"光影公社"课程纲要

1. 课程目标

（1）感受不同时期电影艺术的魅力，懂得电影艺术来源于生活，激发学生热爱生活、热爱艺术文化的情感和乐于创造的精神。

(2)欣赏电影《摩登时代》《城市之光》《肖申克的救赎》《秋菊打官司》等,感受早期与现代、中方与西方电影的异同,了解社会文化与艺术表达之间的联系,对现代中国电影的发展方向有一定的思考。

(3)能够借鉴黑白默片时期夸张的表现手法,运用现代彩色电影的拍摄技巧,采用多媒体的创作手段分组进行微电影创作,分享并交流。

2.课程内容

本单元学习主体设计分别围绕无声黑白电影的特点、现代彩色有声电影的魅力、电影拍摄技术以及学生创作实践来展开,使学生对于电影艺术的发展、特点、制作方法,形成综合的认识。具体内容见表3-8。

3.课程实施

(1)学习对象:高一年级,学生人数20人左右;学生自主选修,具有探究热情,具备一定的自主学习能力。

表3-8 光影公社课程内容

模　块	设　计　说　明	活动内容	活　动　目　标	课时
黑白默片	通过欣赏卓别林电影,体会早期电影的特点和魅力,并实践表演	无声胜有声	1.欣赏黑白默片,体会早期电影的特点和魅力; 2.以小组为单位,结合音乐特点进行即兴的默片表演。	3
中外优秀影片欣赏	对比古今中外优秀影片,体会其在取材、表现手法、意义等方面的特点,思考中国电影未来发展	光影驰骋想象	1.欣赏好莱坞优秀电影,体会其在取材、表现手法、意义等方面的特点; 2.比较中西方优秀彩色影片,找寻中国特色,思考未来发展。	3
电影制作讲座	讲解电影背后的创作过程,学习电影拍摄的知识与技巧	电影是如何创作出来的?	1.欣赏影片,分析其叙事结构的特点; 2.了解电影镜头运动的特点、音效音乐的搭配; 3.小组为单位,构思微电影剧本作业:微电影的拍摄与制作。	5

模　块	设 计 说 明	活动内容	活 动 目 标	课时
拍摄微电影	教师指导学生拍摄微电影	微电影创作实践	分组拍摄微电影	5
	微电影展评	展评	1. 分组展示拍摄完成的微电影； 2. 交流与评价。	2

（2）课时安排：本课程共 18 课时，每课时 40 分钟。

（3）活动场地：教室、室外取景地（详见每个活动设计说明）。

（4）学习资源：校本教材、教学课件、图书馆资源、网络资源。

（5）活动建议：在"电影是如何创作出来的"模块，让学生深入感受电影拍摄的过程，多采用学生实践的方法，从片段式拍摄入手，结合教师评价和生生互评，使学生更深刻地理解电影拍摄的知识和技巧。

（六）"插画艺术——校园明信片设计"课程纲要

1. 课程目标

（1）了解插画艺术的概念、特征、作用、表现方法、发展简史，对插画艺术有一个全面的初步认识，掌握明信片设计的要素。

（2）通过搜集资料、调查研究、绘画创作、插画作品展示、参加插图比赛等活动形式，学会搜集、分析、整理信息，学会合作解决问题，并能用多种方式展示学习成果，从中获得探究活动体验和经验，激发内在的艺术创作热情。

（3）通过插画专题学习和活动体验，初步了解插画艺术的表现形式和表现方法，增强学生对于插图艺术的热爱和兴趣，并将插画艺术运用到生活中。

2. 课程内容

"插画艺术"校本课程学习内容框架的搭建有两条线索：引导学生探究"插画艺术"的方方面面，对学生进行艺术文化的教育，同时，拓宽学生的艺术创作思维，将生活与艺术创作相结合，提升绘画创作的能力，培养审美能力。因此，在每个学习活动内容设计中，特别对学生学习行为和学习成果做了设计和规定，通过这些可观测的活动载

体来保证学习目标的达成。（表3-9）

表3-9　插画艺术——校园明信片设计课程内容

模　块	设　计　说　明	活动内容	活　动　目　标	课时
插画艺术的表现形式和手法	采用专题学习的形式,让学生学会了解多种插画的表现形式和手法,从中选择自己喜欢的表现形式。	了解插画艺术的表现形式和手法	1. 知道确定研究课题的来源和方法; 2. 通过了解和学习,能够在多种形式和手法中,分析并采用更适合自己表达内心情感的形式和手法; 3. 培养视觉审美能力。	2
我们的校园松江四中	在对插画艺术的内容进行学习之后,以我们的校园松江四中为创作点,学生能选择自己感兴趣的角度,对我们的校园环境制定考察计划。	我们的校园	1. 通过建筑格局、地理位置、周围人文历史等方式,对校园进行整体的了解; 2. 通过制定考察计划、拟定准备方案,学会找出创作的切入点; 3. 培养寻找独特创作视角的意识。	2
	学生进行实地考察。学生根据观察,课后选做:绘制校园鸟瞰图和具有代表性景点;拍摄四中校园照片集等。	我眼中的松江四中	1. 了解感悟松江四中的建筑、地理位置、人文环境,对松江四中有初步的整体认识; 2. 带着任务观察,有意识、准确地对校园景点进行有效的考察; 3. 艺术源于生活,做生活中的有心人。	2
校园明信片设计	采用专题学习的形式,利用网络资源。学习插画艺术的表现形式,了解明信片设计的要求和方法。根据自己收集的资料,绘制校园明信片的初稿。	掌握校园明信片的设计特色	1. 了解明信片设计的方法和要求,充分搜集资料; 2. 通过网络资料的搜集,能根据需要搜集、筛选、整合相关资料; 3. 强化明信片设计的意义和目的,发现校园的美,并通过艺术的形式表现出来。	3

模　块	设计说明	活动内容	活　动　目　标	课时
校园明信片设计	采用专题学习的形式。学生选取自己喜欢的校园一角进行明信片设计：将丰富的校园生活和美丽的校园景点以插图绘画的形式表达出来。	校园的生活和文化	1. 知道我们校园的历史环境及发展历程； 2. 通过实地观察、拍照摄影、绘画创作等形式，掌握最能体现校园文化的景点； 3. 用生活中的景表现校园文化。	2
归纳具有代表性的校园元素	采用专题学习的形式。学生以绘画或拍照形式表现成果。	校园的代表性景点	1. 知道校园有哪些代表性的景点； 2. 通过分析、归纳、总结，将校园代表性元素进行概括、提炼； 3. 能用发展的眼光看问题，实现校园文化的传承和发展。	2
	学生进行访谈调查。学生要设计访谈提纲，交流展示调查结果。可以选择的成果汇报方式：撰写我与四中的情感故事、绘画创作四中一角等。	老师和同学们眼里的四中	1. 了解四中的变化，它在老师们眼里的样子，具有的价值和意义； 2. 激发对校园的热爱之情，培养以校园文化为荣的自豪感。	3
我的校园明信片创作	学生成果汇报展示。选择具有代表性的景点进行插画绘制，创作成明信片，进行汇报展示。	我的校园明信片创作	1. 对校园的建筑、地理位置、特色景点、历史文化，有一个全面的认识； 2. 通过搜集材料、实地考察、插图绘制，提升艺术创造的能力； 3. 养成留心观察身边事物的习惯，对校园怀有热爱之情，关注校园文化。	2

3. 课程实施

（1）学习对象：初中九年级，学生人数 20 人左右；学生自主选修，具有探究和创作热情，具备一定的自主学习能力。

（2）课时安排：本课程共 18 课时，每课时 40 分钟。

（3）活动场地：教室、图书馆、画室、校园（详见每个活动设计说明）。

（4）学习资源：校本教材、教学课件、图书馆资源、网络资源、校园文化资源。

（5）活动建议：在"我们的校园松江四中""校园明信片""归纳具有代表性的校园元素"三个模块，让学生深入感受到校园文化，提供或帮助学生挖掘更多的感性材料，使学生能产生关注身边的文化生活的自觉性，学会以插画中明信片设计的形式，展现校园文化。感受艺术源于生活高于生活的魅力。

（七）"健美操"课程纲要

1. 课程目标

（1）使学生正确的掌握健美操的基本要领和基本韵律。

（2）通过社团活动，使学生多方面的能力得以发展和展示，丰富学生的校园文化生活。

（3）为社团文化节、比赛及运动会开幕式做准备。

2. 课程内容

第一阶段，要求全体队员正确地掌握健美操的基本步伐；第二阶段，要求全体队员都能在教师的训练下基本达到下叉，身体素质达标、动作准确到位有控制；第三阶段，要求全体社团成员共同完成一套操，为社团文化节、比赛、及运动会开幕式做准备。

第二周：组队

第三周：基本步伐练习（踏步）

第四周：基本步伐练习（左右并步）

第五周：串联动作练习

第六周：基本步伐练习（射箭步）

第七周：学习组合动作

第八周：学习组合动作

第九周：学习组合动作

第十周：学习组合动作

第十一周：学习组合动作

第十二周：学习组合动作

第十三周：学习组合动作

第十五周：复习整套动作

第十六周：复习整套动作

第十七周：复习整套动作

第十八周：成果展示

3. 课程实施

（1）学习对象：高中一年级，学生人数 20 人左右，学生自主选修，具备一定的自主学习能力。

（2）课时安排：本课程共 18 课时，每课时 40 分钟。

（3）活动场地：综合楼楼底、健美操馆。

（4）学习资源：校本教材、教学课件、网络资源。

（八）"民舞社"课程纲要

1. 课程目标

（1）了解民族舞的含义与起源，发展与传承，对我国丰富多彩的民族舞蹈有一个初步的认识。

（2）了解我国部分民族舞蹈的形式，并进一步探索分析，其形式背后所蕴含的民族文化和民俗文化。通过实践练习，搜集资料、调查探究、故事讲述等活动，学会搜集、分析、整理信息，学会合作解决问题，并能用多种形式展示学习成果，从中获得探究活动体验和经验，激发内在的研究热情，养成基本的研究规范。

（3）通过专项学习和活动体验，在了解我国部分民族的民族文化后，学习体验实践部分民族典型的舞蹈形式和独特的舞蹈动作，增强同学们对民族文化和民族舞蹈的认知，并自觉传承和弘扬中华民族优秀的民族舞蹈文化。

2. 课程内容

记录每一位民族舞社团成员的学习、适应、成长和蜕变，全面了解民族舞蹈的文化内涵和丰富多样的舞蹈形式，并通过同学们曼妙的舞姿，蹁跹的舞步将民族舞蹈的艺术魅力展现出来。通过对民族舞蹈文化和形式的学习，增强对民族舞蹈的认识与了解,进而传承和弘扬民族舞蹈文化。具体见表3-10。

表3-10　民舞社课程内容

模　块	设　计　说　明	活动内容	活　动　目　标	课时
民族舞蹈之源	采用专题学习的形式,让学生学会从待选问题中挑选出适合研究的课题,并能分析原因。	民族舞蹈的含义和起源。	1. 知道确定研究课题的角度和方法; 2. 通过倾听、互评,学会客观评价他人和接受他人的评价,提升表达交流的能力; 3. 能在生活中培养问题意识。	2
民族舞蹈之形	采用观看视频的形式,带领学生了解民族舞蹈的形式和动作。	我眼中的民族舞。	1. 对民族舞蹈的形式有一定整体的了解; 2. 通过视频观看对民族舞蹈的动作有一定的了解; 3. 培养观察总结的意识。	2
	学生进行查阅咨询、寻访专业舞者。进一步根据观察与分析、概括总结部分民族舞蹈的动作特点。	民族舞的独特之处。	1. 对部分民族舞蹈的典型动作进行了解与分析; 2. 发现民族舞蹈别具一格的独特魅力。	2
民族舞蹈之意	采用专题学习的形式,涉及到图书馆和互联网的利用。学生需要在互相评价环节中展示自己搜集资料的及分享自己的成果。	影响民族舞蹈形成的因素。	1. 通过互联网查询、图书馆资料查阅、互相点评、成果展示,能根据需要搜集、筛选、整合相关资讯; 2. 了解分析、概括总结影响民族舞蹈形成的诸多因素。 3. 培养基础的推理能力和思考分析能力。	3
	采用专题实践的形式。学生在专题学习后能够对民族舞蹈所表达的思想感情、传递的民族精神有一定的了解。	民族舞蹈之表达。	1. 欣赏一些经典的民族舞蹈作品。 2. 通过观察、分析、推理法体会其中所蕴含的深意; 3. 培养用联系的、辩证的观点看问题的习惯。	2

模　块	设 计 说 明	活动内容	活 动 目 标	课时
民族舞蹈之韵	采用专题实践的形式,学习一些民族舞蹈典型的动作和组合。	民族舞蹈动作组合学习。	1. 学习一些民族舞蹈典型的动作和组合; 2. 通过小组合作,学会自主分工排练,锻炼同学们的领导和指挥能力; 3. 训练了身体柔韧性和协调性,并感受与人合作的愉悦。	2
	采用专题实践的形式,学习一些民族舞蹈经典的舞蹈剧目作品。	民族舞蹈作品学习。	1. 欣赏经典民族舞作品视频; 2. 通过教师示范教学学习舞蹈作品; 3. 体会民族舞蹈作品所蕴含的感情和表达的思想。	3
我是一名民族舞蹈传承者	学生能够自信且富有表现力地进行舞蹈作品的表演。并通过肢体展现、表情呈现和情感抒发来表现舞蹈作品的形式与内涵。	民族舞蹈作品的表演。	1. 对民族舞蹈的起源和形式具有一定的了解; 2. 通过实践、学习、互评、展示,锻炼学生的领导能力、沟通交流、公众发言和自我展现的能力; 3. 培养民族意识,增强对民族文化和民族舞蹈的了解与热爱之情,自觉传承我国民族舞蹈文化。	2

3. 课程实施

（1）学习对象：高一、高二年级,学生人数 12 人左右;学生自主选修,具有一定实践能力,团队合作的热情,具备一定的自主学习能力。

（2）课时安排：本课程共 18 课时,每课时 40 分钟。

（3）活动场地：舞蹈教室、剧场、教室、计算机房、图书馆等(详见每个活动设计说明)。

（4）学习资源：实践与理论结合、教学课件、图书馆资源、网络资源、剧场舞台等实地资源。

（5）活动建议：在整个社团学习的过程中让学生深入感受到民族舞蹈文化,帮助学生了解更多的民族文化和民族舞蹈形式,使学生能产生关注民族舞蹈的自觉性,激发了解、传承民族舞蹈的主动性和积极性。

(九)"陶艺的魅力"课程纲要

1. 课程目标

(1)了解陶艺这门古老工艺的渊源和历史传承,并对陶艺的制作工艺有基本了解。

(2)了解陶艺的几种成型方法,并学习制作的技巧方法。通过实践训练,搜集资料、调查探究、故事讲述等活动,学会搜集、分析、整理信息,学会合作解决问题,并能用多种基本方法来创作不同的陶艺作品,从中获得探究活动体验和经验,激发内在的研究热情,养成基本的研究规范。

(3)通过专项学习和实践体验,在了解陶艺的传承和文化魅力后,学习体验实践陶艺的制作技巧与方法,并烧制成瓷,增强学生的学习成就感,以及对中国传统工艺的认知与热爱,从而弘扬中华民族的传统文化。

2. 课程内容

记录每一位陶艺社团成员的学习、适应、成长和蜕变,全面了解陶艺这门古老工艺的历史渊源和成型的基本方式方法,并通过同学们的能工巧匠、奇思妙想将陶艺的艺术魅力展现出来。通过对陶艺这门工艺的学习,增强对陶艺知识的认知与掌握,进而弘扬中国传统工艺和文化,体验陶艺的魅力。(表3-11)

表3-11 "陶艺的魅力"课程内容

模　块	设　计　说　明	活动内容	活　动　目　标	课时
陶艺的起源与历史传承	采用专题学习的形式,让学生学会从待选问题中挑选出适合研究的课题,并能分析原因。	陶艺的起源与历史传承。	1. 知道确定研究课题的角度和方法; 2. 通过倾听、互评,学会客观评价他人和接受他人的评价,提升表达交流的能力; 3. 能在生活中培养问题意识。	1

模 块	设 计 说 明	活动内容	活 动 目 标	课时
陶艺成型的制作方法	采用观看多媒体的形式,带领学生了解陶艺的基本成型方法。	陶艺的几种成型方法。	1. 对陶瓷成型的基本方法有一定的了解; 2. 通过视频观看,对制瓷工艺有一定的了解; 3. 培养观察总结的意识。	2
	学生进行查阅咨询,进一步根据观察与分析、概括总结部分陶艺的成型制作方法。	选取一到两种成型方法创作陶艺作品。	1. 学习并掌握一到两种陶瓷成型的制作方法; 2. 练习并制作一个基本成型方法的陶艺作品。	2
陶艺烧制成瓷的工艺	采用专题学习的形式,涉及到图书馆和互联网的利用。学生需要在互相评价环节中展示自己搜集到的陶瓷工艺资料及分享自己的成果。	陶瓷的几种烧制方法与工艺。	1. 通过互联网查询、图书馆资料查阅、互相点评、成果展示,能根据需要搜集、筛选、整合相关资讯; 2. 了解分析、概括总结陶瓷的几种烧制方法与工艺; 3. 培养基础的研究能力和思考分析能力。	3
	采用专题实践的形式,让学生能够对陶瓷制作的过程有更加直观的感受与了解。	近距离学习并观察烧窑过程。	1. 欣赏一些优秀的陶艺作品; 2. 通过观察、分析、推理,体会其中所蕴含的深意; 3. 培养用联系的、辩证的观点看问题的习惯。	2
陶艺作品的设计与创作	采用专题实践的形式,小组合作一组陶艺作品。	小组合作陶艺作品设计与创作。	1. 学习并掌握陶艺制作的基本方法; 2. 通过小组合作,学会自主分工排练,锻炼同学们的领导和指挥能力; 3. 锻炼了自己的动手和实践能力,并与他人分享合作的快乐。	2
	采用专题实践的形式,每位同学来设计一个有富有创意的陶艺作品。	个人设计并创作陶艺作品。	1. 欣赏优秀的陶艺作品及制作视频; 2. 通过教师示范教学陶艺制作技巧方法; 3. 体会陶艺制作蕴含的文化和魅力。	3

模　块	设　计　说　明	活动内容	活　动　目　标	课时
传承古老工艺弘扬民族文化	学生能够通过学习的制作方法设计并创作陶艺作品,最后烧制成瓷,展示学生的创作成果,增强学生的学习自信心和成就感。	欣赏优秀陶艺作品。	1. 对陶艺的渊源和历史传承有一定了解; 2. 通过实践、学习、互评、展示,锻炼学生的领导能力、沟通交流、公众发言和自我展现的能力; 3. 培养动手实践的能力,并发现中国传统工艺的魅力,弘扬中国民族文化。	2

3. 课程实施

(1) 学习对象:高一、高二年级,学生人数 10 人左右;学生自主选修,具有一定动手实践和审美能力,具有团队精神,有创新设计意识者优先录取。

(2) 课时安排:本课程共 18 课时,每课时 40 分钟。

(3) 活动场地:陶艺教室、图书馆、教室等(详见每个活动设计说明)。

(4) 学习资源:动手实践为主,与陶艺理论结合教学课件、图书馆资源、网络资源、陶艺教室相关设备等实地资源。

(5) 活动建议:在整个陶艺社团学习过程中让学生深入感受到陶艺的历史渊源和文化传承,在领略陶艺的魅力和各种成型制作方式方法的同时,让学生掌握陶艺的几种基本成型方法,如拉坯成型、泥条成型、泥板成型等,结合学生的创意思维,制作简洁但又富有创意和想象力的工艺作品,并烧制成瓷,让学生在这个过程中体验陶艺这门古老工艺的魅力,增强学生的成就感和自豪感。

(十)"魅力街舞社"课程纲要

1. 课程目标

(1) 了解街舞的含义、起源与发展,对丰富多样的街舞有一个初步的认识。

(2) 了解部分街舞的形式,并进一步探索分析其形式背后所蕴含的精神与文化。通过实践练习,搜集资料、调查探究、故事讲述等活动,学会搜集、分析、整理信息,学会合作解决问题,并能用多种形式展示学习成果,从中获得探究活动体验和经验,激发内在的研究热情,养成基本的研究规范。

(3) 通过专项学习和活动体验,在了解一些街舞文化后,学习体验实践部分街舞中典型的舞蹈形式和独特的舞蹈动作,增强同学们对街舞文化和街舞动作的认知,并自觉发扬街舞文化。

2. 课程内容

记录每一位街舞社团成员的学习、适应、成长和蜕变,全面了解街舞的文化内涵和丰富多样的舞蹈形式,并通过同学们绚丽的舞姿,动感的舞步将街舞的艺术魅力展现出来。通过对街舞文化和形式的学习,增强对街舞的认识与了解,进而发扬街舞文化。(表3-12)

表3-12 "魅力街舞社"课程内容

模 块	设 计 说 明	活动内容	活 动 目 标	课时
街舞之源	采用专题学习的形式,让学生学会从待选问题中挑选出适合研究的课题,并能分析原因。	街舞的含义和起源。	1. 知道确定研究课题的角度和方法; 2. 通过倾听、互评,学会客观评价他人和接受他人的评价,提升表达交流的能力; 3. 能在生活中培养问题意识。	2
街舞之形	采用观看视频的形式,带领学生了解街舞的形式和动作。	我眼中的街舞。	1. 对街舞的形式有一定整体的了解; 2. 通过视频观看对街舞的动作有一定的了解; 3. 培养观察总结的意识。	2
	学生进行查阅咨询、寻访专业舞者。进一步根据观察与分析、概括总结部分街舞的动作特点。	街舞的独特之处。	1. 对部分街舞的典型动作进行了解与分析; 2. 发现街舞别具一格的独特魅力。	2
街舞之意	采用专题学习的形式,涉及到图书馆和互联网的利用。学生需要在互相评价环节中展示自己搜集的资料及分享自己的成果。	影响街舞形成的因素。	1. 通过互联网查询、图书馆资料查阅、互相点评、成果展示,能根据需要搜集、筛选、整合相关资讯; 2. 了解分析、概括总结影响街舞形成的诸多因素。 3. 培养基础的推理能力和思考分析能力。	3

模 块	设 计 说 明	活动内容	活 动 目 标	课时
街舞之意	采用专题实践的形式。学生在专题学习后能够对街舞所表达的思想感情、传递的精神有一定的了解。	街舞之表达。	1. 欣赏一些经典的街舞作品。 2. 通过观察、分析、推理法体会其中所蕴含的深意; 3. 培养用联系的、辩证的观点看问题的习惯。	2
街舞之韵	采用专题实践的形式,学习一些街舞典型的动作和组合。	街舞动作组合学习。	1. 学习一些街舞典型的动作和组合。 2. 通过小组合作,学会自主分工排练,锻炼同学们的领导和指挥能力; 3. 训练了身体柔韧性和协调性,并感受与人合作的愉悦。	2
	采用专题实践的形式,学习一些街舞经典的舞蹈剧目作品。	街舞作品学习。	1. 欣赏经典街舞作品视频 2. 通过教师示范教学学习舞蹈作品。 3. 体会街舞作品所展现的状态和表达的思想。	3
我是一名街舞者	学生能够自信且富有表现力地进行舞蹈作品的表演。并通过肢体展现、表情呈现和情感抒发来表现舞蹈作品的形式与内涵。	街舞作品的表演。	1. 对街舞的起源和形式具有一定的了解; 2. 通过实践、学习、互评、展示,锻炼学生的领导能力、沟通交流、公众发言和自我展现的能力; 3. 培养对街舞的了解与热爱之情,自觉发扬街舞文化。	2

3. 课程实施

(1) 学习对象:高一、高二年级,学生人数 23 人左右;学生自主选修,具有一定实践能力,团队合作的热情,具备一定的自主学习能力。

(2) 课时安排:本课程共 18 课时,每课时 40 分钟。

(3) 活动场地:舞蹈教室、剧场、教室、计算机房、图书馆等(详见每个活动设计说明)。

(4) 学习资源:实践与理论结合、教学课件、图书馆资源、网络资源、剧场舞台等实地资源。

（5）活动建议：在整个社团学习过程中让学生深入感受到街舞文化,帮助学生了解更多的街舞形式,激发喜爱、发扬街舞的主动性和积极性。

(十一)"魅力油画"课程纲要

1. 课程目标

（1）了解油画的历史、代表画家、主要技法,对油画有一个全面的初步认识并能够尝试创作。

（2）通过欣赏名画、搜集资料、视频观看、教师示范、观看油画展、创作实践等活动,学会不同的油画技巧,并能运用不同的油画技巧表现物体,从中获得油画学习的体验和经验,激发内在的绘画热情,养成综合的艺术修养。

（3）通过油画学习和创作体验,初步了解油画,增强关注艺术门类的积极性,养成综合的艺术修养。

2. 课程内容

"魅力油画"课程学习内容主要分为欣赏与体验两个方面:首先学生通过欣赏各个时期的不同画家的不同作品,了解这一时期的绘画风格与绘画技巧,以及其对于整个油画史的影响;在学生对油画的历史、画家、技法与表现形式有所了解之后,尝试创作油画作品。因此,在每个学习活动内容设计中,都会有不同的欣赏内容。通过欣赏及教师的讲解与示范,学生根据其中的表现形式进行创作。（表3-13）

表3-13 魅力油画社课程内容

模　块	设　计　说　明	活动内容	活　动　目　标	课时
油画的主要特征	采用专题学习的形式,学生了解油画的主要特征。	了解油画的主要特征。	1. 学生了解厚重是油画颜料质地浑厚、色彩浓重的表现; 2. 学生了解油质颜料或再调油作画,全画面反射出光泽; 3. 学生了解肌理在此是指画面表层所呈现的不同笔触和各种纹理。	2

模 块	设 计 说 明	活动内容	活 动 目 标	课时
油画的基本技法	采用专题学习的形式。学生了解油画的基本技法。	油画的基本技法。	1. 学生了解古典法、薄涂法、平铺法、散摆法、厚堆法、并置法与干擦法等多种油画技法。	2
	采用专题学习的形式。学生了解油画的特殊技法。	油画的特殊技法。	1. 学生了解用刀技法，堆砌法和削刮法；2. 用油技法，浸染法和衔接法。	2
油画写生的构成要素	采用专题学习的形式。学生了解油画静物所应知应会的各种方法与技法因素，包括摆设、构图、择光、刻画等。	油画写生的构成要素。	1. 学生了解摆设组合；2. 精心构图；3. 选择光线；4. 和谐色调；5. 营造氛围。	3
油画基底	采用专题学习的形式。学生了解油画基底的知识并尝试制作。	油画基底的了解与制作。	1. 学生了解基底在传统油画中是指油画的附着平面，一般包括木板、亚麻布、棉布、帆布等经过一定的加工而成。2. 学生尝试制作基底。	2
绘画技法及作画步骤	学生尝试油画创作并汇报展示。	学生尝试油画创作并展示。	1. 学生运用不同的技法进行油画创作；2. 通过倾听、展示、互评，锻炼沟通交流、公众发言的能力；3. 养成对油画的热爱之情，自觉关注文化传承与发展。	2

3. 课程实施

（1）学习对象：高中一年级，学生人数20人左右；学生自主选修，具有绘画热情，具备一定的自主学习能力。

（2）课时安排：本课程共18课时，每课时40分钟。

（3）活动场地：油画教室。

（4）学习资源：校本教材、教学课件、图书馆资源、网络资源、美术馆等。

(十二)"虚拟机器人"课程纲要

1. 课程目标

(1)了解虚拟机器人的结构和工作原理,能构建机器人并利用模块化编程驱动机器人。

(2)能根据不同的任务构建不同功能的机器人,能编写不同的程序以适应不同的地图。

(3)通过专题学习和任务训练,初步了解虚拟机器人,开发学生的创造力,给学生的创新思维提供平台,让学生的想象力得以实现。

2. 课程内容

"虚拟机器人"校本课程学习内容框架:(1)了解机器人的工作原理,理解各个零部件的作用,并能根据自己的想法搭建出机器人;(2)了解模块化编程,能熟练编写一些简单的程序完成一些简单的任务;(3)机器人的任务训练,学生能根据不同的任务在短时间内完成机器人搭建和模块化编程,完成任务。(表3-14)

表3-14 "虚拟机器人"课程内容

模　块	设 计 说 明	活动内容	活 动 目 标	课时
机器人的概念及其结构	采用专题学习的形式。让学生明白什么是机器人,有哪些结构。	讲解机器人的概念及其结构。	1. 知道什么是机器人; 2. 知道机器人的结构。	2
机器人的身体搭建	采用机房动手操作的形式,让学生理解什么是机器人以及机器人的工作原理。	动手练习机器人的身体搭建。	1. 知道机器人的工作原理和各个零部件的作用; 2. 通过练习学习虚拟机器人的搭建方法; 3. 通过练习来搭建出自己的机器人。	2
机器人的前进训练和转向训练	采用机房动手操作的形式,让学生理解机器人的行走需要程序来操控。	简单的任务和简单的模块化编程。	1. 知道机器人的简单行走需要哪些步骤; 2. 通过带领学生模仿练习,让学生感受机器人的魅力; 3. 学生自主制作机器人并发现问题。	2

模　块	设 计 说 明	活动内容	活 动 目 标	课时
机器人的前进训练和转向训练	采用机房动手操作的形式,让学生理解如何让机器人前进和转向。	机器人的前进训练和转向训练。	1. 了解机器人的前进训练和转向训练应该如何编程; 2. 带领学生练习机器人的前进训练和转向训练; 3. 学生自主开发其他机器人的前进和转向训练的程序。	2
程序的三大结构	采用专题学习的形式,涉及到计算机机房使用。学生需要了解更复杂的机器人训练应该用到哪些程序。	程序的三大结构。	1. 通过网络查询、图书馆资料查阅,学生能说出简单程序有哪几种; 2. 老师帮助学生了解程序的编写有哪三大结构; 3. 学生根据教师给出的任务编写相应的程序。	3
巡线机器人搭建	采用专题学习的形式。学生了解什么是巡线机器人,巡线机器人有哪些结构。	巡线机器人概念。	1. 知道巡线机器人的概念和结构; 2. 通过查询资料,使学生了解巡线机器人的工作原理。	2
	学生进行巡线机器人的搭建。	巡线机器人搭建。	1. 教师演示巡线机器人的搭建; 2. 学生提出问题,并学习搭建出巡线机器人; 3. 学生根据自己的想法搭建不同功能的巡线机器人。	3
机器人巡迹训练	采用机房训练的形式。了解巡线机器人的模块化编程,并能完成巡线机器人巡线任务。	学生练习机器人巡迹训练。	1. 了解巡线机器人的模块化编程; 2. 学生编写符合教师任务的程序; 3. 学生执行虚拟机器人巡迹训练。	2
虚拟机器人的发展历史	采用专题学习的形式。学生了解什么虚拟机器人的发展历史。	虚拟机器人的发展历史。	1. 通过查阅资料,小组合作总结虚拟机器人的发展历程。 2. 不同小组交流看法。	2

模 块	设 计 说 明	活动内容	活 动 目 标	课时
虚拟机器人的发展前景	采用专题学习的形式。学生根据自己对虚拟机器人的认识，写出自己对虚拟机器人的发展前景的看法。	虚拟机器人的发展前景。	1. 通过小组讨论，小组内部总结虚拟机器人的发展前景。 2. 以辩论赛的形式，支持自己小组的看法。	2

3. 课程实施

(1) 学习对象：高一年级，学生人数 20 人左右；学生自主选修，具有理性思维，对电脑和程序有很大兴趣，具备一定的自主学习能力、探索精神和求胜欲。

(2) 课时安排：本课程共 24 课时，每课时 40 分钟。

(3) 活动场地：教室、计算机房。

(4) 学习资源：校本教材、教学课件、图书馆资源、网络资源。

(十三)"趣味化学"课程纲要

1. 课程目标

(1) 了解化学基本知识以及化学对于生活的重要意义，发现化学学科美。

(2) 激发学生学习化学的兴趣，培养学生的科学态度和科学的学习方法，培养学生的能力和创新精神，使学生会初步运用化学知识解释或解决一些简单的化学问题。

(3) 丰富学生的第二课堂，增加实践的机会，使学生的生活不局限在课堂上，从而拓宽学生的知识面，让他们意识到学习的乐趣，进而激发他们的求知欲和创造性。

(4) 培养学生的科技意识、资源意识、环保意识等现代意识，对学生进行安全教育。

2. 课程内容

"趣味化学"学习内容框架有两部分：1. 生活中的化学常识和趣味实验部分。在学生了解化学常识、化学在生活中的重要应用的基础上，指导学生思考、探究生活中的某些问题，在此基础上进行化学趣味实验，激发学生学习化学的兴趣同时引导学生发现美、创造美。2. 课题研究部分。引导学生发现生活中的化学问题或现象，确定课题，

制定详细方案进行评估、优化、研究,培养学生善于发现问题、解决问题的思维能力和创新能力。(表 3 - 15)

表 3 - 15　虚拟机器人社课程内容

模　块	设 计 说 明	活动内容	活 动 目 标	课时
生活中的化学常识和化学趣味实验部分	采用专题学习的形式。在学习后,学生对生活中的化学常识和化学实验基本操作有了初步了解。	生活中的化学常识。	1. 知道生活中必要的化学常识; 2. 了解化学实验室安全准则,熟悉化学实验仪器和操作。	3
	采用知识竞猜的形式。	生活中的化学常识。	1. 通过知识竞猜活动加强学生之间的合作交流; 2. 通过知识竞猜活动培养学生的科技意识、资源意识、环保意识等现代意识。	2
	学生进行趣味实验。学生根据实验原理、注意事项、实验方法等在教师的指导下进行实验。	趣味实验: (1) 制肥皂; (2) 蛋壳雕塑; (3) 五彩的酸碱指示剂。	1. 拓宽学生的知识面,学生体会学习的乐趣,激发求知欲和创造性; 2. 发现化学的乐趣,做生活的有心人。	6
研究性课题	采用专题学习的形式,涉及到计算机机房使用。学生需要在即时评价环节演说展示自己搜集资料的成果,并在课后撰写小论文。	84 消毒液的失效时间研究。	1. 知道广富林的历史脉络,对良渚文化有大概认识,了解资料搜集的基本方法; 2. 通过网络查询、图书馆资料查阅、成果展示,能根据需要搜集、筛选、整合相关资讯; 3. 培养基础的史学思维,能有知识产权意识。	4

在每个部分的活动内容设计中,特别对学生学习行为和学习成果做了设计和规定,通过这些可观测的活动载体来实现学习目标的达成。

3. 课程实施

(1) 学习对象:高中一年级,学生人数 70 人左右;学生通过初中化学的学习已经掌握基本实验操作,具备一定合作实验探究的能力。

(2) 课时安排:本课程共 15 课时,每课时 70 分钟。

(3) 活动场地:教室、图书馆、化学实验室。

(4) 学习资源:校本教材、教学课件、图书馆资源、网络资源、化学实验室硬件资源。

(5) 活动建议:每一位学生参与到兴趣实验和研究性课题研究的整个过程中,发挥学生主观能动性,尽量把每一个问题留给学生去思考、讨论、解决,锻炼其独立自主和合作交流的能力。引导发现实验中美的元素,使他们感受到化学实验带来的趣味和快乐,从而让同学们产生对科学的崇尚,激发对化学学科学习的主动自觉性。

(十四)"创新 3D 部落"课程纲要

1. 课程目标

(1) 知道 3D 打印和建模软件,了解"123D Design"基本操作,能熟练地进行"123D Design"基本操作在计算机上生成简单的三维图形并通过 3D 打印机打印出产品。

(2) 通过自主学习、自主建模、模型制作、专题学习等活动,使学生在设计和操作中体验 3D 打印带来的成就感,激发学生学习 3D 打印的热情,培养学生的创新思维。

(3) 通过专题学习和活动体验,初步领略 3D 打印非凡的魅力及其巨大的发展潜力,提高关注科技创新的积极性。

2. 课程内容

创新 3D 部落的学习内容在于引导学生在建模软件中释放自己的想象力、发挥自己的创造力进行建模,增强对 3D 打印的了解,提高学生的学习能力,锻炼学生的思维能力。(表 3 - 16)

3. 课程实施

(1) 学习对象:高一、高二年级,学生人数 12 人左右;学生自主选修,具备一定的自主学习能力以及探究的热情。

(2) 课时安排:本课程共 20 课时,每课时 40 分钟。

表 3 - 16　创新 3D 部落课程内容

模　块	设 计 说 明	活动内容	活 动 目 标	课时
3D打印	采用自主学习的形式,让学生学会自己上网查找资料学习。	初识3D打印	1. 知道3D打印,3D打印的历史,类型和耗材; 2. 通过3D打印的成功案例的视频播放,提高学生学习3D打印的兴趣; 3. 激发学生学习3D打印的兴趣。	2
建模软件	通过示范软件操作方式,让学生知道"123D Design"以及其功能命令,从而了解123D基本操作。	123D Design	1. 知道建模,建模软件,了解"123D Design"; 2. 了解"123D Design"基本操作; 3. 提高学生学习"123D Design"软件的兴趣。	2
切片软件	通过示范软件操作方式,让学生知道切片软件的基本操作。	切片软件	1. 知道切片软件; 2. 了解切片软件的基本操作; 3. 提高学生学习切片软件的兴趣。	
模型组装	通过教师演示、学生操作,让学生学会使用"123D Design"功能命令组装模型。	模型组装	1. 了解建模软件"123D Design"; 2. 掌握基本体和移动模型; 3. 逐渐形成强烈的三维立体空间感,激发学习积极性。	2
制作马克杯	采用自主学习自主制作的形式,让学生挑选自己感兴趣的科学方法建模。	制作马克杯	1. 了解建模软件"123D Design"; 2. 掌握基本体的修改; 3. 激发学生想象力,提高学生的空间思维能力。	2
制作笔筒	通过自主学习自主制作的形式,让学生挑选自己感兴趣的科学方法建模。	制作笔筒	1. 了解建模软件"123D Design"; 2. 掌握草图和构造; 3. 增强学生合作能力,动手能力,思维能力。	2
"123D Design"基本操作中的其他命令	通过讲练的形式,让学生知道"123D Design"的其它功能命令。	"123D Design"基本操作中的其他命令	1. 了解建模软件"123D Design"; 2. 掌握"123D Design"基本操作中的其他命令; 3. 激发学生学习"123D Design"软件的热情。	2

模　块	设 计 说 明	活动内容	活 动 目 标	课时
模型拼装：搭积木类型的建模	采用专题学习的形式。学生成果展示可以选择：学校大门，综合楼，凉亭等。	模型拼装：搭积木类型的建模	1. 了解建模软件"123D Design"； 2. 熟练掌握"123D Design"基本操作； 3. 提高学生的设计创造能力。	2
制作课桌椅	采用自主学习自主制作的形式，让学生挑选自己感兴趣的科学方法建模。	制作课桌椅	1. 了解建模软件"123D Design"； 2. 掌握长方体建模抽空和阵列的运用； 3. 提高学生的设计创造能力。	2
制作花瓶、高脚杯	通过自主学习自主制作的形式，让学生挑选自己感兴趣的科学方法建模，打印出来展示。	制作花瓶、高脚杯	1. 了解建模软件"123D Design"； 2. 掌握旋转放样建模； 3. 提高学生在掌握技术方面的优势，提高学生的科技素养。	2

（3）活动场地：3D创新实验室、计算机室等。

（4）学习资源：校本教材、教学课件、图书馆资源、网络资源。

（5）活动建议：在整个社团学习过程中让学生深入感受到3D打印无需机械加工或模具，就能直接从计算机图形数据中生成任何形状的物体，从而极大地缩短了产品的生产周期，提高了生产率，其市场潜力巨大，势必成为未来制造业的众多突破技术之一，提高学生了解、自主学习3D打印的主动性和积极性。

（十五）"绿茵足球"课程纲要

1. 课程目标

（1）增强学生体质，促进健康。

（2）掌握基本足球技术，简单的战术，具有一定的足球意识。

（3）培养学生的意志力，责任感及机智果断，坚忍不拔，勇于克服困难的意志品质。

（4）让学生学会团结协作、密切配合，培养集体荣誉感、守纪律等思想品德。

2. 课程内容

（1）足球兴趣：小型教学比赛，足球游戏，认识足球明星，组织学生在电视上观看世界杯赛等大型足球比赛。

（2）足球技术：① 熟悉球性练习,包括滚动球、反弹球和空中球;借助符合青少年身心发展特点的比赛和练习形式来传授最基本的足球技术：运球传球、接球和射门。② 学习简单的运球突破技术、带球转身技术、接控球技术、原地与助跑的头球技术、正面与侧面抢球技术,基本掌握脚背、脚内侧的踢球技术。③ 提高控球技巧熟练程度的练习,学习带球转身技术,进行脚内侧、脚背外侧、脚背的带有速度和方向变化的运球练习。

（3）身体素质：① 借助竞争性游戏来发展队员的协调性、灵敏性和速度,强调形成正确的跑跳技术动作;② 进行各种速度(反应速度、起动速度、动作速度)、灵敏和协调练习,发展正确、快速的足球专项跑跳练习。

（4）足球战术：① 初步学习有关传球与接应创造空间和保护的个人攻防战术;② 学会在对手压力下运用各种个人攻防战术;③ 简单的二过一,居后插上和交叉配合,盯防运球对手,干扰接球对手和保护,阻止对方配合和头球的防守。（表 3-17）

表 3-17 "创新 3D 部落"课程内容

模块	设 计 说 明	活动内容	活 动 目 标	课时
足球球性	让学生搜集足球球性的训练方法,相互交流,反复练习,提高足球的球性球感。	球性的练习方法。	1. 了解足球运动; 2. 学习足球球性球感的训练方法; 3. 努力提高自身的控球能力。	1
运球	学习了解几种足球运球的方法,如：脚弓运球运球,脚背外侧运球等。	几种运球的方法,及在比赛中的运用。	1. 学习了解几种足球运球的方法; 2. 观看比赛学习了解运球在比赛中的用途; 3. 制定提高足球运球的技术的训练计划。	1
	学习提高运球水平的五种练习方法。	实践课练习： 1. 快速直线运球; 2. 折线运球。	1. 学习总结五种提高运球技术的方法; 2. 在运球训练中严格执行技术要求,达成训练目标,完成课后总结; 3. 欣赏高水平足球比赛,体会运球在比赛中的作用。	3

模块	设计说明	活动内容	活动目标	课时
传球	学习了解几种足球传球的方法,如:脚内侧传接地滚球,脚背内侧传接高远球等。	学习传球方法,及运用。	1. 学习了解几种足球传球的方法; 2. 观看比赛学习了解各种传球在比赛中的用途; 3. 制定提高足球传球技术的训练计划。	2
	学习了解提高传球技术的练习方法: 1. 地滚球; 2. 半高球; 3. 高远球。	传球实践课练习:	1. 学习总结各种传球的技术动作,特别是脚内侧传接球; 2. 在传球训练中严格执行技术要求,达成训练目标,完成课后总结; 3. 观看高水平足球比赛,体会脚内侧传接地滚球在比赛中的作用。	4
进攻	让学生学习了解一对一进攻得方法,及何时运用。	观看比赛录像。	1. 学习了解一对一进攻的技术方法; 2. 通过查阅资料,观看视频录像,学习了解一对一进攻的实践运用; 3. 讨论如何提高自身在场上一对一进攻的能力。	1
	学习三打一,四打二,跑位方法。	实践学习。	1. 掌握三打一,四打二,跑位方法; 2. 掌握穿跑时机,提高传接球的成功率; 3. 欣赏高水平的足球比赛,体会巴萨比赛的传控技术,了解怎样控制比赛的节奏。	4
防守	由一对一防守引发出对,二对二,三对三防守站位的探讨。	防守的站位。	1. 学习一对一防守; 2. 探讨二对二,三对三防守站位; 3. 提高快速攻防转换的意识,加强集体防守意识。	2

3. 课程实施

（1）学习对象：高一、高二年级,学生人数 20 人左右;学生自主选修,具有探究热情,具备一定的自主学习能力。

（2）课时安排：本课程共 18 课时，每课时 40 分钟。

（3）活动场地：教室、足球场地

（4）学习资源：体育老师们都成为了课程开发的主力军。大家在专业方面各有所攻，发挥自己的专长，克服各种困难，进行多方面的准备，营造了浓浓的研究氛围。

（5）活动建议：刚开始的时候，课程开发缺乏科学性，认识肤浅，挖掘不深。经过讨论、实践和专家指导，经过一段时间的摸索，在失败与收获中我们跌跌撞撞前行，最后，确定了一系列的足球教学内容。

第四章

尚美教育的特色课程：以美育美

第一节　展美艺趣：发现生活的诗意

艺术是美的底蕴和源泉所在,探寻艺术美的过程,就是升华品质情操、提升精神境界的过程。松江四中 20 多年的美术教育之路造就了一批又一批艺术人才,近几年来,学校美术高考成绩持续创新高,2018 年美术高考成绩更是突破 400 分大关,取得了历史新高,在区域中享有一定的赞誉,引领了区域美术发展的新方向。20 多年薪火相传,尚美育人,初心不变,在新时代再攀新高峰。

一、尚美艺术课程

20 多年来,学校美术特色教育一脉相承,经历了从项目特色到学校特色项目,再到特色学校的过程。在课程设置方面,除基础类艺术课程外,学校为学生开设了版画、素描、色彩、速写、书法等多门艺术类课程。这些课程的开设不仅丰富了学校课程,同时也拓宽了学校学生民族文化素养培养的途径。作为艺术教育特色学校,学校始终将培养学生的艺术素养和全面提高学生整体素质作为实施素质教育的重要内容之一,从培养学生体验美、欣赏美、表现美、创造美的能力入手,加大普及力度,提高普及质量。在课程设置方面,除基础类艺术课程外,学校为学生开设了版画、素描、色彩、速写、书法、合唱等多门艺术类课程。这些课程的开设不仅丰富了学校课程,同时也丰富了学校学生民族文化素养培养的途径。

(一) 艺术课程管理与价值

建立面向艺体特长生的专业课程体系。美术班在开设素描、色彩、速写这三门高考必考科目之外,还开设美术史及美术理论课等选择性必修课程,以提高学生的美术修养;高三年级还针对不同学生的发展方向开设基础设计、动漫设计等选修课程。

作为管理者,我们适时进行角色转变,带头创新,探索科学管理、创新管理的新举措,为特色教育的实施提供保障。学校具有健全的组织机构,明确的责任分工,确保各项工作有人管,落到实处;具有明确的方案,制定了体现科学性和可操作性,适合学校学情的《艺体特色教育十三五发展规划》《尚美教育特色普通高中创建规划》等,保证了特色教育发展的制度化和连续性。课程设置上考虑整体性、科学性、延展性三大要点。

1. 整体性

基于绝大多数学生是从零起点开始学美术的实际情况,学校制定具有整体规划和阶段性目标的三年总体教学计划和进度表,每个阶段需要掌握的内容以及课时计划都合理安排。例如,高一阶段的几何石膏体、素描静物的学习;高二阶段开始色彩和速写的练习;高三阶段的集训等,都将灵活地按照教学计划开展教学活动。不走校外画室推崇的急功近利之路,而是尊重学习的基本规律,合理衔接,注重基础,强调方法,循序渐进,以达到厚积薄发的目的。

2. 科学性

在课程设置上,讲究方式方法。如何让学生的学习效果能够事半功倍?所要考虑的不仅要针对高考,而且要注重培养学生的兴趣,使他们了解艺术并爱上艺术。根据学生的兴趣爱好开设设计类课程,例如海报设计、logo设计等。统筹规划艺术课程与文化课程之间的课时设置。相互借鉴和成长,达到理想的成绩。

3. 延展性

艺术源于生活,又为生活服务。在课堂上所学的美术知识,可以运用到我们的课外生活中。每年组织高三学生参加户外写生训练,例如2015年组织全校高三学生到乌镇、枫泾,2016年、2017年、2018年到安徽宏村进行实景写生。提高学生写生的能力和表现力,提升美学修养,加深学生对中国传统文化的理解和热爱。在校内开展美术绘画比赛、用作品美化校园等活动,为学生搭建展示自我的平台,让学生找到乐趣,发现自我。

学校同时注重校本教材的研发,例如蛋壳画、丝网版画等教材的编写。充分发挥课堂主渠道的作用,重视学科渗透美育,营造了良好的艺术氛围,让学生时时感受美,处处欣赏美,在美育熏陶中不断提高审美情趣和审美能力。同时学校还开设了面塑、剪纸、版画、油画、国画、动漫等具有我校特色的美术类拓展型课程。学校开展陶艺、面塑等工作室,为美术老师创建独立的工作室,美术教师利用各自的特长,发展特色课程。

(二) 美育在艺术课程中的运用

霍德华·加德纳所倡导的"多元智能"理论及与之相应的"以个人为中心的学校教育"虽没有承认审美力的独立存在,但他却认为每种智能都能导向艺术思维。作为大肆批判"一元化"教育观点和"智商式思维"方式的代表,他的理论对于审美教育有着很重要的现实启发。首先,他为艺术、审美等综合素质教育申请了教育机会的"入场券",使学生的个性化发展有了可能。他的理论引起了人们对单一教育标准之外的综合素质的关注,艺术教育被更频繁、更有效地引入学校课堂,拥有不同兴趣和特长的学生也有了更多发现自己、展现自我的机会;其次,他阐述了包括音乐、空间等每种智能相互之间的平等性,捍卫了每个学生个性发展的机会和权利。

1. 以美育为原则

松江四中有一支庞大的艺术教师队伍,艺术教师不仅是艺术技能的传授者,更是拓展学生审美心灵的"人师",是为学生确定审美理想的导航者。在朴素而幸福的教育之路上,不忘初心,追寻幸福的教育目标,同时硕果累累,实至名归。做幸福的艺术教育人,我们一直在路上。艺术组团队以艺术特色教育为基础,不断拓展艺术教育内涵,开设了舞蹈、合唱、动漫、微电影、葫芦雕刻、陶艺、油画、插画以及"诗意宏村 尚美之行"行走写生课程,由学生自主选择与参与,有力地推进了学校的尚美特色教育,并提高了学生的审美情趣,学校已凝练成"人人会绘画""个个懂欣赏""处处有创新"的美术特色课程体系,既满足艺术选修生的需要,又满足全体学生的需求。

新课程改革特别重视艺术教育,艺术教育是素质教育非常重要的内容,是全面提高学生核心素养的重要手段。在新高考背景下,学校将学生社团活动和美育活动进行整合、提升,打造校本特色课程,开设了素描、色彩、速写等必修课程,开发了蛋壳画、版画、衍纸画、沥粉画、油画、书法、安塞腰鼓、民舞、合唱、陶艺、葫芦雕刻、动漫、微电影等十多门选修课程以及艺术特色行走写生课程。构建领域广泛、内容新颖、形式多样的艺术校本课程,适合学生学情、促进学生发展,增强综合素质发展,松江四中正在探索一条新的路径与方法,切实推动学生核心素养的养成。

2. 以培养美为目标

艺术教育不仅能提高学生的思想品德、科学文化素质等,对学生审美能力的提高具有深远意义。艺术作品是美的集中体现,学校开设特色课程对学生进行直接渗透是实施艺术教育最直接的形式,通过艺术教育提高学生对美的认识与感受,提升学生们的艺术鉴赏力,并达到发现美、欣赏美和创造美的能力。高三学生在美术老师的引领下,用发现美的眼光,将秋天金黄的银杏树落叶当成画布,将校园美景绘于片片落叶上,用色彩缤纷的树叶画描绘了尚美校园的色彩与芬芳,创意之举引起了《新民晚报》《新闻坊》等各大媒体的关注,获得了强烈反响和广泛好评。同时,学校艺术教师将鼓、舞有机结合,创编了刚柔并济、激扬向上的鼓舞节目《振奋》,在 2017 年第十二届全国青少年打击乐比赛上海赛区选拔赛中摘得校园组金奖。我们的艺术教育注重为学生创设审美情境,为学生提供丰富的审美材料,使学生获得深切的审美体验,提高学生的艺术审美能力。

学校开设的特色课程,如“美印·版画”是一门集绘画、刻版、印刷为一体的综合性绘画艺术,旨在培养学生的创新精神和实践能力,鼓励每一个学生情感的、个性化的表达,唤起他们对美的探求;“笔墨·雅韵”这门课程旨在为爱好书法的学生创设一个良好的体验与实践平台,从基础入手,学习楷书的运笔方法、字形结构,体验中国汉字特有的气质与审美理念。2017 年 1 月,这两门课程被收录到上海市高中名校慕课平台。

二、尚美艺术节日

松江四中每年一度的文化艺术节、科技节等节日成为学子们期待的节日。多彩的活动丰富了美的意义,培育了尚美求真的学生文化,形成了独特的德育课程体系。

1. 科技节日——推进科技活动,提升科技素养

科技创新中的许多灵感来自于艺术创新,科技创新也为艺术创新提供了更宽阔的想象空间。学校积极推进科技创新与艺术创新相融合,科技教育活动与学科教学相整合,努力把青少年科技教育活动融入学校日常教育教学工作之中。因此,科技类节日成为推进科技活动,提升科技素养的重要平台与载体。

在每学年的第二学期,学校会举办一系列科技活动,在学生自愿报名的基础上,组织一批对科技活动兴趣浓厚,思维敏捷,想象力丰富,动手能力强,具有一定个性特长的科技小达人参与展示,如校园科技文化艺术节以及它下属的车模航模比赛活动,校园美景摄影活动,生活中的物理、喷泉实验比赛,校科技创新比赛,松江四中植物识别系列活动,环保科技绘画活动,金钥匙科技活动。注重学生自主发展,调动每一位学生的积极性,使学生的兴趣爱好获得满足,每个学生的个人潜能获得自由发展。

2. "悦"读节——培养阅读兴趣,提升人文素养

为了传承和弘扬中华传统文化,松江四中一直致力于让学生在经典诵读过程中获得美的熏陶和教育。因此,在每年 9 月,松江四中都会举办一年一度的"悦"读节系列活动。

"悦"读节活动一般包括经典诗文诵读、古诗文创作、书评创作等。在 2017 年"悦"读节期间,学校"尚美书院"揭牌成立。尚美书院的最终目的是指向学生的未来,指向学生的终身发展,利用教师的言传身教,让学生耳濡目染,沐浴在学校尚美文化之中,让读书伴随学生一生,为他们的终身学习和可持续发展提供精神动力,实现"让美成就未来"。

2018 年,学校创新性地加入了书签制作这一艺术实践活动,每一项活动都有老师们的专业指导以及学生的积极参与。"悦"读节的系列活动让同学们在紧张的学习中感受到传统文化的熏陶,也让同学们体验到创作的乐趣,用多种多样的方式增加了大家对于读书的关注与热爱,体现了尚美学子的风采。

3. 艺术节——点亮艺术之光,培育审美素养

艺术节是松江四中历史最悠久的校园文化节日,也是校园文化建设的重要组成部

分,至今已举办过32届。艺术节的系列活动包括"十佳歌手大赛""班歌比赛""黑板报比赛"等。艺术节的闭幕式的晚会演出也是艺术节的重要组成部分。这一系列的活动丰富了师生的课外生活,也培育了学生的审美素养,成为学校德育工作的重要组成部分。

2014年以"尚美情·中国梦"为主题,展演活动邀请卢湾中学和共同体学校共同参与。2015年12月31日,第29届文化艺术节闭幕式与迎新汇演结合,整台演出尽显尚美风采。2016年11月,第30届艺术节以"银杏舞清韵,尚美谱新曲"为主题,活动中,学生器乐、相声小品、舞蹈等齐亮相。文化艺术节为师生提供了一个展现自我的平台,不仅体现了艺术教育的育人功能,而且提高了学生的艺术素养和整体素质,进一步彰显了学校的办学特色。

4. 体育节——增强学生体质,展现青春风采

松江四中利用"曲棍球、田径、足球和游泳"等上海市体育传统特色项目,将美术与体育融合起来,使学生在进行体育活动的时候,也能感受到运动中的灵动美。每年分别举行"尚美杯"体育节和春季校园"阳光体育"运动会。为广大学生创造锻炼身心的机会,以丰富多彩的体育活动激发学生兴趣,点燃运动激情,释放青春活力,以强健的体魄、饱满的精神展现青春风采,放飞青春梦想。让学生在运动中体验运动之美,感受合作之美,分享成功之美,敬畏拼搏之美。

三、尚美艺术实践

为了适应学校艺术特色的发展,学校开设了适合学生发展的艺术课程,以学生的兴趣为出发点,设置了普及性、提高性以及多样性三个层面的课程,满足不同层次学生的课程需求,具体见表4-1。在基础型课程的实施与管理方面,学校严格按照《上海市中小学学年度课程计划及其说明》进行实施。同时,学校也结合艺术教师的专业特长而开设多样性课程——社团课程,安排了统一的时间,让学生有机会学习到书本以外的专业知识,丰富了学生的艺术底蕴,让艺术之花遍地开放。

表 4－1　松江四中艺术课程设置

课　程	高一年级	高二年级	高三年级
普及性课程	艺　术	艺　术	艺　术
提高性课程	美术史论 素描：石膏几何体 　　　静物写生 　　　石膏五官 速写：单个人物 色彩：单个物体	美术史论 素描：石膏像 　　　人物头像 速写：双人组合 　　　风景临摹 色彩：静物组合	美术史论 素描：石膏像 　　　真人写生 速写：多人组合 　　　人物＋场景 　　　风景写生 色彩：风景写生
	编导：艺术常识、故事创作、影视剧评论写作等		
	播音主持：发声练习、新闻播音、才艺展示等		
	表演：朗诵、声乐、形体、命题表演等		
	器乐：钢琴、大提琴、小提琴、古筝、二胡等		
多样性课程	审美常识、中国画、装饰画、美印版画、创意绘画、葫芦雕篆刻、泥塑、陶艺之美、根雕艺术、设计入门、喜剧的魅力、光与影、书法纵横、建筑欣赏、音乐之声、舞蹈之魂、摄影美学等。		

1. 融美社团

　　作为艺术特色学校,学校重视艺术社团建设,2018 年开设艺术类社团的数量占总社团数的 60% 以上,目前有 DM 插画社、陶艺社、油画社、葫芦雕刻社、橡皮章社、版画社、泥塑社、根雕社、炫舞青春社、动漫社、书法社、摄影社、光影公社、民舞社、FOS 街舞社等艺术社团,学生在统一的教学时间内可以选择自己喜爱的社团,学生社团的参与率 100%。2018 年学校提出尚美十二节,其中重要的一项就是社团节,每年的社团节是学生最期盼的,同学们在社团节上会大显身手,展现最完美的社团风采,通过评审,评选出“明星社团”“优秀社团”。社团节展现了学生的青春魅力,也彰显了和谐、创新、尚美、开放的德育文化氛围。每学年初,学校推出艺术教育项目菜单,组织学生自主选择,组建学校艺术社团,做到人人有项目,班班有团队。

　　落实课外艺术教育措施,广泛开展艺术教育活动。每周一次的铜管乐训练和合唱训练;利用选修课程开展各种特色项目教学活动;聘请松江区书画家和作家与学生联动、举办师生书画展等,使学校的艺术活动能够做到经常化和制度化。特别是学校从1987年开始的校园文化艺术节,该节每年一届,至今已成功举办32届,给学生们创设了展示艺术才华的舞台。学校师生积极参加各级各类艺术比赛,多次在全国、市、区比赛中获奖。

学校的艺术活动不仅仅在校内落地生根,同时还延展至校外艺术教育活动。每学年,学校都会安排学生进行外出写生活动。通过写生,许多学生发现了平时注意不到的美。在学习的过程中,学生不仅仅能在艺术技巧与鉴赏方面得到提高,更重要的是通过艺术审美活动提高自己的素质和修养,提升自己的气质和精神面貌,从而达到全面培养人的目的。

从兴趣出发,鼓励学生参加喜欢的社团,结合学校日常教育教学工作,培养学生对艺术之美的欣赏能力、对文学之美的探析和分享、对科学领域的探索精神及爱国爱家的浩然正气,为学生的生涯发展提供了平台,奠定了基础。

每年繁花似锦的5月,校园就会出现人声鼎沸、热闹非凡的景象,这就是一年一度的社团文化节,社团成员们总会各显神通,将多彩的社团文化、校园文化进行整合、升华,竞相展示各社团独特的风采魅力,为全校师生呈现出一台异彩纷呈的社团盛宴。活动结束后,通过全校师生直选的方式评选出"明星社团""优秀社团"。社团文化节展现了学生的青春魅力,也彰显了和谐、创新、尚美、开放的德育文化氛围。

2. 显美墙绘

学校作为一所艺术特色学校,一直以来落实"立德树人"的根本任务,践行"以美育人"的方针,将"美"的概念运用到团委工作的点滴中。2018年,学校艺术特色辐射到校园以外的社区居委等地,同学们参加了泗泾镇庆祝三八妇女节墙绘活动、景港居委墙绘活动、百米长卷绘松江"上海之根　文明松江"公益墙绘活动、党建联动共建单位新凯八村社区墙绘活动。

每一次的墙绘活动都经过学校艺术老师与同学们提前商议、制版,团委老师与艺术老师在每次墙绘活动中尽可能让同学们大胆创作,同时给予同学们尽可能多的专业性指导。墙绘这一志愿活动锻炼了学生的绘画技能,将美术课堂中的成果展示到社会中,同时也在社会实践中检验课堂成果,为社区居民的生活增添靓丽的色彩,以美育城。

"向着美的方向生长"追求的就是这样一种多样化的教育,每个学生都可以生长出不同形态的美,成为独一无二的自己。但个性化与前面提到的全面发展并不矛盾,全面是基础,个性是特长,一个"大写的人"和一个有个性的人都是学校想要培养的人。换句话说,只有一所学校的学生都善于发现自己、敢于成为自己、乐于欣赏自己,这所学校才会充满生机。而"尚美素养教育"正是朝着这个"让每个学生成为自己"的教育目标在不断前进。

3. 启美交流

2018年,学校积极争取社会资源,将全新的艺术形式引入校园。与此同时,学生也利用自身特长,走出校园,去创造美,让更多人感受四中学子的才艺和尚美情怀。

学校开拓艺术教育特色之路,积极坚持引进来与走出去相结合,让美成就学生未来。自2017年以来,学校聘请一位特殊人物——葫芦雕刻家黄阿金。他曾获得过第五届国际葫芦节葫芦工艺品最佳工艺二等奖。在黄老师的带领下,葫芦雕刻社团应运而生,社团目前由民间葫芦雕刻艺人"葫芦爷爷"和学校教师负责。2018年,高德品校长将根雕艺术家李光辉的根雕艺术引入校园,李先生将收藏的绝大部分根雕作品捐赠给学校,并到校指导学生进行根雕艺术创作。

学校挖掘社会文化资源,开展艺术教育活动。发挥共建单位上海市未管所艺术师资力量,对学校管乐队进行培训;发挥退休教师余热,加强艺术教育力量,聘请朱品龙老师上剪纸艺术课、杨志高老师上书法艺术欣赏课、马金诚老师上面塑艺术课、王雪华和李一峰老师上丝网画艺术课;学校还请中国作家协会会员、语文特级教师吴春云老师为学校文学社团学生进行专题讲座,请中国书法家协会会员、著名书法家刘兆麟老师为师生们作关于书法艺术欣赏专题报告,请上海师范大学秦茗老师、南京林业大学尹安石教授、上海应用技术学院池教授等,为学校美术班师生上美术专题课。艺术专家们的丰富经验与教师的辛勤劳动形成一股教学合力,极大地促进了我校的艺术教育。

在积极开展艺术教育的同时,学校认真组织学生参加社会艺术实践活动,展示学校艺术教育成果,服务社区,促进社区精神文明建设。学校的安塞腰鼓队、健美操队、铜管乐团等,在松江区有相当高的知名度,分别在上海市中小学生音乐节、上海市肯德基校园健美操大奖赛、特奥会松江赛区、松江区中小学生运动会、松江区"校园文化进社区——学校百个节目大展演"活动、泗泾镇"迎七一"暑期纳凉晚会、区镇运动会等大型场合进行表演,得到领导和专家的一致好评。

多年成功实践证明,开展艺术教育是学校推进素质教育的重要举措,继续深化和发展艺术教育将是学校总体长远发展的重要战略。学校将进一步扩大艺术教育规模,拓展艺术教育内涵,丰富艺术教育项目,加强艺术教育辐射,促进地区精神文明建设,努力将学校的艺术教育特色打造成市级艺术教育品牌。

第二节　弘美健体：塑造健康的身心

一、以美健体的体育课程

"让每一位学生健康、向美生长"是学校开展各项体育工作的出发点和归宿点。近几年来,在学校"尚美求真　明德问学"办学理念的引领下,秉承"健康第一,以美健体"的体育工作理念,从建构尚美课程体系的角度出发精心设计学校阳光体育运动,充分挖掘学校体育工作的人文内涵和美育元素,提升育人价值,促进学生身心健康发展,为其幸福人生奠定基础,让健康快乐之美充溢校园。

松江四中是上海市体育传统项目学校、松江区体育传统项目学校。学校体育教育师资力量雄厚,硬件设施完备,教学训练扎实有效,体育传统项目(女子曲棍球、田径、足球)历年来在市、区各级比赛中均取得优异成绩。多年来,我们从校情和生源的实际出发,积极开展体育特色教育,重视体育特长生的培养,促进特长生的个性健康发展,为上海各高校输送了大量体育人才,许多学生已成为松江区体育教师队伍中的骨干力量。学校的体育特色教育,为许多文化成绩相对薄弱但又有显著体育特长的学生,开创了一条有效的发展路径。学校以课程改革为契机,围绕学校尚美课程体系,开设了"艺体修美"的校本课程——曲棍球、篮球、游泳、足球,并从2014年开始开设可供学生自主选择的体育专项课程,有篮球、足球、羽毛球、乒乓球、曲棍球、健美操、游泳、田径,采用走班教学模式。我们时刻关注学生的成长,开展课程设计,不断开发生成新的校本课程,凸显学校的尚美特色,全面提升体育与健身教育教学质量。

(一)体育课程文化

1. 天人合一的环境文化

(1)组织保障。建立了以校长为组长、课程教学处主任为副组长、体育组和后勤组为成员的学校体育工作领导小组,组长全面协调监督体育活动的开展,副组长全面主持学校的体育工作,体育教研组负责操作学校阳光体育活动的具体工作,后勤服务处保障体育活动所需各类器材。工作组的建立,使得学校在落实体育活动上形成合力,齐心合力打造艺体特色学校。

(2)设施完备。学校高度重视学校体育工作,不断加大学校体育设施和器材的投入,新建高标准的体育场馆、乒乓房,配齐了球类、田径类、体操类等必备体育器材,进一步促进了学校体育活动的特色化、品牌化、专项化发展。

(3)研修文化。加强体育教师队伍建设,不断提高体育教师专业化发展水平。学校体育工作能不能做好,关键有没有一支师德优秀、业务精良、责任心强的体育教师队伍。学校重点加强中、青年体育骨干教师的培训工作,采用"请进来"和"走出去"的方法,促进青年教师的专业成长,加大体育科研的力度,努力提高体育教师的教研、科研能力,提高体育教师的专业化水平。

体育教师认真学习课程方案,深入研读学科教材,积极落实课程计划,合理设计教学方案,有效组织各个项目的学习与训练。体育教师不断加强教学研究,积极探索丰富多彩的活动形式,努力提升教学指导的针对性、科学性,帮助学生学习、掌握日常锻炼的体育技能,促进学生的健康成长,学校体育课堂教学活动得到学生的欢迎和肯定,教学成果硕果累累。

2. 贵和尚中的制度文化

学校制定了一系列的规章制度:《体育教师管理规定》《体育课管理规定》《大课间实施方案》《运动器材管理规定》《运动伤害事故处理流程》《体育奖励方案》。学校依法开展体育教学和组织各类体育活动,定期维护保养体育场地和器材设备,建立规范有序的开放使用制度,建立学生参加各项体育活动的安全保障措施。学校的体育教师严格遵循体育教学活动的规律和原则,组织实施教学计划和指导体育活动。对体育教学和体育活动中发生的学生伤害事故,学校严格按照规定的原则和程序,进行救助并妥善处置,努力做到"贯彻一个思想:健康第一;体现二个保障:经费保障、后勤保障;落实三个明确:目标明确、分工明确、责任明确;执行四个固定:计划固定、教练固定、时间固定、运动员固定"。

3. 朝气蓬勃的群团文化

学校每学年定期举办两次大型运动会,春季趣味运动会和秋季田径运动会,将校园文化和体育融为一体,开展体育文化节活动,除了传统的广播操比赛、篮球对抗赛、足球比赛、拔河比赛、踢跳比赛、乒乓球比赛、羽毛球比赛等项目,还有体育摄影比赛、体育海报比赛、体育征文比赛、体育板报比赛和家庭亲子比赛等,因地制宜地开展以年级或班级为单位的学生体育活动和竞赛,做到人人有体育项目、班班有体育活动、学校有体育特色。进一步办好学校体育传统项目,提高运动队的竞技水平,充分发挥其对群众性体育的示范带动作用。

广泛开展学生阳光体育运动。学校鼓励学生走向操场、走进大自然、走到阳光下,自觉参加体育锻炼。积极探索适应学生特点的体育教学与活动形式,指导学生开展有计划、有目的、有规律的体育锻炼,努力改善学生的身体形态和机能,提高运动能力,达到体质健康标准。每学年学校都会对在体育锻炼中表现优异的学生给予表彰,由校长亲自为他们颁奖。

学校根据体育课程标准的要求开足开齐体育课,不挤占、挪用体育课,即各个年级每周安排4节体育课时、2节体育活动课时,加强对体育课的课堂教学管理,提高四十分钟的效率。体育教师合理制定教学计划、设计教学内容,保质保量上好体育课,切实贯彻落实"三课、两操、两活动"制度,有领导、有秩序地组织全校师生开展课间体育活动,确保学生每天锻炼一小时。

4.稳步上升的竞技文化

学校积极参与市、区学生体育大联赛的各项体育竞赛,让每名学生展示自己的特长,提高学生的综合素质,培养学生团结协作、自信勇敢、开拓进取、敢于竞争的团队精神和集体荣誉感,让学生感受积极的体育文化,促进学生全面健康地发展。

(二) 美育在体育课程实践中的运用

多年来,学校从校情和生源的实际出发,积极开展体育特色教育,重视体育特长生的培养,促进特长生的个性健康发展,为上海各高校输送了大量体育人才,许多学生已成为松江区体育教师队伍中的骨干力量。学校的体育特色教育,为许多文化成绩相对薄弱但又有显著体育特长的学生,开创了一条有效的途径。坚持"健康第一,全面育人"的指导思想,以"尚美体育特色"为引领,全面推进素质教育的实施,把提高学生健康素质作为学校教育的基本目标之一,通过高中教学改革,以实验推进体育教学发展的渐进性,勇于实践,开拓创新,积极的探索和完善"高中体育专项课"。

1.模块化教学

分类分层走班教学。学校通过体育课程教学实验,改变传统的体育教学内容、组织形式和运行机制,实验初期以高中年级专项课为主体,其他年级采用男女生分班制,建立起以兴趣培养为导向的高中体育"专项化"学校体育课程教学模式。专项课程突出以学生为主体,结合高中走班制的特点,对学生进行分层教学。

2.组合式教学

(1) 使学生锻炼成为一名业余体育专业者。培养与发展学生的体育兴趣——熟练掌握一到二项运动技能;掌握体育与健身基本理论,懂得所学项目的竞赛组织与规则——具备较高的体育文化素养和欣赏能力;基本养成自觉参与体育锻炼的习惯及科学文明的生活方式——健康素质明显提高。

(2) 形成学校体育工作的新局面。通过课程改革使"体育课—选项课程—自主阳光锻炼—体育社团—竞技队"有机整合,促进形成学校体育工作和学生自主锻炼的新局面。

(三) 体育在美育实践中的应用

1. 校本课程的建设

学校以课程改革为契机,围绕学校尚美课程体系,开设了"艺体修美"的校本课程——曲棍球、篮球、游泳、足球,并从2014年开始开设可供学生自主选择的体育专项课程,有篮球、足球、羽毛球、乒乓球、曲棍球、健美操、游泳、田径,采用走班教学。学校时刻关注学生的成长,开展课程设计,不断开发生成新的校本课程,凸显学校的尚美特色,全面提升体育与健身教育教学质量。体育活动课课程内容采用与专项课课程内容相结合的形式予以设置,共分为三个时期:前期,以专项班为单位进行辅导;中期,以比赛的形式进行专项化教学成果验收;后期,教师辅助,自主练习,巩固与提高。每个时期有固定的课时,每一项比赛都有方案、秩序册,从而确保顺利进行。同时,学校注重发展学生多方面的能力,进行学生裁判员的培训与培养,使每个学生用不同的方式为集体贡献力量。

2. 年级特色活动的开展

做好各年级特色活动的开展,高一年级的艺术操和威风锣鼓,高二年级的女子曲棍球,高三年级的跑操,每个年级有自己的特色,学生在三年中可以学习、感受到不同的美的教育。在全体体育组教师的共同努力下,我们学校的课间操,从集合站队,到做操每一个节拍,以及做操结束后的队形编排都经过了体育组教师的精心编排,特别是做操结束后的队形编排更是独具特色。通过做课间操使学生既体会到力的象征,又体会到美的享受。学校群众性的体育活动一直在全区名列前茅,学校篮球队、足球队、田径队、健美操队在区里市里取得较好成绩,特别是我校曲棍球队,屡次在市级比赛中取得优异成绩,为学校赢得荣誉。

关注球类、棋类等传统优势项目的发展,尤其是篮球、乒乓球、中国象棋、国际象棋、围棋等。开设击剑、柔道、跆拳道、自行车等社团活动。要不断充实师资力量,制订发展规划,保证场地和器材供应,加强管理和检查,加强交流和研究,凝聚人气,组织竞赛,使学生在这些项目中锻炼心智和体力,培养竞争与合作精神,展现现代中学生健康、积极、拼搏的风采。

享受阳光,享受运动,享受成功的快乐,在切实保障学生每天一小时阳光体育活动工作中,学校将继续坚持"向着美的方向生长",为每个学生有一个美好、幸福的未来做好每一项体育工作。

二、以美疏导的心理实践

教育的主要目的在于使学生获得幸福,在心理健康教育中,通过激发学生的自我实现需要能够有效地帮助学生提高主观幸福感。在实践中具体可通过体验式课堂教学、表达性艺术治疗和丰富多彩的心理社团活动展开,通过三方面的共同作用,有效地提高学生的主观幸福感。

(一) 心理课程在美育中的地位

有健康才有美,学生的心理健康尤为重要。面对新时代的学生特点,我们非常重视心理健康教育,学校不仅开设了心理辅导室,配备了心理辅导老师,随时接受学生的求助,还为不同学段的学生举办了有针对性的主题心理讲座。这些工作,不但缓解了学生的心理问题,而且对于建设和谐的班集体也起到了积极的作用,从而更好地促进了"以美育人"目标的实现。

(二) 美育在心理课程实践中的运用

学校的心理课程属于学校尚美课程体系的重要组成部分,通过心理课堂教学以及相关活动的开展,让学生有了发现和寻找幸福的眼光,让他们有更积极的人生态度去面对学习和生活中的喜怒哀惧,让他们建立良好的人际支持系统,学会珍惜自己的所有,欣赏他人的拥有,让他们有了自我实现的需要,学会追寻属于自己的幸福体验。

1. 以体验式活动为主,培养学生感受能力

传统的中学心理健康教育课中,教师的教学方法较为枯燥,以灌输式教育为主,很多心理课变成了主题班会课,并没有达到预期的教学目标。学校根据校情和生源特点,以幸福课堂为宗旨,对心理课程进行了精心的设计。

在课程内容上关注学生的幸福成长,塞利格曼提出幸福包含积极情绪、投入、意

义、良好的人际关系和积极的成就5个方面。学校结合这5个维度设计了适应性专题辅导、人际交往专题辅导、青春两性专题辅导、情绪管理专题辅导、职业生涯规划专题辅导和生命教育专题辅导。通过上述系列课程，提升学生对心理课堂的兴趣，让他们更好地适应新的学习和生活环境，同时，也让他们对职业发展和生命本身有了更多的思考，加深了学生们的主观幸福感。在课程中融入社会实践活动，比如人物访谈有利于学生更加全面地了解自己的生涯目标，从而做出更为理性的生涯规划，只有基于清晰认识制定的规划才能让学生持久地坚持下去，并在未来的发展过程中不断去追寻自我实现，获得幸福。

在课程形式设计上，学校的心理辅导活动课遵循"活动—体验—调适"的原则，关注学生的幸福体验。为了消除学生的防备心理，让学生们认真、用心地参与课堂的各项活动，一方面学校结合艺术特色的办学特点，将绘画疗法、形体雕塑等表达性艺术治疗融入到心理课堂教学中，以绘画作品、形体雕塑为载体，充分地表达自我、释放自我、调试自我。另一方面结合中学阶段学生喜欢新鲜事物的特点，通过游戏激发学生的学习兴趣，感受到心理学知识的趣味性，从而使学生更加愿意积极主动地参与到心理健康课堂游戏教学活动中，将实际生活中遇到的问题融入到游戏中。游戏是生活场景的一个缩写，通过游戏可以更好地适应真实的生活环境。学生可以在游戏过程中展现自己的个性特征，解决生活中遇到的问题。尽量以美的原则和方法，结合学情选择适合学生的教学内容。让学生去感受课堂，进而能够享受课堂，而不是被动接受课堂教学内容。

2. 以表达性艺术治疗为主，引导学生敞开心扉

团体和个体心理辅导是学校心理健康教育的重要组成部分。在咨询中，第一步就是建立关系，这是最重要的，也是最难的。因为多数学生都会在老师面前隐瞒自己，启动防御机制。在建立关系时，教师很难通过一对一的会谈让学生主动暴露真实的内心，而且人的思维大多数是视觉的，记忆可能是前语言的或者是禁锢的，创伤经验等可能被压抑，无法用语言提取，从而难以治疗。还有许多情绪体验的内容本身就是前语言的，不能用语言描述，也就无从治疗，艺术本身是符号的和价值中立的，患者可以自由表达自己的愿望问题，这种表达具有隐蔽性，没有社会道德标准等方面的顾忌，所以绘画技术可以自然而然地解决这个问题，为深入开展下一步工作打下坚实的基础。绘

画技术是咨询深入的桥梁,绘画技术可以为咨询师指明下一步的工作方向。绘画治疗中的线条与色彩是自我表达的一种工具,当事人运用象征性的语言表达自己潜意识的内容,为来访者提供了一个视觉意象的活动方式,安全、自由地表达自我的机会和空间。其不仅增强了治疗师和来访者之间的交流与沟通,加强了诊断和治疗效果,而且解放了来访者的创造力和自主成长的心理动力,开发了来访者的身心潜能。不断激发来访者自我实现的需要,增强学生的主观幸福感。

心理情景剧是在团体中进行表达性艺术治疗的另一种形式,这种方式既贴近现实,又淡化了心理健康这个敏感词,还能让学生更好地了解自己的内心深处。心理情景剧这类新型的心理健康教育方式的开展,可以让在校高中生拥有一颗健康的心灵。

3. 以社团活动为载体,营造校园和谐之美

在学校心理健康教育中,一方面由于专职心理辅导教师较少,另一方面由于很多学生不愿意主动寻求咨询,所以除了专职心理教师的辅导,朋辈互助也是一种重要的辅导形式,朋辈之间接触时间长,年龄相当,容易建立起一种信任、稳定的咨询关系。在高中心理健康教育中,心理社团是朋辈辅导推行的主力军,社团成员来自于每个班级,是一批对心理学有着浓厚兴趣,愿意主动帮助他人的学生。高中学生虽然对心理学的学习具有较高的兴趣和热情,但缺乏专业理论知识,所以应由专业心理教师予以指导。学校除邀请专职心理教师担任社团指导老师外,还邀请华东政法大学心理协会、上海师范大学心理协会的成员来校交流,对社团成员进行指导,强化队伍建设。对社团成员组织定期的专业培训,注重加强社团内成员的心理学基础知识的学习,让他们能充分了解当代高中生的心理特点,并认识到高中生常见的心理问题的表现,掌握相应的解决对策[1]。引导成员学习心理咨询原则及基本方法,强化他们的咨询技巧;有效掌握班级性心理辅导技能;积极开展人际、心理健康等测验相关的培训,同时定期组织社团骨干开展内部交流会,强化社团工作的交流。实现心理社团专业性,提升活动水平。

---

[1] 叶华文.在高中心理健康教育中开展心理社团活动的实践与探索[J].校园心理,2013,11(02):114-115.

重视社团活动组织方式和内容方面的创新，积极打造优质、高效的社团特色活动。另外，根据学校特点，策划开展面向全校师生，适应高中学生的身心特点，充分满足学生的实际需求的社团活动。如乌龟慢递活动、模拟招聘会等大型活动。组织学生走进松江区大中小各类企业，要求学生体验并调研各类企业的工作环境、任务要求、所需教育背景以及职业发展道路和职业资源。

第三节 创意平台的实践创造

一、创设实践平台，让学生在体验中感受美

1. "六走进"体验课程

学校在校园内设创意平台的同时，坚持"走进高校"，同时利用松江大学城资源，让学生们参观、体验、感受大学，为选择一个适合自己发展的专业做好准备；"走进企业"，参观天喔集团，了解企业质量文化，增强正确的职业伦理观；"走进社区"，开展"设计之美"和"出谋划策"等系列咨询活动，免费帮助社区居民提供各种风格的美化设计方案，在传递美的过程中，感受奉献的快乐；"走进自然"，每年暑假组织新高三美术生去乌镇、黄山等风景区写生；开展高中优秀学生干部"游学行走"，使学生与自然对话，增强生态意识。

2. 墙绘体验课程

学校作为一所美术特色学校，一直以来践行"以美育人"的方针，将"美"的概念运用到团委工作的点滴中。学校先后组织开展数次墙绘活动（图4-1）。仅在2018年就开展了三次墙绘活动：5月中旬，高二学生志愿者们为泗泾古镇"穿新衣"；11月上旬，志愿者进行景港居委礼堂涂鸦；11月下旬，学校团委作为协办单位参与2018松江区

图 4-1

国际志愿者日系列活动之公益绘画大赛等。

"创美涂鸦墙",让学生自由表达对美的畅想,描绘泗泾的民俗文化、标志建筑、风土人情,感受家乡之美,激发对家乡的热爱,树立文化自信。"拾美树叶画",让学生捕捉校园生活中美的瞬间,将校园大门楼、求真亭、银杏树、图书楼、紫藤曲廊等景观画在银杏叶上,感悟生命之美。"光影公社",以校园生活及社会热点为题材,学生自编、自导、自演,拍摄微电影,借助科技手段,创造性地用艺术的视角去观察、审视、再现周围的世界,表达生活之美,体现社会公民的责任与担当。四中学生艺术创新的素养不断提升,艺术表达的自信逐步增强。

二、开发创意平台,让学生在实践中创造美

1. 尚美书院

为扎实提升师生审美修养,激发学生的读书热情,营造浓郁的校园书香氛围,构建积极向上高雅健康的校园文化,学校团委以尚美书院(图 4-2)为平台,开展"寻找最美

书店""'悦'读节""心灵的行走""每月一书"等富有人文底蕴的活动。同时响应区团委号召,举办"我为祖国点赞"为主题的演讲、读书征文、唱红歌系列活动,体会前人的奋斗和努力,感慨中华民族的沧桑巨变,憧憬祖国更加美好的明天。

在尚美教育理念指引下,书院积极营造浓浓的校园书香氛

图 4 - 2

围,通过各种形式的师生读书活动,把学校打造成"学校有书香气,老师有书卷气,学生有书生气"的书香校园。

阅读指导中要注意营造读书环境和氛围,要求各班建立班级图书角,鼓励学生把家里的闲置书籍带来进行交流。举行"创建书香班级"主题班会课,鼓励学生利用课余时间积极阅读。配合图书馆开展图书借阅,积极利用学校的图书资源。

阅读指导具体而有针对性,语文老师不是简单推荐阅读书目,而是在对学校学生读书现状研究后,根据高一高二高三不同学情,进行分层次阅读指导。同时力求多种阅读方式,如自由选择阅读,共同阅读一本书等。有时还和其他教学活动如书评等结合起来,更好地发展学生的读写能力。

书院以语文教研组为基础成立教师读书沙龙,集阅读、交流、共享为一体,并定期组织主题活动。通过搭建这一交流平台,共同学习,更新观念,丰富教育智慧,促进教育创新。形成进取互学的氛围,积极构建学习型教师团队。教师沙龙活动形式多样而开放,比如"我最喜欢的书"交流分享会,老师选择自己喜欢的书,先朗读片段,然后畅谈读书心得和体验,并和同伴交流。又如"行走中的书香"活动,组织教师探访有特色的创意活动坊和读书吧,阅读品茗,交流共享,进行阅读和购书活动。

2. 社团建设

社团建设是学校发展的一个"亮点",2018 年学校社团增至 38 个,包括以"魅力油画社""葫芦雕刻""尤克里里社团""曲棍球社""光影公社"为代表的艺体类社团,"海暖

花读书社""飞鸟源英语阅读社""英语话剧社"等文学类社团,以及"PS图像处理""创新3D部落""趣味化学""虚拟机器人"等科学类社团为学生的生涯发展提供平台,奠定基础。

每年9月,社团举行纳新展演活动,社团成员们总会各显神通,竞相展示自己独特的风采魅力,吸引新社员加入。同时学校开展一年一度的社团文化节,吸引全校师生参与其中。每年的活动结束后,通过全民直选的方式评选出"明星社团""优秀社团"。社团文化展现出了我们学校学生的青春魅力,也彰显出了和谐、创新、尚美、开放的德育文化氛围。

为了积聚人气,各社团使出了浑身解数各显神通,街舞社动感的舞蹈、动漫社逼真的装扮、光影公社的趣味问答、心海驿站有趣的心理测试和模拟高考录取、版画社的DIY版画制作等都吸引了不少师生参与其中。活动结束后,学生们还可以通过网络投票平台选出"我最喜欢的社团"。社团文化节展现出了我校当代青少年学生的青春魅力,我们将继续努力为学生们营造和谐、创新、尚美、开放的社团文化氛围。

除语数英这些培养学生创造力的重要平台外,学校还搭建了艺术、陶艺、科技等众多美创平台(如艺术创想、生活创意、创意互动、手工创作、挑战OM)。尚美的根源在社会实践,在实践中的自由创造。

第五章

尚美教育的教学变革:"211"课堂

第一节　"211"尚美课堂教学的内涵任务

　　生源基础薄弱,师资力量薄弱,老校如何实现新发展? 松江四中人创造性地提出了四中的"改革之路"——"以美育人"。学校在未改变生源和未调换师资的前提下,凭借崭新的办学理念——"让美成就未来",在实践中"以美辅德、以美启智、以美健体、以美育劳"形成整体,产生强大的教育力量。以美的情感融入课堂教学各环节中,积极探寻尚美教育落地的力量。改变教学生态,将审美的追求融合在课堂教学和学科课程教学中,用艺术的、审美的方式提升课堂教学品质,营造审美课堂,深度变革教与学的方式,积极探索"211"尚美课堂的教学模式:形成"以学定教、先学后教"为特征的课堂教学"四步八字法",即"准备、研讨、反馈、讲评",推广了"小组合作"的学生自主研讨学习法,学生主体地位得到确定,自主学习、主动探究、合作交流等学习方式得到重视。通过近五年的实践取得了显著的成效。

　　在课堂教学中,古往今来一切教育家和美学家们的共同思想是:一方面把审美意识有机地传输给学生,培养学生的审美能力;另一方面通过优美的教学形式,让学生在愉悦的审美体验中吸收教育者所要传输的知识智能信息。在他们的著述中,都贯穿着这样一种基本思想:审美意识的教学,能对学生起到陶冶情感,训练感官,培养高度的感知能力和想象能力,练就审辨美丑真假的本领,产生炽热情感的作用。同时,具有审美魅力和审美价值的教学形式、教学过程,又能在很大程度上让学生产生不由自主的愉悦情绪,乐此不疲地进入学习过程,甚至将认知过程本身也作为一种快乐活动,并由此更自由、自觉地获取认知信息。因此,具有审美价值的教学过程是课堂教学的一个重要内容,是培养学生核心素养必不可少的基本推动力之一。

一、"211"尚美课堂的教学内涵

到底什么是"211"尚美课堂？简言之，"211"尚美课堂是指将所有的教学因素（诸如教学目标、内容、方法、手段、评价、环境等）转化为审美对象，使整个教学过程转化成美的欣赏、美的表现和美的创造活动，使整个教学成为静态、动态的和谐统一，内在逻辑美和外在形式美高度和谐统一的整体，从而大幅度提高教学质量，减轻学习负担，使师生都充分获得身心愉悦的一种教学思想理论、操作模式和方法。

"211"尚美课堂研究的主要内容或对象包括：教师和学生对课堂教学过程的审美关系的产生和发展的机制及规律，课堂审美的一般特征及特殊性；课堂教学过程的审美机制，审美要素及其相互联系、运动变化的特点；课堂教学过程中审美体验的具体塑造；课堂教学过程审美运动的内部和外部条件；作为系统概念的课堂教学审美的整体宏观运动等。

为了更好地理解"211"尚美课堂的基本含义及其研究对象的上述界定，我们对"211"进行了深度理解。

国家课程标准教育目标分类中将"知识与技能"维度视为学习结果的输出，更有利于设计评价。而"过程与方法"维度更有利于指导学生的学习过程，并为教师制定教学策略提供依据。通过"过程与方法"的桥梁作用，实现"知识与技能"维度与"情感、态度与价值观"维度的融合。所以，我们打造的"211"尚美课堂，从三维目标中的情感、态度和价值观入手，整体构建三维目标之间的联系，避免了情感、态度、价值观的培养与具体教学内容、教学过程的脱节。在此，所谓"211"包括如下 4 个含义。

（1）在 40 分钟课堂时间分配上呈现"211"模式：师生对话交流的时间约为 20 分钟；讨论分享的时间为 10 分钟；学习成果展示，练习巩固的时间约为 10 分钟。

（2）按照 2∶1∶1 的比例，所安排的教学内容既要满足比例中的"2"，即 50% 左右的一般学生的需求，又要考虑到两个"1"，即各占 25% 左右的优等生和学困生的需求特点。

（3）"211"课堂从课堂有效因素上讲，教与学的行为是其中的"2"，评价和现代教育媒体是两个"1"。

（4）"211"课堂从教学设计来看，重点关注"知识与技能"的"2,"同时也关注"过程与方法""情感、态度与价值观"的两个"1"。

同时尚美和课堂教学二者之间存在着密不可分的内在联系，正如大千世界的其他领域中到处都充满了美，到处都闪烁着美学光芒一样，在课堂教学领城内，同样不缺美，同样盛开着美的鲜花，长满了美的绿叶，同样展现出教育主客体（教师和学生）改造客观世界，完善主观世界的魅力。

一方面，尚美用其一般原则、原理，为课堂教学提供了方法论意义的武器，提供了具有审美价值的优美的各类形式，使其成为课堂教学中水乳交融的有机组成部分，成为课堂教学中客观必备的基本条件之一。

从这个角度上讲，尚美是手段、是方法、是工具，它辅助课堂教学活动，伴随于课堂教学过程，以便更完美、更和谐地完成对受教学者智能、技能、德操的塑造，让学习者在愉快的氛围中，接受教学者所传输的教学信息。与此同时，教学者也在自身本质力量的美的熏陶中，在创造性的劳动过程中不断发展自己，完善自身。

另一方面，课堂教学又通过自身的各环节、要素（包括教学内容）、阶段，展现美学的一般方法和一般原则，显示美学的基本价值，让学习者在接受智能、技能等教学信息时，也通过不断的审美体验、审美感知、审美熏陶而接受审美意识，培养自己的审美情感，提高自己的审美能力，成为全面发展的新人。从这个角度上讲，美学（审美情感、审美能力等）又成了目的，又成了课堂教学所蕴含的价值目标之一。

所以，在特定的意义上，我们可以说，教学和美学二者是互为手段，又互为目的的。正因为如此，"211"尚美课堂将二者融为一体，并且研究它们共同交互运动的规律及结果，也正是题中应有之义。

二、"211"尚美课堂的教学任务

尚美课堂指将所有的教学因素（诸如教学目标、内容、方法、手段、评价、环境等）

转化为审美对象,使整个教学过程转化成为美的欣赏、美的表现和美的创造活动,使整个教学成为静态和动态和谐统一、内在逻辑美和外在形式美高度和谐统一的整体,从而大幅度提高教学质量,减轻学习负担,使师生都充分获得身心愉悦的一种教学思想理论、操作模式和方法。将审美的追求融合在课堂教学和活动中,用艺术的、审美的方式提升教育教学的品质,打造"211"尚美课堂,深度变革教与学的方式。

尚美课堂创设的主要维度:大力提升教师的审美素养,加强教学内容的审美开掘,优化教学过程的审美设计,加强教学要素的审美挖掘,创建尚美课堂的审美氛围,师生共同欣赏教学美。

"211"尚美课堂,就是要实现教与学方式的根本性改变,真正满足学生成长的需求。在语文课堂中,运用语言文字对学生进行人文素养教育,发挥育人价值;在地理课堂中,利用任务导学单,培养学生独立学习和创新思维,促进了学生表达能力和思辨能力的提升;在政治课堂中,以小组合作为平台,以提升思维为追求,以尚美育人为落脚点;在历史课堂中,带着学生穿越时空,探寻文明,品味历史之美,感悟人文之光;在物理课堂中,以实验为载体,注重合作学习的培养;在英语课堂中,采用"问题化学习",培养学生的批判性思维;在美术课堂中,注重审美教学,进行学科整合尝试;在信息课堂中,将技术和德育相融合,促进学生在信息时代养成责任担当的行为规范美。

将审美的追求融合在课堂教学和活动中,用艺术的、审美的方式打造尚美课堂,追求课堂"五美",即科学美、规范美、艺术美、和谐美、策略美。实现教与学方式的根本性改变,真正满足学生成长的需求。

"211"尚美课堂的主要任务是科学地阐明课堂教学活动的审美特征及形成和发展的规律,培养教师和学生在教学活动中对美的欣赏能力、创造能力和表现能力。同时,还要通过具有审美魅力的课堂教学,为培养德、智、体、美、劳全面发展的、具有较高素养的公民作出应有的努力。

案例1:"宏观调控的必要性"(松江四中　李亚楠)

一、20分钟新课

(一)导入新课

师:复习思考:市场调节经济是不是万能的?

(学生进行思考,进而引出本节课的课题"宏观调控的必要性")

(二)用活导学案

1. 国家宏观调控的含义(课前自学)

宏观调控是_____运用_____、_____、_____等手段,_____等进干预和调整,以保证国民经济_____、_____健康发展。

国家宏观调控的主体是_____;

国家宏观调控的手段是_____;

国家宏观调控的对象是_____;

国家宏观调控的目的是_____。

2. 四个必要性——讲解

(1)视频播放:春节过后,猪肉价格不跌反涨(7分钟)

环节一:提取关键词:反涨不跌、出栏率、供应量不足

环节二:教师提问,引导学生思考

问题1:如何解决生猪出栏率低,供应量不足的现象呢?

(学生进行思考,可能性答案:多养猪、政府降低猪肉价格等)

问题2:国家要不要干预养殖业? 若不干预会出现什么情况?

师生归纳总结:国家通过科学预测,对经济进行干预,从而保证社会经济平稳发展。(深入挖掘课本,提炼信息)

必要性1:宏观调控有助于社会经济的平稳发展

(2)你的地盘听你的(6分钟)

问题3:猪肉价格上涨对你家生活有没有影响? 对弱势群体呢?

问题4:国家如何做能让更多的人吃得起和吃得上猪肉?

师生归纳总结:国家可以国民财富进行再分配,将差距控制在合理范围之内,保证社会公平,实现共同富裕。

必要性2:有助于实现社会公平和共同富裕的目标

(3)情景假设:起火了(3分钟)

问题5:消防能不能让市场调节? 若消防让市场调节会出现什么后果?

问题6:但是还有一些行业市场有能力调节但是不让市场调节,是为什么呢?

（问题抛出，学生自主分组讨论）

师生归纳总结：市场不能调节和不让市场调节的统称为特殊领域

必要性3：有助于解决特殊领域内的资源配置问题

(4) 材料展示(3分钟)

第一组材料：高通公司被罚、茅台与五粮液公司被罚等

第二组材料：新能源汽车等

第三组材料：产业结构、"十三五"规划、供给侧改革等

必要性4：宏观调控有助于保护 _____ 和 _____，促进 _____ 成长和优化 _____。

二、10分钟巩固练习

1. 国家通过调整税收政策，建立健全社会保障制度的途径，对国民财富进行再分配，从而缩小贫富差距，这体现宏观调控的必要性是(   )

　A. 保证国民经济持续健康快速发展

　B. 有助于社会经济的平稳发展

　C. 把社会发展必不可少的公共服务提供给社会大众

　D. 有助于实现社会公平和共同富裕的目标

2. 国内楼市"限"价、"限"购、"限"行、"限"制温室气体等，"限"已成为热词，之所以要"限"，从经济生活来看(   )

　A. 体现了社会主义公有制的要求

　B. 目的是促进经济平稳健康运行

　C. 是由于政府履行自身职能的需要

　D. 体现了社会主义国家是人民当家作主

3. 请结合导学案所给材料，运用经济常识的有关知识，选取一种观点：市场派或干预派，阐述你的理由。

三、10分钟答疑

1. 为什么宏观调控的主体是国家？

2. 国家怎么判断市场调节经济出现了问题？

3. 既然经济发展有"看得见的手"和"看不见的手"两只手进行调节，为什么有时候

还会出现问题呢?

本课以宏观调控的必要性为主要内容,充分地贯彻了"211"尚美课堂的要求,从时间安排上来看,师生对话交流的时间约为 20 分钟;讨论分享的时间为 10 分钟;学习成果展示,练习巩固的时间约为 10 分钟。同时充分利用导学案、情景设计,加强学生的体验感,将抽象的理念转换成形象的感受,也展示了教与学的互动交流,整节课以学生的合作学习为主导,贯彻了"211"尚美课堂的人文需求。

第二节　　"211"尚美课堂的教学特点

基于"尚美养正"特色课程,学校以教研组为单位,努力构建与之相匹配的"五美"课堂,对课堂教学进行审美化改造,具体反映在"目标设计美、教学流程美、教学方式美、师生合作美、教学评价美"5 个方面。学校力求将教学目标、教学内容、教学方法、教学评价、教学环境等课堂教学因素都转化为审美对象,使整个课堂教学过程转变为美的欣赏、美的表现与美的创造过程,让整个课堂教学成为静态与动态和谐统一、内在逻辑与外在形式美高度和谐统一的整体,提高课堂教学即时效益,让师生在身心愉悦中进行教与学,为培养德、智、体、美、劳全面发展的、具有较高素养的公民作出应有的努力。

在具体的教学实践中,为了使"美"充分体现在课堂教学的各个方面和具体过程中,学校提出了以"尚美"为核心的教学工作总要求,通过"以美辅德、以美启智、以美健体、以美益劳",使课堂教学活动充分发挥出美育功能,促进学生的全面发展。但与此同时,首先就必须尊重一个客观事实——教学活动与审美活动,毕竟是属于两个不同研究范畴的实践活动,彼此有着自己的特点和规律,它们是不可完全等同的。如果不尊重这个客观事实,一切的所谓结合,就只能是一种牵强附会的拼凑。当我们强调追求这两种活动的有机结合时,是在尊重它们各自特点和规律的前提条件下,利用它们之间的共同特点以及这些共同特点所具有的共通性,在可能的条件下创造一种相互沟通的整体效应,提高活动的质量和效应,尤其是提高教学活动的质量和效益。

遵循这样的思路,我们的"211"尚美课堂从研究学科教学的特点与"美"的现实载体、审美活动的不同表现形态入手,进一步研究在教学过程中,怎样把教学活动与审美活动的特点进行整合,教学原则与审美心理活动原则进行互补,使学生实现认知心理结构与审美心理结构的协调发展,从而提高教学活动的质量和效益。

"美"从一种抽象的形态转换为一种具体可感的形态,需要有具体形式为其现实载体,人们根据这些载体的不同表现形式,分别把"美"划分为"自然美""社会美""艺术美""科学美"等不同的种类。而这些不同种类的"美"进入到教育范畴之后,就通过课程、教材等载体来表现其审美属性。不同的课程、教材,各有其自身的特点;这些特点就决定了事物审美属性的不同表现形态。

一、目标设计美

教学目标是教学的出发点和归宿,是教师对学生达到的学习成果或最终行为的明确阐述。一切教学活动都是围绕教学目标来进行和展开的。就其本身而言,它具备支配教学实践活动的内在规定性,起着支配和指导教学过程的作用,也是教师进行课堂教学设计的基本依据。教学目标的分析与确定是教学设计的起点,它首先确定教学对学生学习内容所达水平程度的期望,使教学有明确的方向;其次它给教学任务是否完成提供测量和评价的标准。因此,教学目标是教学的基本前提。

"211"尚美课堂的教学目标美主要体现在:首先对课堂教学目标的重要性有充分的认识,解决了为什么要设计课堂教学目标的问题;其次,知道课堂教学目标的领域和范围,清晰明了教学目标中要解决哪些内容方面的问题;最后,掌握编写、表述课堂教学目标的方法和过程,解决如何编写、表述课堂教学目标的问题。

在区学科名师顾雪君老师的"如何帮助学生进行思维建构"这节课上,教学过程得到了清晰的呈现,她将《游褒禅山记》作为教材的引子,《游褒禅山记》以游记的形式寄托人生哲理,在艺术表现上很有特色。文章以游踪为线索,先记游,后议论,议论承上文记游而来,记游为下文议论作铺垫,由具体事例的叙述,到抽象道理的议论,转折变化十分自然,文章叙事简明生动,说理逐步深入,既使抽象的道理生动形象,又使具体的叙事,增加思想深度,叙事和说理,结合得紧密自然,两者相辅相成,互为补足。而第3段开头"于是予有叹焉",又起了承上启下的作用,使前后文有机地结合在一起。第2、3段末都在"悔"上作结,也显示作者在布局上的精心安排。严正思维论证方式,使学生在潜移默化中理清逻辑关系,完成思维构建,达成教学目标。

案例2:如何帮助学生进行思维建构(松江四中 顾雪君)

一、课堂教学设想

1. 将知识的传授和培养思维结合起来,帮助学生进行思维建构。

2. 过程:教材引路——实例点拨——突破"难点",在教学中使思维呈现过程化和可视化。

二、教学目标

1. 教材引路,以《游褒禅山记》为例,理解文章说理逐步深入,以及精致严密的论证结构思路。

2. 实例点拨,突破"难点",从内涵外延出发,辨析核心概念,审题立意,运用思维导图,理清逻辑思路,完成思维建构。

三、教学重难点

1. 课前准备

运用写作提纲、思维导图、思维方法等来提高学生的说理能力,完成思维建构。

环节一:教材引路

山水自然历来是作家们借以表达人生感悟的好媒介,他们在自然山川中,常常文思泉涌,不吐不快,最终行诸于文,流传千古!回顾课文王安石的《游褒禅山记》,说说看作者是怎样从山水之中感悟哲思的。

（小组合作理出文章的结构，以提纲或思维导图的形式呈现）

小组1：第1—2段：记叙——游山经过；第3—4段：议论——游山心得；第5段：记叙的结尾，补叙同游者。主旨：尽吾志也而不能至者，可以无悔矣。

小组2：结构提纲。

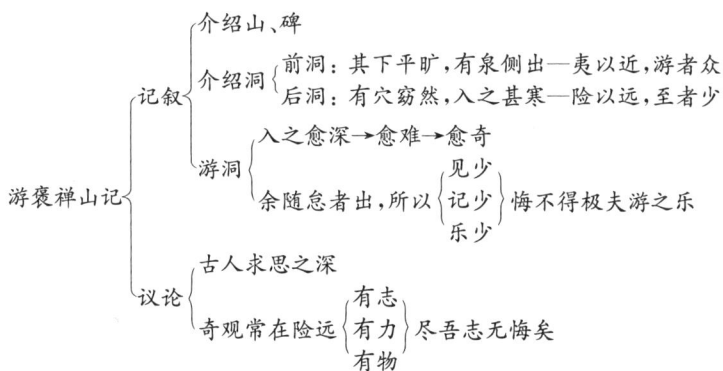

小组3：环节图。

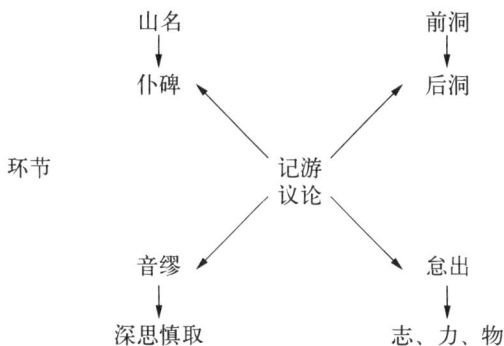

……

二、教学流程美

每节课的教学内容是不能随意增删的，教学的对象也不能任意更换，每堂课又有固定的教学时间，这些对教师来说，都是明确规定的。因此，制约于上述条件下的课堂结构，即采用几个环节，先后顺序怎样安排，时间长短如何分配等等，便首先有其一定意义的规定性。按这种规定性的要求确定课堂宏观结构，必须考虑其客观依据。首先要考虑教学的目的、任务，以便据此来确定课的中心环节或重点环节，并进一步确定相应的环节来为其服务。例如，以使学生获取新知识为目的的课，就要以传授新知识为重点环节；以系统复习某一单元知识为目的的课，就以复习巩固旧知识为中心环节。再与此相适应地安排其它环节，从而构成完整统一的课堂结构等。其次，还要考虑具体教学内容的特点，比如文史课和数理化课，在巩固新知识这个环节上，其手法不尽相同，其时间长短也不尽相同。

所以，课堂宏观结构审美就是指上述课堂结构的规定性和灵活性的高度统一，就是指教师在遵循教学客观规律基础上所确立的，能使学生享受到审美体验的教学结构。这种课堂宏观结构的全部审美价值在于，它首先是基于教学五环节的，是遵循教学客观规律的；同时，它又是根据自身（教师）的个性特征和优势，根据教学对象（学生）的具体生理、心理、认识、情感、纪律的状况，在课堂中针对各教学环节的重点、次序、所需时间等，进行的艺术性的组合和设计。这种设计既符合教学规律（真），又可完成教学任务（善），并同时能使学生产生审美体验（美）。

比如开场，不少教师不重视课的导入，许多人仅满足于一般的"组织教学"或者"检查复习"这样的结构模式。职初教师，甚至在开课后的几分钟内还不能开展有效的课堂教学，不能让学生的注意力集中到教师身上，更不要说形成所谓的"兴奋中心"了。有的教师认为，开课几分钟无所谓，只要你继续讲下去，学生总会逐渐把注意力转向你，这是一种消极态度。实际上，心理学常识告诉我们："思维是在大脑皮质内发生的一种中枢神经运动"，"人的大脑恰似一部思维机器。电动机需要有大于运转所需的电流才能起动。体育运动需要有适量的预备活动才能达到好的效果。大脑思维也需要有个启动过程，才能发挥更大效率"。要使讲课收到好的效果，让学生的思维跟着老师的讲课"转动"，一开课的"启动"是非常重要的。如果一开课教师的"电流"就不足，怎能"启动"学生学习思维这部"电动机"呢？即使启动了学生的思维，这节课也差不多接近尾声了！正因为如此，所有的优秀教师无一例外地都把开课结构列入了研究的重点，他们非常注意一开课就抓住学生的注意力，吸引和形成学生的优势兴奋中心，而决不允许等到开课后的一分钟，两分钟，以至数分钟后再去抓学生的注意力。

案例3：优化问题链条,建构文理脉络(松江四中　郁青)

以2016年徐汇二模作文为例:"在不少领域都活跃着一批所谓的'外行',他们中的有些人甚至能做出突出的贡献;然而他们中的大部分人与成就无缘。"

一、支架帮助:"三分法"

1.介绍

向学生解释"三分法"的操作步骤和要点,第一次使用时可能会担心学生提不出太多的问题,应鼓励学生尽量提问。

2.筛选分类

授课时共收集学生疑问30多个,去除相似及重复问题后如下。

(1)关于"什么"的问题

① 什么是"外行"? 什么是"内行"?

② "外行""内行"的成与败对其自身会有什么影响? 对我们有什么启示?

③ "外行"转为"内行"的条件是什么?

④ "外行"与"内行"之间是否有内在关系?

(2)关于"为什么"的问题

① 既然做出了贡献,那为什么还会被称为"外行"?

② 为什么"外行"有时会更出色?

③ 为什么大部分"外行"会无所成就?

(3)关于"怎么"的问题

① 我们如何看待"外行"?

② "外行"与"内行"是如何相互影响和作用的?

③ 怎样才可以成为一个成功的"外行"?

3.重组形成并优化问题链

学生问题链示例:

① 什么是外行? ——② 为什么外行能做出贡献? ——③ 为什么大部分外行没有成就? ——④ 怎样才能成为成功的外行?

（1）基本面问题：① 什么是外行？② 为什么外行能做出贡献？

（2）关联性问题：③ 为什么有的外行做出了贡献却不被承认？（既承接问题②，又转入新的思考，同时也引出了后面一个问题。）

（3）高阶层问题：④ "外行"与"内行"之间能否共存？

4. 撰写思路

【学生范例】

熟悉自身领域的内行以及勇于冒险将目标投至于陌生环境中的外行，这些人群在社会中并不少见。

由外行何以转为内行呢？具有强健的体魄是基础，对某一行业产生的兴趣、激发的热情是第二步，由此确立目标才有之后实施的行动。然而同时作出的选择也需要依照自己的能力而定。既然外行可以通过诸如此类的条件获得成为内行的机遇，那么从相反的另一面，内行也有着沦落为外行的可能（如学术抄袭就是知识的内行、道德的外行）。

谈及两者间的关系，值得一提的还有他们的相互作用力，作为一个内行可以对外行作出推动作用，协助他们更快地了解专业知识取得成功。外行的出现能够使内行产生压迫的紧张心理，从而起到意想不到的促进作用，内行将更大化地发挥自我的才能价值。

无论作为外行或是内行，对于成功的渴求都是必然的，内行与外行的共同存在才能达到社会中更多的需求。

通过支架三分法构建作文思路，"三分法"从问题链的建构出发来构思文章脉络，对于加深学生写作的结构意识具有十分重要的意义，继而使其写作行为、逻辑或思路得以常态化，使得整个教学流程得以优化。

在教学过程中，无论是写作、指导还是讲评，写作教学过程中要关注学生，关注学情。由关注学生的作文到关注学生。这样才能有的放矢，做到心中有数。所以针对学生的现状，写前要明确写作目标，为写作作好准备；写作后也要指导，侧重具体分析学生的作文，既要指出不足，又要肯定学生作文的优点，并结合阶段目标要求，给出指导性修改意见，并让学生修改。

三、教学方式美

在具体的教学实践中，由于各种主、客观因素的影响，造成了教学活动迷失了美育本质的失误现象。这些失误，部分是由客观因素造成的，部分是由教学者的主观因素造成的。

客观因素造成的失误，表现在由于分科教学过分强调各个学科内部的知识结构、逻辑体系和思维特点，这就使教学实践活动陷入了这样一种困境——过于强调学科知识的个别性特点而忽视了学生个体知识结构的整体性特征，由此而形成了各个学科内部的自我封闭性与学生整体知识结构的开放性之间的矛盾。当这种矛盾得不到妥善合理的解决时，人们的教学活动，很容易变成单方面地传授学科知识，而忽略了教学活动所具有的其它功能和任务；很容易只注意重现人类的科学认识过程，而忽略了重现人类的审美认识过程；很容易只关心培育学生的科学理性而忽视了培育学生的审美情感。这是"分科教学"这种形式造成的客观局限性。主观因素造成的失误，则表现在教学者对教学活动的多功能性缺乏深入的认识，对教学过程中科学认识活动与审美认识活动的关系、培育科学理性与培育审美情感的关系，缺乏正确的理解和把握，由此造成教学活动迷失了美育本质的现象。今天，我们强调要把教学过程与审美过程结合起来，只是重新强调教学活动本来就具有美育本质，只是强调要形成把握教学美育本质的自觉性，而不是对教学活动提出一种什么新的要求，外加一种什么新的任务。因此，在具体实践过程中，需要改善教学方式，将主客观因素统一起来，始终贯穿美育的主线，促进学生主动学习，改变过去在教学过程中过于强调接受学习、死记硬背、机械训练的现状，促进学生主动参与、乐于探究、勤于动手，使学生积极主动地学习，形成较高的学习兴趣。

目前我国中小学课堂教学的主要模式依然是启发式或独白式教学，提问主要是是非性提问和陈述性提问，推理性提问较少，这样就很难调动学生积极地思考问题、发现并解决问题。这样的教学模式导致师生间互动较少，学生对教师的讲授缺乏足够的反馈，从而教学的效果和效率也就无法提高。

"211"尚美课堂的教学方式美主要体现在：首先是促进学生主动学习,改变过去在教学过程中过于强调接受学习、死记硬背、机械训练的现状,促进学生主动参与、乐于探究、勤于动手,使学生积极主动地学习,产生浓厚的学习兴趣,为自己的学习负责。在孟晓东老师《读写训练,以读促写》这篇案例教学中,我们可以深刻感受到,通过课堂教学进行经常性的阅读指导。教师在课堂上精彩的讲读分析,给学生作课外阅读示范,指导学生运用迁移规律,把课内所掌握的阅读方法运用到课外阅读之中。其次是重视开发学生的智能。传统教学注重知识的传授,习惯于用注入式、满堂灌的方式增加学生的知识,往往使学生思路闭塞,缺乏独立思考力和创造性,限制了学生智能的发展。现代教学不仅重视知识的传授,而且更重视开发学生的智能,促进学生全面发展。在孟老师的这节课上,通过读写结合,以阅读来促进写作,根据学生的"模仿性"特点,提供了大量的范句、范段、范文作为读写结合的"中介";借助于大量写片断的形式,及时运用阅读所学到的知识进行写作,满足了学生发展的需要;根据学生在学习时"易遗忘"的特点,采取边读边写,学用结合的做法,有利于知识的巩固。

案例4：读写结合,以读促写——高二上第二单元书评的读写训练(松江四中 孟晓冬)

密室的生活——评安妮弗兰克著安妮日记

第一课时

1. 学生速读课文,梳理课文主要内容。

第1—4小节为一段,开门见山提出观点:《安妮日记》作为经典之作,具有双重意义。

第5—14小节为一段,摘引日记原文,表现安妮对真理、和平、人性的执著追求。叙议结合。

第15小节为一段,介绍日记的出版流传,痛惜那些像安妮一样无辜地惨死在集中营的几百万条生命。

2. 学生交流讨论。

学生找到引用语句,结合作者分析,交流见解,教师可以作适当点拨。

(1)"我开始把一些最重要的东西放在书包里……这本日记、发卷、手帕、课本、梳子、旧的信件。"

（2）"当安妮逐渐成熟，对性格的了解取代了爱，对彼得的爱很温柔地破灭。"

（3）"当人们展现出他们最坏的一面，当不知道是否应相信真理、正义和上帝时，却要我们年轻人坚守立场和固执己见，真是加倍困难。"

从上述的文字中，我们感受到安妮的性格、安妮的内心冲突和她对自我的认识。

教师也可以引导学生适当补充个人在阅读《安妮日记》时的感受。比如，讲解（2）句时，补充她享受爱情的美好时写下的："我必须承认，坐在天窗下面，感觉到阳光照在你的面颊上，拥抱着一个可爱的男孩，有什么比这更愉快吗？"

引导学生讨论这八处引用所表现的共同点。

小结：这8句话并不谈及大屠杀的恐惧，它们所展现的是一个和同学们一样年龄的少女对学习、生活、理想的认识和思考。提供了"今天对生命存疑的最有力的答案"。

3. 布置写作。

第二课时　点评并修改书评

1. 点评学生书评作业，指出主要问题。

（1）许多同学把书评写成读后感。

（2）没有结合作品具体内容，理解天马行空。

（3）点评无重点，"点"铺得太开。

2. 补充书评相关知识，为修改作准备。

（1）什么是书评？

书评是指对书籍的内容和形式进行价值判断的文章；也是指对书籍进行价值判断和评论的行为。

（2）书评与读后感不同在哪里？

读后感的主要任务不是对书籍进行价值判断，而是记录个人阅读某种书籍后的所感、所想、所悟；是以读者的心理活动为中心，而不是以阅读的对象为中心；在写作上它通常只是围绕阅读对象的某一个点而抒发开去，几乎可以不考虑书籍的整体情况，甚至可以仅仅把阅读对象作为引子，然后就大谈其思想、大发其议论。

书评是对书籍进行价值判断后的成果。任何不涉及对某本书进行评价的文字,都不能叫做书评。

(3) 书评评什么?

一般可以从以下几方面来发表意见:可以对作品的思想意义、艺术特色、社会价值进行分析评价;可以对作家的创作经验、人品学识进行总结评述;可以对读者的阅读进行指导;可以就作品本身的得失从各个角度进行议论;可以结合作品的评论,探讨各种美学问题等。

(4) 书评怎样评?

一般可以有这样三个步骤:介绍—评价—推荐。

"介绍"是指对所评的书的内容作言简意赅的概括叙述,让读者对该书的内容有一个大概的了解。

"评价"可以是总括全书作鸟瞰式的评述,如金圣叹评《鲁提辖拳打镇关西》一节中鲁达打店小二的一段描写:"一路鲁达文中,皆用'只一掌''只一拳''只一脚',写鲁达阔绰,打人亦打得阔绰。"三言二语就点出了《水浒》对鲁达的动作描写是充分个性化的。

"推荐"一般在书评的结尾,有好书与读者共享的意思。当然书评的结尾也不一定都要推荐式的,可以表达某种愿望。

3. 学生修改自己的书评。

(附一篇学生修改后的书评的节录。)

封建大家庭的悲欢离合——评巴金著《家》

张阿惜

作品属于"青春型"的创作,情感汪洋恣肆,语言如行云流水,虽然有时不是太简练,但整体上却有一种冲击力,渗透读者的心灵。

从某些层面来看,这本小说充满了悲剧性,它描写了一个正在崩溃中的封建大家庭的悲欢离合。作者巴金由于在一个封建大家庭长大,因此对其腐朽的本质,没落崩溃的过程有着极为深刻的理解,尤其是他曾耳闻目睹许许多多的青年横遭封建制度的摧残吞噬,愤怒的烈火越烧越烈,因此催生了写《家》的念头。

小说是由作者真诚热烈的心理,唱出的青春之歌,特别能引发青年人的共鸣,他有对高公馆崩溃的描写,也有一代青年的呼吁,它所揭示的旧家庭的腐朽,激发了人们反封建的决心,促使旧制度的加速灭亡,它所揭示的抗争之路,则给了人们希望的启迪。

觉新是这部小说中最具艺术功力的人物形象,他受过"五四"新思潮的洗礼,能意识到自己的悲剧命运,明白是旧家庭和旧礼节夺取了他的青春,却又是怯于抗争的"多余的人"。"他忍受了。他顺从了父亲的意志,没有怨言"。名字里倒有个"新"字,思想处事却一点不新,他总说他牺牲了幸福换来了家庭的平静,可他的决定却让梅,他的妻子和他三个人承受着同样的痛苦,这样的平静能算是真正平静吗?

后来"他突然明白了,这两扇小门没有力量,真正夺取了他的妻子的还是另一种东西,是整个制度,整个礼教,整个迷信",可是事情已经没有回旋之地了,不是吗?悔恨又有什么用呢?整个大家庭已经到了没落的边缘,他还极尽地挽救,不过是徒劳罢了。

觉民是一个略具民主思想的知识青年,他不满封建礼教的束缚,曾接受新思想,然而他的叛逆行为仅仅停留在追求个人婚姻自救的水平上,也只有为了琴,他才能展现出独立自强的一面,"不要再提爷爷了。我要走我自己的路。"为了琴,他不惜撕破脸和老太爷对抗,逃婚抗议,而他的努力总算换来了自己的幸福,"你快去把你二哥喊回来。……冯家的亲事……暂时不提。"

觉慧的热情和鸣凤与他之间的爱情点燃了黑夜里的火光,可惜觉慧的青年责任感太重,以致他把爱情的关注降到最低,终于,鸣凤不甘做个百岁老头的妾、香消玉殒了,"最后她懒洋洋地站起来,……便纵身往湖里一跳。"读到这,许多人免不了为之叹息,甚至痛哭吧,可是鸣凤敢于以死向封建专制抗议,这一举动不正是这部小说的亮点之一吗?

小说的结尾部分"他最后一次把眼睛掉向后面看,他轻轻地说了一声'再见',仍旧回过头去看永远流去没有一刻停留的绿水了"。觉慧抛下了儿女情长,又投入到了轰轰烈烈的学生运动中去了,可谓是真英雄。

巴金的小说总是能给人一种思想上的冲击力,要为过去那无数的无名的牺牲者"喊冤"!要从恶魔的爪牙下救出那些失掉了青春的青年,《家》这部作品值得我们反复品味。

四、师生合作美

韩愈说:"亲其师,信其道。"白居易也说:"感人心者,莫先乎情,莫始乎言,莫切乎声,莫深乎义。"他们精粹地道出了个中三味。在课堂教学中,面对活泼好动、反应敏捷、情感丰富的学生,运用教学各手段(语言、教具、态势等),使他们听得牢,听得清,这仅是最起码的条件,还需要运用情感的独特作用,达到以情动人,以情感人的审美效果。我们知道,情绪、情感、心境等,总是伴随着人们的认识活动和意志行动,"以带有某些特殊色彩的体验的形式表现出来",它既受人们对客观事物的需要、渴求或意向决定,又以它的信号功能、调节功能对人们的认识活动和意志行动起强化和影响的作用。这种强化和影响作用,是课堂教学所强烈渴求的。所以,作为一个教师,最首要的或者最根本的便是遵循感情运动规律,师生联动打造优质课堂。

"211"尚美课堂的师生合作美主要体现在:首先应该尊重学生的主体地位,有利于培养学生的自学能力和组织能力。在李冠岚老师《运用思维导图优化议论文写作教学的探索》这篇案例中,教师遵循学生已有的知识结构、能力水平,充分关注学生的学习经历来示范思维导图绘制方法,引导设计思维导图,开发学生多维度思维提升的潜能。其次找准学生学习过程中的"兴趣点",营造和谐美丽的教学氛围。在应用思维导图的教学中,首先要引导学生了解思维导图,激发学生兴趣,要充分以学生为主体,教师起到积极正面的引导作用,启发思考、探究和联想,使学生将思考路径可视化、清晰化。

案例5:运用思维导图优化议论文写作教学的探索(松江四中 李冠岚)

作文题目:生活中,我们自以为是某个事件的关注者;其实,我们往往不明就里,只凑了个热闹,没过多久就忘记了,成为了事件的忽视者。请写一篇文章,谈谈你对这种现象的思考。

作文批改好后发现如下问题。

(1)部分同学存在审题障碍,只把握核心概念"关注",没有关注到核心概念"忽视",没有结合"自以为是""其实"这组相对概念来对"关注、忽视"进行概念界定,导致理解不够全面。

（2）篇章结构、论证思路还比较混乱，"一路滑西瓜皮"，想到哪里写到哪里。

（3）还有很多同学只是简单地分优劣举一些日常生活例子，对论据缺乏分析，没有比较清晰的思路。究其原因是对题干中关注与忽视的对象是"事件"缺乏概念界定。

在课前进行的师生交流中，同学们普遍认为这次作文在审题立意方面希望老师提供修改指导，其次希望通过讨论，为如何修改文章论证思路。为此，设计如下师生互动交流和学生活动。

首先是师生互动交流："关注"与"忽视"的定义是什么，来明确主要核心概念；"事件"的定义是什么，辨析"关注"与"忽视"的对象；"自以为是"与"其实"的定义是什么，"不明就里"的定义是什么，为归因分析做铺垫。通过进行素材搜集，遵循核心概念的把握、就核心概念进行提问让学生们独立绘制思维导图。

其次，就为什么会关注与忽视事件展开讨论。

师：刚才我们对"是什么"的问题进行了分析，下面我们一起来看看为什么会关注事件？为什么会忽视事件？有哪些原因？

生：我觉得之所以会关注事件，是因为人有好奇心，喜欢新鲜感，而忽视则是事件不能引起人们的兴趣了。

生：我同意刚才这位同学的想法，他主要从主观原因上进行了分析。我觉得主观原因还有人们的从众心理，也就是题干中所说的"凑热闹"，无论是为了通过关注获得谈资还是提升自我，归根到底都是人的社会属性促使的。

师：你说的原因很有道理，而且能从现象到本质，找到主观原因的本质是"人的社会性"。那么，除此以外，还有那些客观原因呢？

生：从客观上来看，我们去"关注"和"忽视"的原因，取决于事件本身的热度与价值。

生：我觉得还有一种情况是，高热度的事件源源不断地出现，导致我们没有那么多的精力和时间继续关注前一个事件了。

师：两位同学从"事件"的角度出发，既从客观上找到了事件本身的价值，也联系到主观，找到忽视的原因还在于人的时间与精力问题。

师：你们认为"不明就里"的主客观原因是什么？

生：我认为是关注了，但是没有了解到实质。客观原因就像刚刚那位同学说的，信息爆炸的时代，事件过多。主观上可能是因为关注者自身缺乏思考、分辨的能力，所以不能够深入了解事件。

生：我认为"不明就里"的原因从主观上说就是"凑热闹"，关注者从一开始就没有想要去深入事件本身，就是从众心理。

师：究其实质是什么呢？

生：我觉得应该是人的思维惰性，不愿意深究。或者因为没时间、没兴趣、没精力就不继续关注了，所以导致不知道事件的根本原因，从而表现为"不明就里"。

师：同学们的发言非常好，下面我们把发言的内容用思维导图来展示出来，同时可以增加你自己更多的思考。

从课堂反应来看，学生通过交流活动对核心概念的阐释比之前有了进步，在师生互动活动中对老师的问题能勤于思考，同时由于活动指向性明确，学生能提出高质量、有价值的看法，从而使课堂讨论的深度得以推进，也为学生后续修改以及写作能力的提升打下了基础。

五、教学评价美

实际上，作为课堂审美技术性因素之一的教师语言（尤其是口头语言），在尚美课堂中显得尤为重要，我们更感兴趣的是教师的"言语"行为，是教师课堂语言的特质、特色，即特殊性的东西，以及胶着于这些个性色彩之中的审美含义。在整个教学过程中，无论是向学生传输知识、智能信息，还是师生间的情感交流、反馈，无论是对学生的个性熏陶感化，还是引导学生进行观察、记忆、思维、想象、归纳、组合等，都离不开教师的课堂语言。只有通过这种教学语言，引起学生多重感官、神经系统和大脑的积极活动，并产生相应的审美体验，才会收到良好的教学效果，才能使学生获得感性认识，继而实现理性的飞跃。因此，可以毫不夸张地说，课堂语言是教师须臾不可或缺的最主要的审美素养之一，是教师从事艺术性劳动最重要的工具。即使是在当今，信息技术大量涌进教育领域,教学过程出现各种模式的情况下,教师课堂语言的重要作用也丝毫未见降低和削弱;相反,对教师语言的要求更显得严格,对教师课堂语言的重视程度日益增大,对其研究也日益精确化、深入化和现代化。

我们知道,教学过程是教师的"教"和学生的"学"结合在一起的一个双边活动过程。在教学过程中,学生对客观世界的认识,由不知发展到知,由知之不确切、不完全发展到比较确切、比较完全,同时,他们的体力、智力、情感、意志、思想品德等也得到发展。所以,教学过程实质上是教师指导下的学生个体的认识过程和发展过程。

"211"尚美课堂的教学评价美主要体现在两点。首先从教师的评价角度来说,教师是整节课的引领者,教师教学评价可以更好地改进和检验教学。教师利用评价的结果可以明了课堂教学目标的实现程度,包括教学活动中使用的方式是否有效,学生的接受程度和学习状况等,从而随时调整自己的教学行为,反思和改善自己的教学计划与教学方法,不断提高教学水平。教学评价是以教学目标为依据的,如果评价后的学习结果与预期的教学目标相符,表明教师完成了教学任务,教师的教学方法是成功的。如果评价后学生的学习结果与预期的教学目标不相符,那么教师必须重新考虑教学目标的适当性及教学方法的有效性,考虑如何进一步改进教学。其次,通过教学评价反馈学生学习情况,达到教与学的双赢。科学的、合理的教学评价可以调动教师教学工作的积极性,激起学生学习的内部动因,使教师和学生都把注意力集中在教学任务的某些重要部分。

正因为如此,无论是教育学还是教育心理学,都无一例外地把学生这一因素纳入其研究范畴。在课堂审美评价中,当然也不能忽视学生这一要素。(表5-2,表5-3)

表5-2　尚美课堂教学评价表(学生)

	A	B	C	D	E
教学内容符合我的实际程度					
教师讲课吸引我的程度					
多媒体课件或板书对我学习的帮助程度					
我对本节课所教内容的掌握程度					
我该学科的成绩在班级中所处位置					
我想对老师说的话					

表 5 - 3　尚美课堂教学评价表(教师)

评 价 项 目	A	B	C	D	E
教学分层度					
学生参与度					
教学策略有效度					
美育两纲渗透度					
教学实效度					
亮点和建议					

案例 6：敢问路在何方？——寻找并确立写作方向的指导(松江四中　郁青)

课时一：自由联想与逻辑联想

一、问题展示与探讨

教学切入：经过一定阶段的观察，发现不少学生在拟题方面存在不足，通过展示几种常见的拟题现象，让学生讨论其背后的原因。

二、指导步骤

（一）支架帮助：联想法

1. 解释

向学生解释联想的定义，区分两种不同的联想方式。自由联想是从某个中心主题出发，无限制地想到与中心主题相关的事物即可。逻辑联想也是从一个中心主题出发，所想到的事物不仅与中心主题相关，而且其相互之间也需要一定的关联性。写作方向确立主要从逻辑联想切入。

2. 范例

给学生示范，要求学生分辨自由联想与逻辑联想(图 5 - 2)。

（二）支架撤销

1. 独立探索

以"复制"为中心主题作自由与逻辑联想，拟定一个题目并说出你的写作方向。

2. 协作学习

学生交流：与你的组员交流自己的成果，有必要的话给予或接受对方的评价和修

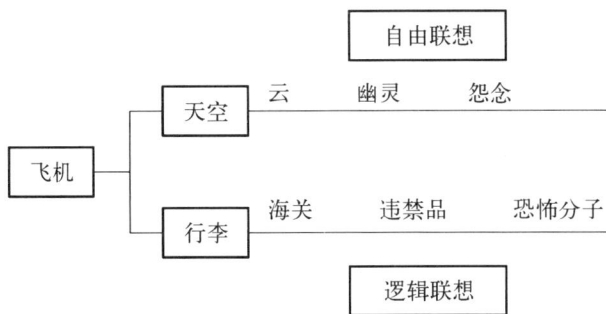

自由联想

飞机 ── 天空 ── 云　　幽灵　　怨念

飞机 ── 行李 ── 海关　　违禁品　　恐怖分子

逻辑联想

图 5-2

改建议,推选出一位组员的成果向全班展示。

学生示例:自由联想:拷贝、相同、机械、古板、单一、沉迷、克隆、同化、整容、外表、喜欢、科技。

逻辑联想:拷贝、机械、古板、单一、服装、整容、科技、同化。

学生讲解:"复制"联想到了英语单词 copy(拷贝),拷贝是非常机械的行为,这样的行为模式感觉像是流水作业,十分古板无趣。社会上越来越多的人在外表上,包括穿着、化妆、容貌都十分相似雷同,这样就导致了同化的结果。我原先取的题目是"机械复制易导致同化现象",夏××建议叫"复制下的'丧尸'",最近她在追美剧《行尸走肉》(生笑)我打算从服饰、整容、科技三个方面去写复制带来的同化现象。

教师评价:夏××同学拟的题目非常生动,复制会带来个性的丧失,没有个性的人如同行尸走肉。朱同学的思路很清晰,由复制想到拷贝,接着对拷贝作了定性和评价,然后联系生活中的现象并揭示了可怕的影响和结果,既有清晰的题目,又有了初步的构思,非常好。

学习心得:自由联想与逻辑联想的效果和关系。

生:逻辑联想可以让思路更加清晰,层层推进。

生:先自由再逻辑,自由联想想到的东西很多,需要再整理下变成逻辑联想。

师:每个人的思维方式与能力存在差异,有的同学逻辑思维较强,联想的内容本身就有一定的逻辑链条,有的同学则需要多几步来加工处理自由联想到的内容,只要多加练习就能熟练掌握了,最重要的是要有逻辑的意识。

3.作业

以"偶像"为中心主题,运用联想法写出你的写作方向。

郁青老师的"敢问路在何方"这节课,展现了"211"尚美课堂的教学评价的重要性。他首先引导学生使用联想法来推进课堂教学,展现教学中教师的引领作用。如在使用联想法时,仍然会有学生存在联想障碍的情况,教师事先可以向学生说明只要联想5个相关词语(短语)即可,也可以形成互助小组,让同伴帮助进行联想学习。一般情况下,使用3~5次,学生基本就可以掌握要领了。

其次,从学生课后作业反馈来看,在形式上学生做得比较规范,自由联想、逻辑联想、写作方向都写得很清晰,而具体的内容呈现则有所不足。比如逻辑联想的内容之间联系稍显勉强,在以后的练习中要强调相关内容之间构建起足够的联系,否则写作方向或构思会出现断链。写作方向则出现单一雷同的情况,不外乎是"批判非理性的偶像崇拜"或指出"偶像崇拜的积极和消极面"(都是在浅层次的思考上,缺乏立意的深度与广度)。笔者思考下来,或许是学生对"偶像"的理解太过狭隘,从而导致思维受到束缚。于是选择让学生写出对"偶像"的定义,为下一节课的链接做好准备。

第三节 "211"尚美课堂的教学模式

所谓"211"尚美课堂教学的改进,主要是指在一定的时空条件、物质条件基础之上,遵循一定的教学规律而呈现出来的教学秩序或运动状态的优化和提升。它主要包括如下几点。

第一,从广义的教学工作的角度看,主要指备课、上课、作业的布置和批改、课外辅导、学业成绩的考核与评定等五大基本环节。这五大环节相互联系,按一定的顺序组合,构成了一个完整的教学工作过程。教学工作过程是一个动态结构,每一次运动中,每一环节虽然各有侧重,但不排斥它们的相互联系性。

第二,从狭义的教学过程看,则是指每一次具体的课堂教学活动。我国教育界一般认为,一次课堂教学的基本环节,主要由组织教学、检查学习、讲授新教材、布置课外作业等四部分组成。也有人认为应加上"巩固新教材"这一环节,称为"五大教学环节"。当然,每次课也是处于运动变化过程中的,所以每次课具体运用哪些环节,或者说哪些环节居于主要地位,完全应该视当时具体教学任务和情况而定。

第三,从具体的微观的技术性措施即教学方法来看,各国教学者目前归纳总结出的教学方法,主要有讲授法、谈话法、演示法、读书指导法、参观法、实验法、实习作业法、练习法、发现法、情景教学法、程序教学法、角色扮演法等等。上述教学方法群是一种韧性的协同结构,它适用于不同情景下的教学过程。因此,我国教学界目前比较肯定它们的这种协同作用,主张有针对性的选择使用它们。

近三年来,我们尝试了以"'211'尚美课堂模式""以学定教、先学后教"为特征的课堂教学"四步八字法",即"准备、研讨、反馈、讲评",推广了"小组合作"的学生自主研讨学习法,学生主体地位得到确定,自主学习、主动探究、合作交流等学习方式得到重视。

(1)备课改进——教学内容符合基本要求,集体制定符合学生实际、质量适当的导学案。

(2)教法改进——"四步八字法"(以生为本,先学后教,讲练结合,注重探究,讲求实效)。

准备——温故知新、新课导入、学案导学、预设生成

研讨——师生互动、生生合作、研讨探究、培养能力

反馈——人人参与、讲究时效、查缺补漏、注重实效

讲评——突出重点、突破难点、梳理提炼、巩固拓展

(3)学法改进——小组互助学习法:相互研讨、互助学习、兵教兵、天天清。

(4)个别辅导改进——辅优补差。

课堂教学改进成效:重视了学生的学,知识掌握牢固;班级教学质量差异缩小;减负增效,师生获得自信;课堂教学质量提升明显;保障了学生个性特长发展的时空。

本学期,学校进一步推进"211"尚美课堂教学模式的尝试和探索,我校教师积极呼应学校课堂教学方式的转变,也在不断地尝试,不断地反思和总结。

在最初尝试的时候,只是比较注重40分钟的时间分配(20分钟老师精讲点拨,10分钟师生互动交流探究,10分钟课堂练习、反馈与点评),而没有充分考虑语文学科和学生思维的特点,课堂效果不够理想。多次课堂教学探索和反思之后,笔者觉得"211"语文课堂应更加注重对阅读能力的训练,注重对语言文字积累以及运用的训练,这样才能突破语文教学的难点。教师讲解时间的减少,师生互动时间的增加,课堂练习的多样化,向语文课堂教学及学生的语文学习方式、方法提出了更高的要求——课堂需要高效率。以下三个策略,有助于提高这一课堂教学模式的有效性。

一、精炼问题引领学生

20分钟教师讲解新课,时间短、任务重,像以前那样满堂灌肯定是行不通的,用提问的方式就比较合适,但是千万不能由满堂灌变成满堂问,这样看似课堂很热闹,却有可能夸大了教师的主导作用,学生被问题牵着鼻子走,渐渐学生养成不会提问题的习惯,只会被动应付教师的问题,不利于学生的个性发展。笔者认为,以问题引领学生,这个问题要从学生中来;要解决学生关注的问题;同时问题宜精不宜多,最好以一个主要问题不断引领学生深入思考。

案例7

《伶官传序》是一篇史论性文章,记叙了后唐庄宗李存勖宠幸的伶官景进、史彦琼、郭从谦等人乱政误国的史实。论述了"忧劳可以兴国,逸豫可以亡身"这一历史盛衰规律。学生可以在读懂课文、找出文章中心论点、整理论证过程中得到历史教训,提高对史论文的鉴赏水平,掌握评论文章的一般结构及其写法。

以前的教学中,笔者按照议论文的常规教法,从让学生找论点出发,一步步分析文章的论证过程,最后得出历史教训。这学期笔者尝试了新的方法,力求在较短时间里梳理清这篇文章的主要内容。

上课前布置学生提问,要求问题最好是针对整篇课文的。课前收上来一看,学生提问五花八门,其中有几位同学的问题让我眼前一亮,问题是这样的:"文章题目是'伶官传序',但文章内容却主要写庄宗的史实,为什么?"于是,我的教学设计就以这个主要问题来组织教学。

反思:学生在课堂上和我一起针对文本,探讨这个问题,学生的回答从各个方面考虑了这个问题,有的是从文本特征的角度,因为伶官的事迹在传记内已作了详细叙述,不必重复。有的从作者写作意图的角度,认为庄宗的衰败正是由伶官所引起,作者以历史为鉴,就伶官乱政误国之事评述国家兴亡盛衰之理,以史论事,内容联系很紧密,重点落在庄宗盛衰的史实和评论上。还有从文章局部内容的角度,指出文章最后也提到"数十伶人困之"的事实,将伶人的作乱和后唐的盛衰直接联系起来,这样扣住了题意,突出了中心。学生的这些回答都非常好,达到了课堂教学的目的。

二、有效活动贯穿课堂

10分钟师生互动环节中,教师要善于通过活动帮助学生掌握所学的知识与技能,但是一堂课并不是一堆活动的无序集合,而应该是一个具有内在联系的活动序列,这些活动相互强化和巩固,从而使学习朝着教师努力的方向发展。无论教师采用何种教学形式,都要将教学内容融入到教学活动中,每个活动都要有明确的目的性,能为实现教学目标服务,这样才能有助于知识的学习、技能的掌握和运用能力的提高,才能使学习与活动实现有机结合,使教学任务在活动中得以完成。

案例8

高三第一学期,曾要求学生根据以下材料写一篇作文,然后上了一堂作文修改课。

"碰撞",大大小小,时刻发生,惟其如此,这个世界才够精彩;当然,它有时也令人感到痛……

课前进行了师生交流,同学们普遍认为这次作文在审题立意方面希望老师提供修改指导,其次,希望通过交流讨论,为如何修改文章论证思路。为此,设计如下师生互动交流和学生活动。

一、师生交流:"碰撞"的定义是什么?(略)

二、学生互动活动：完成概念的外延和内涵的分析表

1. 提供表格。

2. 小组成员相互交流、修改,推选组员展示成果。

外延(有哪些)、内涵(怎么样)

自然界中物体相撞、交通事故带来的撞击、运动的撞击等。

观念、思想、文化,国家、民族方面的撞击和冲突等。两个物体,相互作用,力量大,会产生火花,蕴含新事物,会引起痛苦,可能有危害,引起不好的后果。

三、学生互动活动：为什么会碰撞?

1. 下面我们一起来看看为什么会产生碰撞? 有些什么原因? 小组讨论交流后选择一个方面表述。

2. 小组推选一位同学发言,学生回答概括如下:

生:我觉得之所以会产生碰撞,是因为有不同的观念,而且这两种观念相互对立。

生:我同意刚才这位同学的意见,我觉得还有一个原因是有些时候是因为有巨大利益的冲突造成的。比如国家之间的领土冲突,就是因为背后有着各种利益的冲突。

生:我觉得之前同学分析得很好,其实冲突的发生还和人们的思想有关,有些人思想落后,有些人思想先进;有些人思想深刻,有的人思想肤浅。比如布鲁诺和当时的宗教教廷的冲突就是思想的冲突。

生:我觉得文化、制度和生活习惯的不同也是引起冲突的原因。比如东西方文化有很多不同,人们在一些方面容易引起碰撞。

四、反思

这堂课的两个教学目标的指向性一致,解决第一个目标概念的阐释的时候,并没有停留在概念的内涵和外延上,而是在此基础上,着重探讨了为什么会有碰撞和对碰撞的价值判断这两个方面,这样第二个教学目标要求的修改文章的论证思路这一步就水到渠成了。

从课堂反应来看,学生通过交流活动对核心概念的阐释比之前有了进步,在师生互动活动中对老师的问题能勤于思考,同时由于活动指向一致且有层次,学生能提出高质量、有价值的看法,从而使课堂讨论的深度得以推进。

三、分层练习差异成长

针对不同层次的学生,10分钟课堂作业设计要体现差异性原则。学生的身心发展由于先天禀赋以及后天诸多因素的影响,存在着差异,要想让不同层次的学生都能在完成作业过程中获得成功的体验,教师就必须采取作业分层的策略。不同层次的学生自由选择适合自己的作业习题,品尝属于他们自己的"果实",让每个学生在适合自己的作业中都取得成功,获得轻松、愉快、满足的心理体验。

案例9

《欧也妮·葛朗台》是"人间喜剧"的代表作之一,小说描写了野心勃勃的老葛朗台从箍桶匠成为暴发户的发家史,成功地刻画了世界文学史中不朽的吝啬鬼形象。

笔者在设计这堂课的教学时,前面的20分钟讲解主要针对课文前半部分对葛朗台语言动作神态的分析来理解这个人物形象的特点,然后在10分钟师生互动交流环节主要解决文章第二部分的人物形象特点和人物变化及原因,这样就全面分析了完整的人物形象。在此基础上,最后的10分钟练习反馈环节我设计了以下三个层次的问题作为课堂练习。

问题1:举例概括葛朗台的人物形象。

问题2:文章为什么要插入太太生病的情节?

问题3:"把一切照顾得好好的!到那边来向我交账""人生就是一件交易。"你是如何理解的?反映了当时怎样的社会现实?

这个课堂分层作业不要求每题都做,第一题为必做题,二三两题可选做。

反思:当时设计这三个分层课堂作业的时候,考虑到这堂课前面20分钟主要解决的是人物形象的分析,所以第一个问题重点放在人物形象的分析,能检测学生对这堂课主要目标的掌握情况。第二个问题主要考察文本情节结构的问题,这个问题要比第一个更有难度,但结合人物形象塑造和情节的关系有部分同学也能答出。第三个问题则和文本的主旨相关,只有全面把握文本和对文本的社会背景有比较准确的了解,才能解答,而且要当堂用文字表达出来,难度最大。这三个问题难易度有清晰的层次,在课堂上可以检测不同层次学生的学习情况。

总之,教师要在问题引领、活动设计、分层训练这几方面下功夫,才能切实提高课堂教学效率。相信通过"211"尚美课堂教学改革,可以不断推进我校有效课堂的建设,提高课堂教学效率,使课堂教学真正活起来动起来。

第六章

尚美教育的德育实践：以美养德

随着改革开放的进一步深入，社会的政治、经济、文化发生了一系列急剧的变化。处在社会转型时期的中学生，不断受到市场经济、西方文化思潮和大众传播媒介的冲击以及社会多元价值观的影响，中学生的思想道德状况表现出多元化和复杂化的趋势。而学校德育工作如果做不到与时俱进，与现实社会脱离，又与学生实际脱节，内容陈旧，缺乏层次性和针对性，缺乏时代特色，使得学生对说教产生逆反心理，就会削弱学校德育工作的效果。

在信息时代，人们生活方式的改变、学习方式的翻转，让我们的学生思想活跃、思维敏捷、情感丰富、感应能力强，他们要求德育内容全新而富于时代感，而且更需要有诱发思考、叩开心扉、掀动情绪、使之动心动魄的德育艺术。他们不满足于抽象说理的口号和灌输，更拒绝空洞、呆板、枯燥乏味的说教，需要深入肺腑的至理，渴望心灵碰撞，情感共鸣，厌恶冰冷的面孔、冷漠的态度、干瘪的语言和简单生硬的训诫。没有现代心理学的理论支持、不去深究学生道德形成的心理学机制及其环境的影响、没有科学理论和方法论支持下的德育工作缺乏美感。

素质教育强调培养德、智、体、美、劳几方面全面发展的"人才"，作为完整的教育内容，德育与智育、体育、美育、劳动技术教育等一起，构成教育的完整体系，缺一不可。但是，在应试教育环境下，德育没有得到与智育一样的重视和落实，学校中普遍的"重智育轻德育、重知识轻能力等现象还普遍存在"[1]，全社会关注成"才"有余，关注成"人"不足。因此，探索一种切实可行的德育模式显得十分必要和紧迫。为此，上海市松江区第四中学经过了多年的实践探索，以美育促进德育，开辟了一条以美养德的道路。

---

[1] 孙霄兵.我国新时代高中教育发展的目标和任务[J].中国教育科学,2018(1)：12-26,136-137.

第一节　以美养德的涵义特点

一、以美养德的涵义

（一）美育与德育的关系探源

爱美是每一个人的天性,在人类文明的发展进程中,对于美的追求和创造一直是一个永恒的主题。从字面意思上来看,"美"有"美丽、美观""善、好""使事物变美、变好"等含义,"育"有"生养""培养、培育""按照一定的目的长期地教导和训练"等含义,美育简单是指审美教育或者说美感教育,是对人审美和创造美的教育。从个人层面来说,学会如何去欣赏大千世界的美,如何用自己的审美体验去创造美,都是每个个体全面发展以及身心健康发展的必然需求。

自古以来,中国人的观念中就包含了美育的内容,并在时代的不断演化中其内涵逐渐丰富。作为中国古代伟大的思想家、教育家,孔子在教育实践与理论的探索中,形成了独特的美育思想。孔子四处宣扬政治思想失败后,潜心从事教育,在"仁"的思想核心上,形成以"礼乐相济""美善相乐"怡情养性,追求人格、精神、境界"合一"等为原则的美育价值观,他主张"君子成人之美,不成人之恶""兴于诗,立于礼,成于乐",说明了美育对健全人格的重要作用。作为中国古典美育思想的主流,孔子的美育思想在传统美育中占据主体地位,对其后的中国教育有着深远的影响与启示。作为孔子思想的继承人,孟子不仅继承了孔子美善合一的思想,而且十分强调人格的内在美,主张个体可以通过自觉的努力,把人所固有的仁义等善的本质扩而充之,使之能够充实于人的形体的各个方面,如长相、躯体、眼睛等部位,使自然形体能够具有高尚的美的意义,提出"富贵不能淫,贫贱不能移,威武不能屈",这就在一定程度上突破了孔子关于美的界限,"把审美的艺术活动当作个体人格的自由活动来看待,不仅强调它的社会作用,而且更强调个体人格的自由和创造精神"。[1]与孔孟之道言美育不同,老子更多强调的则是自然的美,主张人们应该顺应自然,欣赏自然中的美,并在自然中得到感悟,进而形成对美的体验。不管是孔孟所欣赏的人格美,抑或是道家所主张的人格美,归根结底中国古代的美育思想都在不断探索"美"对于教化人的价值。到了近代,王国维、朱光潜、蔡元培等中国美学大师都对"美"之一词有了自己的看法,王国维说:"可爱玩而不可利用者,一切美术品之共性也,优美与宏壮然,古雅亦然。"朱光潜说:"美感的世界纯粹是意象世界,超乎利害关系而独立。"蔡元培先生更是在传统教育的德、智、体三维之外,开辟了美育这一维度,他在1912年任南京临时政府教育总长时主张"以美育代宗教",提出美育是通过各种艺术以及自然界和社会生活中美好的事物来进行,是对现实和万物的鉴赏认知活动。"美育代宗教"的活动主要是加大力度通过审美教育和启迪,让教育对象提高审美能力,自觉取舍,取美学智能而舍弃宗教狂热,逐步完善自我,求得身心健康发展,蔡师的主张开创了中国美育新局面。新中国成立以来,从1952年国家所颁布的中小学暂行草案中首次提及美育,一直到今天,美育在国家教育方针中的地位越来越重要。2013年,党的十八届三中全会所通过的《中共中央关于全面深化改革若干重大问题的决定》中明确提到了"改进美育教学,提高学生审美和人文素养"等内容,这是中共首次对美育做出的重要指示,对"美育在学校教育中的重要地位进行了分析,尤其是对学校教育中的美育实施做出了明确深刻的阐述,要真正将美育融入学校教育全过程,就必须树立全新的教育理念"[2]。美育之所以从古至今一直受到国家的重视,关键在于"美育不仅能培养学生健康的审美观念和审美能力,陶冶高尚的道德情操,而且有助于以美启智,对培育完全的人具有不可替代的作用"[3]。

苏格拉底提出"美德即知识"的伦理学命题,首次尝试把"美"与"德"联系起来,在他看来,人的一切"罪恶都源于无知",那些懂得美德的人都是有知识的人,而那些不懂得美德的人都是无知的人,人的行为之善恶主要取决于他是否有相关的知识。这就是他的"美德就是知识"的思想基础。在此基础上,他强调了对那些不懂得美德的人施以教育,使之成为真正懂得美的人。柏拉图则提出"美的境界

[1]罗国萍.中国古代美育思想的嬗变[J].开放时代,1996(04):70-73.
[2]蔡洞峰.论美育的现代性意义[J].新疆艺术学院学报,2007(03):14-16.
[3]陈庆洪.以美立校,以美育人——开展学校美育工作的几点感悟[J].福建基础教育研究,2017(02):11-12,23.

是理念世界的最高境界,最高的真理就是美,这种美是永恒的,无始无终,不生不灭,不增不减的"[1]。此外他还在《理想国》中主张教育制度应包括身体的教育和心灵的教育(艺术教育)两个方面。他讲到,在进行发展智慧的教育之前,先"要用音乐教育心灵,用体育教育身体",并把两种教育结合起来,共同改善人的心灵。他分析了人们从形体美开始,经历心灵美、行为美、制度美和知识美,最后自身能够达到自己期望的理念世界。他注意到自然美和艺术美能陶冶人的性情,美化人的心灵,强调从小培养青少年爱美的习惯。

古希腊的另一位思想家亚里士多德主张和谐教育,包括阅读与书写、体育锻炼、音乐和绘画以及道德品质的培养等,并把和谐教育的重点放在审美教育(主要是音乐教育)方面。他提出美育"不只是为着某一个目的,而是同时为了几个目的,那就是(1)教育(2)净化(3)精神享受……"柏拉图和亚里士多德进一步发挥了毕达哥拉斯的"美德"思想,柏拉图提出"公正(正义)、理性(智慧)、勇敢(意志)和节制"是希腊四美德。他和亚里士多德都把公正看作是一切德行的总体,亚里士多德还说"美是一种善",从而把美和善、美育和德育统一起来。

18世纪德国的美学家席勒则是近代西方提出要对人们进行审美教育,并把审美教育作为一门理论加以研究的重要学者,他曾以艺术的名义明确指出,人性的复归和所有社会问题都有可能通过美育得到解决。他认为:"道德状态只能从审美状态发展而来。"并强调由感性升华为理性的唯一途径是审美的过程。他的《美育书简》成为西方"第一部美育宣言书"。书中首先明确使用了"美育"概念,并对美育的含义、内容、性质、任务及其社会意义作了系统的阐述和分析。康德则指出,人类的精神大体上可分为认知、意志和情感三个领域,分别对应的则是真、善、美,而美是沟通真与善之间的桥梁,"只有拥有知识、道德和审美素养的人,才能克服知与行、理论与实践、自然与自由等的片面性,成为一个完整的人"[2]。

在这之后,美育思想在西方逐渐成熟起来,随着文明的进步与经济的发展,人们越来越能够认识到美育的重要性。苏联的著名教育家马卡连柯认为美好生活就是和美学联系起来的那种生活,美育就是联系美学并符合美的规律的教育。美国著名的美学

[1] 孙俊三.净化与美化:西方古代审美教育的思想[J].湖南师范大学教育科学学报,2008(05):40-43.
[2] 臧雷."尚美"教育的"苍梧"表达[J].江苏教育,2017(66):66-67.

家马尔库塞说到："艺术也将在物质改造和文化改造中成为一种生产力。"[1]美国当代教育家加德纳则认为，随着信息时代（后工业时代）的到来，旧有的教育已经不能够适应需要，应该开发包括美育在内的新的教育。一直到今天，美育在西方世界得到了更为充足和丰富的发展，正是由于内在的社会与时代的需要，它的功能性也不断为我们所认识，启迪我们更加深入地思考。

（二）德育的时代要求

通俗地来说，德育就是道德教育。学校德育是教育者根据社会的要求和受教育者品德形成发展的规律，有目的、有计划、有系统地对受教育者施加一定的思想道德影响，进而通过其品德内部矛盾运动，以使其养成教育者所期望品德的活动。

学生思想品德的形成和发展是长时间、多方面教育影响的结果。在高中阶段，学校德育的一个重要任务是引导学生形成道德行为的观念体系和规则，逐渐形成自己的世界观、人生观和价值观。由此，学校德育工作应该制度化、常态化，从多方面、多途径承担起对学生人格教育的重任，要以社会主义核心价值观为核心，将学生德育作为学校的重要工作、常态工作，通过课程、文化、活动、管理等多种途径，积极利用班级、学校、家庭、社区、社会等多方资源，使学生形成正确的自我认识，获得良好的人际交往能力和积极适应社会的能力。素质教育强调培养德、智、体、美、劳全面发展的"人才"。作为完整的教育内容，德育与智育、体育、美育、劳动教育等一起，构成教育的完整体系，缺一不可。整体来看，德育内容既是学校落实立德树人根本任务的载体，也是实现学校德育目标、构建学校德育体系、推进学校德育工作有效进行的主线，所以在形式上应该多样化，应该以"理想信念教育、社会主义核心价值观教育、中华优秀传统文化教育、生态文明教育和心理健康教育为主要内容，对学生开展教育"[2]。

教育部于2017年8月发布了《中小学德育工作指南》，中小学德育的总体目标被表述为："培养学生爱党爱国爱人民，增强国家意识和社会责任意识，教育学生理解、认同和拥护国家政治制度，了解中华优秀传统文化和革命文化、社会主义先进文化，增强中国特色社会主义道路自信、理论自信、制度自信、文化自信，引导学生准确理解和把

［1］朱立元.现代西方美学史［M］.上海：上海文艺出版社，1993：1021.
［2］教育部基础教育司.中小学德育工作指南实施手册［M］.北京：教育科学出版社，2017：25.

握社会主义核心价值观的深刻内涵和实践要求,养成良好政治素质、道德品质、法治意识和行为习惯,形成积极健康的人格和良好的心理品质,促进学生核心素养提升和全面发展,为学生一生成长奠定坚实的思想基础。"[1]从这个宏观的目标出发,每个学校都应该"因地制宜",为学生的发展探索出一条符合学情、校情的道路,从而在真正的实践意义上帮助学生成长。

(三) 美育融入德育的必要性

第一,落实立德树人的目标。德育是学生的基础教育,它会在德、智、体、美等方面为学生的成长和发展打好基础。党的十八大报告指出,"把立德树人作为教育的根本任务,培养德智体美全面发展的社会主义建设者和接班人",在此背景下党的十八届三中全会对全面改进美育教学做出了重要部署,国务院印发了《关于全面加强和改进学校美育工作的意见》,强调美育在立德树人方面的重要作用。在以习近平总书记为核心的党中央领导集体带领下,松江四中"以美养德"的德育实践模式一直坚持落实"立德树人"根本任务。从字面意思上来看,一个人要想成人,首先就要立德,立德是成人的必要条件,立德一词出自中国古语:"大上有立德,其次有立功,其次有立言,虽久不废,此之谓不朽。"[2]大致是说立德是人生的最高境界,其次才是立功和立言,只有首先把立德做好才能达到不朽的地位。《师说》中有云:"师者,所以传道、授业、解惑也。"这里的传道即是教导学生明白做人的道理,可见德育工作自古以来就是中国教师职业活动的根本任务。

在西方现代教育学史上,现代教育学理论的创始人赫尔巴特提出:"教育的唯一工作与全部工作可以总结在这一概念之中——道德。道德普遍地被认为是人类的最高目的,因此也是教育的最高目的。"[3]德育在教育工作中"第一"的地位毋庸置疑,但是在应试教育环境下,德育没有得到与智育一样的重视和落实,全社会关注成"才"有余,关注成"人"不足。从根本上说,就是对教育的要求过分功利化,这导致了一定程度上对德育工作的忽视。所以在现行的环境下,思考如何营造一条更好的德育之路显得

---

[1] 教育部基础教育司.中小学德育工作指南实施手册[M].北京:教育科学出版社,2017:14.

[2] 杨伯峻.春秋左传注(第三卷)[M].北京:中华书局,2009:1088.

[3] 赫尔巴特.论世界的美的启示为教育的主要工作[M].张焕庭,译.北京:人民教育出版社,1979:249-250.

尤为紧迫。由此,松江四中开始探索以美养德的德育模式。松江四中的孩子都是中考"地平线上"的孩子们,行为习惯、学习能力、道德修养等方面或多或少存在着"困难",学校德育工作如果只求表面的轰轰烈烈、热热闹闹,实际对我们学生的道德素养影响不大,德育工作的低效性会使得广大德育工作者无所适从,甚至一筹莫展。因此,探索一种切实可行的德育模式,提高学校德育的实效性显得十分必要和紧迫。

有学者指出:"教师能否在自己的教育劳动实践中自觉做到立德树人,培养社会发展所需要的新人,是衡量其教育劳动社会价值的最重要尺度,也是衡量和评价教师职业道德是非善恶的根本标准。"[1]松江四中的以美养德道路在"立德树人"的目标下不断前行,因为在学校看来,培养美的学生最重要就是要让他们在道德之美的浸润中,展现出外在的仪表美、言行美,内化出内在的气质美、心灵美,学校始终抱着"教书必先育人,学画先学做人,画品亦是人品"的管理理念,在实施常规管理的过程中,努力挖掘和发挥校外和校内活动的德育功能,注重与美术特色相结合,寻求德育的特色和实效,并逐步渗透到班风、学风和校风建设中,收到了很好的教育效果。正如有学者指出,做好立德树人工作必须下足"六个功夫",最重要的一点就是"在加强品德修养上下功夫。教育引导学生培育和践行社会主义核心价值观,核心价值观就是一种德,既是个人的德,又是国家的德、社会的德,德就是真善美的一切东西,国无德不兴,人无德不立,敦促他们踏踏实实修好品德,成为有大爱大德大情怀的人。引导学生牢牢把富强、民主、文明、和谐作为国家层面的价值目标,把自由、平等、公正、法治作为社会层面的价值取向,把爱国、敬业、诚信、友善作为公民层面的价值准则,将社会主义核心价值观内化于心,外化于形。"[2]松江四中以"美"为核心,立足"美行"教育,突出"美德"培养,注重美育文化内涵的挖掘,蕴育"尚美求真,明德问学"的美育精神就是立德树人最真切的体现。以美养德的最终目标就是培养出具有平民本色、尚美情怀的未来强者,促使学生养成"美"的道德,从而能够切实为学生的健康发展助力,契合立德树人的教育目标。

第二,践行核心素养的要求。2012年,结合时代背景和国际环境,针对"教育应该培养什么样的人"这个本质问题,教育部启动了中国学生发展核心素养的研究工作,经

[1] 王正平,林雅静.立德树人:教育伦理的根本原则[J].道德与文明,2018(04):111-118.
[2] 柳海民,邹红军.在落实立德树人根本任务上下功夫[N].中国教育报,2018-10-11.

过学者的努力与探讨,认为核心素养是"学生在接受相应学段的教育过程中,逐步形成的适应个人终生发展和社会发展需要的必备品格与关键能力。"[1]核心素养是一种伴随学生终身可持续发展的动态化过程,是个体能够适应未来社会、促进终身学习、实现全面发展的基本保证。

在探索中国学生发展的核心素养时,众多学者首先关注的一点就是有关"德性"的观点,认为中西方关于"德性"的观点是建构核心素养的传统理论,不管是西方的苏格拉底、柏拉图和亚里士多德三大哲学家,还是中国古代以孔子为代表的教育思想家,都指出在传统的人才选拔标准中,应该把高尚的道德标准作为第一位的尺度。此外,《国家中长期教育改革和发展规划纲要(2010—2020年)》中提出中国教育的发展应该坚持"德育为先、能力为重"[2],这也符合了中国传统文化中修身成德的要求,"从继承我国优秀传统文化与教育思想,落实党和国家的教育政策方针,以及促进学生身心健康、全面发展等多个角度考虑,道德修养是我国基础教育阶段和高等教育阶段人才培养的重要内容,是学生核心素养指标体系的核心"[3]。在核心素养的要求下,德育对培养学生的人文底蕴、科学精神、学会学习、健康生活、责任担当、实践创新始终发挥着重要、不可替代的作用。从根本上来说,"德育在中小学教育中居重要地位,它与其他各育相互促进、相辅相成,对促进学生全面发展、保证人才培养的正确方向起着主导作用。中小学德育的基本内容和基本要求应当在保证相对稳定的基础上,根据形势的发展予以不断充实和完善"[4]。松江四中以美养德的德育模式就是在这种思想的指引下不断开展,在不断探索的过程中形成了自己的特点,走出一条适合松江四中学生发展的德育之路。孙霄兵先生认为:"要针对不同年龄段的学生科学定位德育目标,设计德育的内容、途径、方法,使德育层层深入、有机衔接,推进社会主义核心价值观,使它内化于心,外化于形。"[5]以美养德就是让学生在心中埋下一颗"美"的种子、生根发芽,通过外在的德育活动不断去滋养它,让它能够长成参天大树,散发出智慧的火花。

[1]林崇德.21世纪学生发展核心素养研究[M].北京:北京师范大学出版社,2016:29.
[2]中华人民共和国教育部.国家中长期教育改革和发展规划纲要(2010—2020年)[R].北京:人民教育出版社,2010:10.
[3]林崇德.21世纪学生发展核心素养研究[M].北京:北京师范大学出版社,2016:134.
[4]教育部基础教育司.中小学德育工作指南实施手册[M].北京:教育科学出版社,2017:10-11.
[5]孙霄兵.我国新时代高中教育发展的目标和任务[J].中国教育科学,2018,1(01):15.

从宏观上来看,以美养德强调的就是凸显美育对德育的加强和促进作用,这也与核心素养中将德育放在第一位的要求不谋而合。具体来看,其对于学生审美能力的培养,有助于培养学生的社会责任感、创新精神和审美情趣,这也是学生发展核心素养中的具体要求。2013年党的十八届三中全会对全面改进美育工作、提高美育对于塑造学生人格的价值做出了重要部署,国务院印发了《关于全面加强和改进学校美育工作的意见》,强调美育工作在育人中的重要性,正如蔡元培先生所说:"美育者,应用美学之理论于教育,以陶冶感情为目的者也。"[1]在教育这条漫漫长路上,美育绝不是配角,它和德育一起能使人大彻大悟,成为一个全面发展的人。

第三,创建特色高中的需要。特色学校是国内外中小学适应经济社会发展要求而兴起的新型学校发展方式。国外发达国家也在致力于特色学校建设,美国、日本、韩国等早在20世纪60年代就着手研究多样化、特色化的办学模式,他们不仅重视理论探索,更重视实证研究,同时将其纳入政府行为,进行统一规划与引导。例如,特色学校成为英国当前教育改革的中心之一,2003年英国宣布所有的中等学校都将建成特色学校。美国联邦政府和地方政府从政策、资金和法律等多方面支持学校继承和发扬自己的特色;美国学者重视研究成功学校的特色,他们立足学校,从点到面开展研究,不仅研究起点恰当,研究思路具体有效,而且抓住研究本质,突出人的研究,并在特色学校内涵和衡量标准等方面进行了深入探索。

作为一所生源相对普通的农村高中,松江四中自1952年创办开始就在思索自己的立身之本。自1993年首次尝试以美术进行高考喜获成功后,从此学校就不断以美术教育为特色,逐步拓展以美术特色为主的美育教育,走上了艺术办学之路。此前,《中国教育改革和发展纲要》指出:"中小学要由'应试教育'转向全面提高民族素质的轨道,面向全体学生,全面提高学生的思想道德、文化科学、劳动技能和身体心理素质,促进学生生动活泼地发展,办出各自的特色。"《国家中长期教育改革和发展规划纲要(2010-2020年)》在第五章"高中阶段教育"中提出"鼓励普通高中办出特色"。教育部基础教育二司郑富芝司长解读为:"高中要发展特色办学……要特色的发展就是鼓励高中在课程设置方面,在教育教学环节方面要有自己的特色……"朱小蔓教授也曾说:"特色学校,是指基于本校特有的办学旨趣,并选取适合于学校的突破口(切入点),探索已有的办学之道,逐渐形成某方面教育教学优势的学校。"在此基础上,《上海市推

---

[1] 陈学恂.中国近代教育文选[M].北京:人民教育出版社,2001:339.

进特色普通高中建设实施方案(试行)》(沪教委基〔2014〕59号)文件中提到,引导普通高中贯彻"为每个学生提供适合的教育"的理念,根据自身办学基础和学生实际情况,以深化课程教学改革为主要抓手,着力构建富有特色的学校课程体系以及相应的运行和管理机制,促进学生全面而有个性地发展,推动高中学校错位发展、特色发展和可持续发展,逐步形成全市普通高中教育"百花齐放"的发展格局,促进高中教育从分层教育逐步向分类教育转型。因此,我们把特色高中定义为:在先进的教育思想指导下,从本校的实际出发,经过长期的办学实践,形成了独特的、稳定的、优质的办学风格和优秀的办学成果的高中。

在现阶段我国高中办学中,有人提出了一个重要的问题,即"一些学校教育质量不高、缺乏特色"[1],正是在国家政策和现实目标的要求下,松江四中坚持以尚美为特色,成为了上海市首批25所特色高中项目校之一。在以尚美为特色的实践过程和探索中,以美养德德育模式就是其重要的一块,通过不断加强和完善以美养德模式可以促进学校特色高中的创建走上一个新的台阶,树立松江四中独有的特色,充分挖掘美育中的德育内涵,并将美渗透到学生每天的教育活动中,从美的角度开展德育工作,引导学生去发现美的情操、美的品格、美的人与事,让他们通过自身的思考和心灵的共鸣,形成正确的世界观、人生观、价值观、道德观,并且能用自己充满美与爱的情怀去感谢他人、回报社会。在不断的坚持中,以美养德定会发挥它独有的价值,全方位促进学生的成长,提升创办特色高中的底气与能力。我们相信,以美养德是心灵的教育,从办学目标上来讲,它是松江四中对"按教育规律办事、遵循科学艺术育人思路"的探索,也是学校办人民满意的教育、走品质化特色化育人之道的构想和实践;从实践效果上来讲,它是从德育层面提升一个人、一个学校、一个社会基本素质的重要途径,是加强社会主义核心价值观教育的重要载体,是传承创新中华优秀传统文化的重要形式,是落实立德树人根本任务的重要方面,是深化教育领域综合改革的重要内容。

(四) 美育融入德育的可能性

从其内容和表现来看,美育在实践中更强调内在的领悟,德育在实践中更具有外在的规范性,美育是动之以情、德育是以理服人,虽然美育与德育有明显的区别,但不

---

[1] 孙霄兵.我国新时代高中教育发展的目标和任务[J].中国教育科学,2018,1(01):14.

可否认美育具有极强的道德教育功能。正如王文革教授所说:"在审美活动中,主体感受到了美,体验到了高雅、高尚的情感,与他人分享、共享美,与他人产生情感的共鸣共振,在获得精神满足的同时,也渐渐培养起了爱心、同情怜悯之心、爱美向善之心、群体公益之心等等。这样,审美活动就具有了道德教化的作用。"[1]因为从根本上来说,美育是教人为"美",德育是教人为"善",而美和善都产生于人类在社会生活中实践的需要,成为了人追求自身境界的两个方面,"这种在人的需要基础上形成的美善价值同一性,决定了美不但必须而且能够表现善:一方面,美必须以善为前提,离开社会道德生活和道德关系,美必定残缺不全……另一方面,作为社会生活重要方面的道德生活,其表现方式既是理性的,也是感性的……由于人生活节奏的加快和审美文化的流行,以艺术为载体的美便成为善的常见表现方式"[2]。

从对高中生的思想道德教育角度看,美育的作用主要体现在四点:第一,美育能够陶冶高中生的道德情操。高中生作为未成年人,他们的认知水平还远远没有完全形成,对于事物和世界的认识还处在比较感性的层面,而审美教育则能够以比较直观和立体的形象去激发富于情感的未成年人,让他们受到道德教化;第二,美育能强化高中生的道德认知。高中生虽然是未成年人,但高中生认知结构的各种要素处于迅速发展时期,各种认知能力不断完善,有意想象能力不断进步,思维的目的性、方向性更明确,认知系统的自我评价和自我控制能力明显增强,形象化和艺术化的美育作品能够使他们产生兴趣,便于理解和记忆;第三,美育能坚定高中生的道德信念。美育的首要任务就是引导学生提高对自然美、社会美、艺术美的兴趣和爱好,培养学生鉴赏善恶美丑的能力,它所引起的道德情感体验能够净化人的心灵,通过感官的体验进而升华出道德理想,形成坚定的道德信念;第四,美育能够培养高中生的道德行为。美育的终极目标就是要培养全面发展的人,个人的和谐发展能够克制高中生的个别极端行为,削弱其自我性,从而正确处理个人与他人、个人与集体的关系。此外,从美学的角度来说,"德育的目的应该是通过说服、教育、感化等多种方式去把学生塑造成美的人,使其既具有相貌、体态、服饰、行为等方面的外在美,也具有精神品质、心灵等方面的内在美,且培

[1] 王文革.美育的德育功能分析[J].中国德育,2018(24):30-34.
[2] 林兴发.以美辅德:未成年人思想道德建设的有效途径[J].理论观察,2005(03):68-69.

养学生的内在美应是德育的主要目标"[1]。从这个意义上来说,学生爱美的本性和德育的主要目标应该是一致的,美育与德育能够很好地融合起来去促进学生的成长。

外在的环境会影响人内心的发展,为了营造丰富的美育环境,学校特别注重对校园文化的建设。优美整洁、充满生机的校园环境即校园物质文化具有"桃李无言"的特点。[2]学生个体情感的培养、心理素质的锻炼、道德行为习惯的形成、知识才能的增长,无不受到优美、健康环境的熏陶和感染。优美整洁的校园物质文化能使学生在不知不觉中受到美的熏陶,有利于学生心理上感到舒适、静谧、和谐、安全,起到陶冶性情、激发美感、提高审美情趣、热爱学校、热爱生活的作用。学校的校舍建筑、图书馆、体育馆、黑板报、宣传画、雕塑乃至校园山水都已不是原始意义上的"自然",它们体现着环境设计者、建设者的匠心,反映了教育者的价值取向、兴趣爱好,其中蕴含着教育的因素和内容。我国古代书院大多依山傍水,目的在于"借山光以悦人性,假湖水以净心情,使学生获超然世外之感,在万籁空寂之中悟通返真"。校园环境建设应以"健康向上、整洁优美、和谐统一"为目标。学校要按照美的规律来设计和优化校园环境,校园环境的设置应该给人以美的熏陶、美的向往,渗透教育者的教育思想,体现学校的人文精神。例如,在教室、阅览室、学生宿舍、餐厅等场所可以装饰名言警句、书画名作,修建美术画廊、艺创中心、校史陈列馆等。如果学生步入校园就可以看到醒目的校训和校风标语,校园里绿树成荫,花草繁盛,建筑错落有致,各种雕塑、壁画、名人名言整齐有序,那么他们就会被一种优美、健康、积极向上的校园气氛所笼罩,不知不觉中就会受到美的熏陶,自愿把自己与学校融为一体,带有强烈的主人翁责任感和使命感,从而逐步形成与校园精神合拍的道德风尚、行为习惯和人格情操;憎恶各种丑陋行径,发展自己美好的思想品德和个性。对于教室环境,我们每学期都会开展"尚美清风园"温馨教室创建评比,以学校的尚美校园建设为主线,以让学生健康快乐每一天为宗旨,营造有益于学生身心健康发展的教育氛围,让幽雅、温馨、健康的教室文化影响学生个性的培养、心理素质的锻炼、道德习惯的形成、知识才能的增长,促进教师与学生、学生与学生关系的民主、和谐,形成具有尚美特色的温馨教室,让学生在充满温馨的氛围里快乐健康地成长。全体同学在班主任的带领下积极行动,用自己的奇思妙想来装点属于自己的教室。班主任和同学们群策群力,从确定主题到搜集素材,从设计板块到给板

---

[1] 祝莉红,朱凤.中学德育思考:以美养德[J].黑河学刊,2011(8):140.
[2] 刘琼华.构建"以美育人"的中学德育模式[D].福州:福建师范大学,2003.

块命名,从画涂剪贴到确定位置,无不凝聚了全体师生的智慧。温馨教室里洋溢着学生的丰富创意,见证着同学们成长的足迹。每个教室布置得焕然一新,既注重整体和谐又突出个性,亮点不断,尤其在"绿化角""马史墙""图书角""赏识墙""荣誉角"这几个部分下足了工夫。教室里每一面墙壁都被赋予了美的内涵,在这样美的环境中养成具备尚美情怀的人。

以美养德的提出,是对功利主义德育观的超越,是针对功利主义德育观而衍生的德育学和美学交叉努力的最本质的理论结果,它以实现德育观的超越为最高追求。以美养德就是充分挖掘德育中的美,并将美渗透在整个学校生活中,渗透在每一堂课、每一次活动、每一个角落,渗透到学校德育工作各个环节;以美的语言教导人,以美的行为感悟人,以美的环境陶冶人,以美的画面情境激发人,全面提高学生道德、文化、艺术等修养,从而使学生身心得到和谐发展,培养具有平民本色、尚美情怀的未来强者,并在实践中践行"以美育美,以美养德"的尚美德育精神,构建具有四中特色的以美养德的育人模式。

二、以美养德的特点

总体来看,"以美养德"就是要让德育过程也成为立美因而也成为审美的过程,就是要让美的法则成为德育活动的准则。以德育对象向美而生为目标,立足凡人德育实践途径,建构润德课程体系,创建育美的环境,以对话沟通的交流平台,体现出学校以人为本的学校德育管理理念,建构尚美养正的大德育格局。通过对美育和德育内容的表述,我们认为以美养德绝不是以美育来代替德育,而是在教育活动中强调美与善的结合,正如苏霍姆林斯基所说:"一个人如果从童年就受到美的教育,特别是读过一些好书,如果他善于感受并高度赞赏一切美好事物,那么,很难设想,他会变成一个冷酷无情、卑鄙庸俗、贪淫好色之徒。"[1]

通过加强高中生的审美教育,发挥美育的道德教化功能,形成完整的育人体系。我们认为以美养德能够明显体现出三个特点:

一是层次性。从陶冶道德情操、强化道德认识、坚定道德信念到培养道德行为,

---

[1] 傅季重,黄万盛.道德的理论与实践[M].上海:上海社会科学院出版社,1987:308.

我们可以看出以美养德是在渐进性地促使学生的道德养成，具有鲜明的层次性特点。

二是全面性。以美养德的实施让师生在美的浸润中形成良好的教养、美好的气质、优雅的风度、崇高的德行、博大的胸怀，能够成就健全美好的人格，正如蔡元培先生所言："人生不外乎意志；人与人互相关系，莫大乎行为，故教育之目的，在使人人有适当之行为，即以德育为中心是也。[1]故欲求行为之适当，必有两方面之准备：一方面，计较利害，考察因果，以冷静之头脑判定之；凡保身卫德之国，属于此类，赖智育之助者也。又一方面，不顾幸福，不计生死，以热烈之感情奔赴之；凡与人同乐，舍己为群之德，属于此类，赖美育之助也。所以美育者，与智育相辅而行，以图德育之完成者也。"[2]这强调的就是美育能够与智育、德育相结合，塑造一个全面发展的人。

三是时代性。从现实来说，美育不可能是脱离现实的空中楼阁，它与现实是一种依存关系。培养学生树立正确的审美人生观，高尚的审美情趣，提高鉴赏美和创造美的能力是美育的主要任务，其终极目的在于和谐人的主观意识与事物的客观存在，促进道德与人性的完美发展及人类与社会的进步。

第二节　以美养德的体系构建

松江四中校园内有着一棵拥有三百多年悠久历史的古老银杏树。银杏精神一直感染着每一位四中人，教会四中人坚韧乐观、诚朴正直。在以美养德课程建构中，我们将这种精神融入，期望让每一位学生在丰富的学习和实践中逐渐形成坚韧的品质、保持乐观的心态、养成诚朴的作风、拥有正直的人格，培养具有平民本色、尚美情怀的未

---

[1] 刘向信."立人"：中日现代人本主义美育思想的价值追求[J].文史哲，2006（03）：75－80.

[2] 高平叔.蔡元培教育文选[M].北京：人民教育出版社，1980：195.

来强者。

乌申斯基说:"教育的主要目的在于使学生获得幸福,不能为任何不相干的利益牺牲这种幸福,这一点是毋庸置疑的。"[1]苏霍姆林斯基也曾说过:"要使孩子成为有教养的人,第一,要有欢乐、幸福及对世界的乐观感受。教育学方面真正的人道主义精神就在于珍惜孩子有权享受欢乐和幸福。"[2]课程是学校培养人、成就人、发展人、让人幸福的最重要的时空保证。不管在什么时期,课程都是影响学生成长的最重要因素,正如苏霍姆林斯基所说:"每一位教师不仅是教书者,而且是教育者。由于教师和学生集体在精神上的一致性,教育过程不是单单归结为传授知识,而且表现在多方面的关系。共同的、智力的、道德的、审美的、社会和政治的兴趣把我们教师中的每一个人都跟学生结合在一起。课——是点燃求知欲和道德信条的火把的第一颗火星"[3],所以在以美养德体系的构建中学校尤其重视课程的力量,打造了独具特色的松江四中以美养德课程体系。

松江四中以"美"为核心,挖掘"尚美教育"的内涵,构建独具特色的学校"尚美文化",形成"向着美的方向生长"的特色办学追求。德育工作者以此为基,以高中生核心素养为基点,以"生涯规划""社会实践""志向引领""专题教育""节庆活动""社团尚美"六大主题、以"校外实践课程""校内思想教育""特色节庆活动"三大板块为特色,建构"尚美素养教育"以美养德课程体系。(表6-1、表6-2、表6-3、表6-4)

表6-1 松江四中以美养德课程六大主题

主 题	课 程 类 型	主 题	课 程 类 型
生涯规划类	新生导航	节庆活动类	幸福团圆过春节(1、2月)
	校内职业规划课程		奉献友爱学雷锋(3月)
	成人仪式		学习缅怀纪英烈(4月)
	毕业励志课程		民主文明青年节(5月)
	校外的游学行走		感恩励志毕业季(6月)
	职业角色模拟		我爱吾师教师节(9月)

[1] 乌申斯基.乌申斯基教育文选[M].郑文樾,译.北京:人民教育出版社,1991:213.
[2] 苏霍姆林斯基.怎样培养真正的人[M].蔡汀,译.北京:教育科学出版社,1992:5.
[3] 苏霍姆林斯基.给教师的建议[M].杜殿坤,译.北京:教育科学出版社,1984:130.

主　题	课程类型	主　题	课程类型
社会实践类	学农学军课程	社团赏美类	青春爱国红十月（10月）
	游学行走课程		热情洋溢体育节（11月）
	公益慈善课程		轻歌曼舞艺术节（12月）
志向引领类	学生领袖课程		语言类社团
	思想引领课程		公益服务类社团
专题教育类	生命教育课程		体育类社团
	法制教育课程		文学类社团
	安全卫生课程		娱乐影视类社团
	核心价值观课程		文艺类社团

表6-2　松江四中校外实践课程

年　级	项目及内容	时　间	地　点
高一	军政训练	8月中下旬（7天）	校内及校外军训基地
全员	国防教育	根据市教委统一安排（3天）	东方绿舟
高二	学农等综合社会实践活动	第一学期下半学期（7天）	区青少年实践活动基地
高三	十八岁成人系列活动	第一学期下半学期（1周）	家庭、社区、校内、校外（嘉兴、绍兴、南京等地）
全员	青年志愿者活动	周五下午、双休日、节假日寒暑假	校内外
高一全员、高二、高三部分	各类社团活动参	周四下午3:00开始	校内为主
全员	寻访活动（走近名人走进历史）	双休日、节假日、寒暑假	市内外名人故居、革命传统教育基地等

年　级	项目及内容	时　　间	地　　点
全员	学生自主管理活动	全年	校内为主
全员	值周（校园保洁、行规检查、护校等活动）	各班轮流,每学期一次以上,每次一周（假期内每次1天）	校内
高一为主 高二、三部分	校际交流	全年（每月一次与市内兄弟学校、不定期与国内、国际学校开展交流活动）	校内外
高一为主 高二高三部分	视像中国	全年（不定期）	利用远程视频网络
全员	热点活动（结合当前形势开展活动）	全年	校内外

表6-3　松江四中校内思想教育

名　　称	内容与形式	频　率
心理健康、青春期问题、生命教育	以授课、讲座、咨询、访谈等形式开展活动	每学期一次
主题班会	结合国内外大事、社会热点、校园活动、班级实际等,第二学期开展一次主题班会观摩评教活动	每学期不少于2次
业余党校/团校	开设讲座、组织讨论、外出参观考察等	每学年一期
安全卫生法制教育	常规与热点相结合（卫生健康、自我保护、遵纪守法等）	每月不少于一次
时政教育	国内外时政形势	每月不少于一次
午会课	每周一歌艺术欣赏活动、春之声广播（周二）、古诗文欣赏（周三）、学生电视台演播（周四）	每周一到四中午
文艺和人生	借助远程教育手段,共享七宝教育集团人文与艺术讲座优质资源	每月一次

表6-4　松江四中特色节庆活动

时间及节日名称	内　容　与　形　式
9月教师节（敬师爱生节）	教师走访学生、学生看望老师尊师爱生感恩活动
10月国庆节（民族精神教育月）	迎国庆、庆国庆,感受祖国建设发展成就活动
10月2日校庆纪念日	"尚美之星"颁奖活动
九九重阳节	与父辈交流、敬老节活动
11月校园秋季体育节	田径运动会
12月尚美艺术节、元旦	读书评书、高雅艺术欣赏、迎新文艺演出
春节元宵	社区调查慰问活动、才艺展示活动
4月清明节	缅怀先辈祭扫烈士墓活动
4月校园春季体育节	健身健体活动
五四青年节	石榴树栽种仪式、尚美学生表彰活动、五月歌会、成人礼
5月文化周活动	社团文化成果、科技成果展示活动
端午节	继承优良传统爱心传递活动
6月感恩节	义卖募捐活动、高中毕业典礼

第三节　以美养德的实践建设

为了体现以美养德的教育理念,发挥美育在德育中的特殊作用,学校坚持德育不仅是在课堂中、学校里,更应该扩展到学生所能够参与到的广阔天地,在更大程度上发挥以美养德的实践作用。

一、校外德育案例展示

（一）研学行走课程

为提高学生的社会实践能力,感悟自然和人文中的美,学校每年暑假都会开展部分学生的研学行走课程,加强以美养德思想在具体实践活动中的落地。2018年,是中国改革开放40周年。在中国共产党领导下,中国人民凭着一股逢山开路、遇水架桥的闯劲,凭着一股滴水穿石的韧劲,成功走出一条中国特色社会主义道路。我们遇到过困难,我们遇到过挑战,但我们不懈奋斗、与时俱进,用勤劳、勇敢、智慧书写着当代中国发展进步的故事。[1]安徽小岗村标记了中国改革开放的精神高地,被誉为农村改革"第一村"。为此,学校组织学生开展以"不忘初心,我与祖国共奋进"为主题的纪念改革开放40周年研学行走课程。本次研学行走课程是学校实施社会实践课程的重要途径之一,通过开发"研学行走"系列课程,初步让学生们增进社会理解,扩展视野,理解不同习俗,感受日新月异的文化理念和思维习惯;同时,通过远足活动,培养学生保持对祖国的热爱,增加对改革开放以来发展成果的了解,将书本内容与实践相融合,与社会进行对话,增进了解自然的意识。(图6-1)

在课程开始的前阶段,学生开展一系列的准备工作。他们通过网络查阅,对目的地的自然、人文历史、改革开放的成果予以研究,形成一个前期研究报告,为实践探索做好准备。在研学行走的校内培训阶段,通过理论学习和集体游戏的形式,增强队员们彼此的了解和信任,能够发挥出队员们的服务、担当意识。在研学行走课程中,通过对琅琊山国家森林公园、改革之乡——凤阳等地的参访,对丰富的人文景观、中国农村改革的发源地、大包干发生、发展的历程、当地风土人情、古朴风情等进行实地勘察学习,对改革开放40年的发展和巨变及切身体会进行文字研究报告。在第二大将军县——金寨县了解鄂、豫、皖苏区苏维埃政府,红四方面军诞生过程,跟随习总书记的

---

[1] 刘燕斌.历程非凡成就重大经验宝贵 40年中国就业栉风沐雨[J].中国人力资源社会保障,2018(01):13-15.

图 6 - 1

步伐参观红军广场、金寨县红军纪念堂、红军烈士陵园、红军村、洪学智将军纪念馆、红军墓、金寨县革命博物馆。在研学行走汇报总结阶段,队员们互相帮助,能够归纳形成自己对整个游学过程的认识,通过各种形式向大家予以展示。这能够很好地提升队员们的团结合作能力和自我学习能力。正是在这样一个完整的过程中,学生能够得到直观的体验与心灵的感悟。

研学行走的部分成果是以反思的形式呈现的,我们选取其中有代表性的内容,看看学生们想了什么、做了什么。张藤同学说,1978 年 12 月,党的十一届三中全会做出了改革开放的重大决策,从这一刻起,全中国人民同心同德、锐意进取,开启了历史性、创造性的 40 年,打开了尘封已久的国门,建立起了以经济建设为中心的基本国策,开始了中国特色社会主义道路的探索和发展。这一历史时刻是伟大的,它令中国从此富裕强大起来。回首这 40 年,它波澜壮阔、激情澎湃,经过这 40 年,中国早已翻天覆地、日新月异。我们的第一站便是似曾相识的滁州琅琊山醉翁亭,曾经在语文课本上栩栩如生的场景活灵活现地出现在我们的面前,让我们不经感慨岁月如沙般幻灭。如同课本上描绘的一样,幽径踪灭,大音希声。骄阳似火,夹杂着嘶鸣的蝉声,却在这片天底下被笼罩、被扑灭,仿佛这不曾改动的景色就应该傲于霜雪、立于骄阳,让人心旷神怡。

原本因为早起而存在于心中的疲惫一扫而光,静静地欣赏起这份如画诗卷。走出景点,脑中依旧挥散不去刚刚那幅曲径通幽的画面。而位于安徽凤阳的小岗村就是改革开放的例子,这也是我印象最深刻的一站。低矮的屋檐、斑驳的土墙、布满蜘蛛网的房角,没有交通工具,生产水平低下……这便是六七十年代小岗村每家每户的状况。据村里的老大爷介绍说,"小岗村当年是一个吃粮靠返销、用钱靠救济、生产靠贷款的'三靠村',每年秋收后几乎家家外出讨饭。1978 年底,小岗村 18 户不想饿死的农民签下分田到户'生死契约',关闭了一扇门,又开启了一扇门,搞起了'大包干',正式揭开了中国农村改革的序幕。小岗村是按人口平均分田,做到劳力多的家庭多分田,劳力少的家庭少分田,无劳力的家庭不分田。现在我们小岗村从饿死转变到了吃饱,在纪念馆那头还在兴建一些学校呢!"看到道路两旁的井井有序的房屋,恢弘壮丽的纪念馆,新筑的水泥路,小岗村自从改革开放以来发生了翻天覆地的变化,这也让我为之感慨,小岗村一定会在不久的将来越来越好! 最后一站金寨县将军村,是一个出了 59 位将军的伟大地方。这 59 位将军中有 1 位上将、8 位中将、50 位少将,他们犹如这块红土地上升腾起来的 59 颗璀璨夺目的星星,是老区人民的光荣和骄傲,展现着党哺育下的金寨人民及佼佼儿女的革命风范和英雄气概,令我深受感动。经过 40 周年的变迁、40 周年的发展,中国实现了具有划时代意义的巨大跨越。2018,不忘初心,展望未来,铭记历史,砥砺奋进!

学生的不断成长是学校以美养德发展的持续推动力,通过学生的进步与结果的呈现,学生在美的感召下必将能够成为一个全面发展的人。

(二) 校外墙绘活动

有人说,自由的校园里都应该有一面被涂鸦的墙,让单调的白墙邂逅艳丽的色彩,在某个平白无奇的转角遇见,终将成为校园时光中最美的记忆。作为上海市特色普通高中创建项目校,松江四中多年来坚持以美为核心,立足"美行"教育,突出"美德"培养,注重尚美文化内涵的挖掘。近年来,墙绘活动(图 6-2,图 6-3)已经成为了松江四中校园文化的品牌活动,在全区产生了一定的影响力。学校与泗泾镇社区服务中心、松江区文明办、松江区委宣传部合作,组织了多次墙绘活动,旨在通过这种与生活紧密结合的艺术实践活动,培养学生认识美、体验美、欣赏美和创造美的能力,用艺术点亮尚美学子的人生。

图 6-2

对于墙绘活动所取得的成效，用学生的话来讲或许更为贴切。我们选取了部分学生的感想与大家分享。张家鹏同学说："这次我代表学校参加墙绘活动，心情十分激动。这次参赛者人才济济，有的甚至是画了一辈子的老艺术家。我们能够圆满并漂亮地完成作品，首先要感谢学校给予的这次机会，拓宽了我们的视野，让我们看到了更精彩的世界。参与这次活动不仅使我在绘画方面有所收获，也给我今后的道路带来很大的帮助！"黄昱鋗同学说："本次画墙活动中我收获匪浅，在绘画过程中我体会到了松江

图 6-3

风景名胜的魅力，同时我领悟到绘画过程中团队配合的重要性。参加这次公益活动也希望为松江区创全工作助力。"丁思源同学说："这次代表松江四中参加此次墙绘活动，我深感荣幸，很感谢我的组员，大家一起努力完成我们的作品。不得不说，短短三天的墙绘比赛让我收获颇丰，尽管它并不轻松，但是我很高兴，每每经过那面五彩斑斓的墙面时，我从

心底感到骄傲。"潘涵笑同学说:"天气已经转凉,可是人民医院对面的我们画得热火朝天的。这不是我第一次画墙绘了,但这次是我最开心的一次。我和我的小伙伴相互协作,将纸上的作品呈现在墙面上。我很感谢志愿者们为我们辛勤的付出,路人给予我们的鼓励和认可。有个年幼的孩子驻足看了很久,用稚气的声音和她母亲说:'妈妈,我长大以后也要像姐姐们那样画画!'我们听了都感到喜悦与感慨,自己竟在无意中给小朋友树立了一个榜样。我希望今后也能参加此类的志愿者活动。"……正是在这样的千言万语中,我们相信以美养德必将取得更大的成功。回顾近几年墙绘活动的开展,给了我们极大的信心,也给了我们更多的期望。接下来,我们会进一步让学校的墙绘活动能够制度化,把它列入学校每年的工作计划之中,让每个年级的学生都能够参与其中;而且我们希望墙绘活动能够走出松江,走到上海更为广阔的天地,让松江四中尚美育人的理念被更多的人所知晓。

(三) 18 岁成人仪式

为弘扬爱国主义精神,践行社会主义核心价值观,激励四中学子爱党爱国爱家乡,树立服务和奉献祖国的志向,每一届的松江四中高三学子都会来到南京进行研学行走和 18 岁成人仪式实践活动。

2019 年 1 月 8 日和 9 日,全体高三学生在班主任老师们的组织下,前往南京大屠杀纪念馆,以"明史明责明志,向上向善向美"为主题,举行了简单而隆重的 18 岁成人仪式(图 6-4)。在侵华日军南京大屠杀遇难同胞纪念馆广场,全体高三年级师生举行了成人仪式。成人仪式在庄严的国歌声中拉开帷幕。郭洁副校长为学生们送上成人寄语,为学生送来了温馨的祝福和恳切的希望;钱叶雷老师代表家长读家书送祝福,同学们集体阅读家书;高三年级组长毕永钧以师长的身份督促学生直面成人的责任,加紧学习的脚步,充分备战高考;学生代表陈纪涵同学发言谈壮志,表达出我们作为当代青年的使命;学生代表向日军侵华大屠杀的 30 万死难者献花圈,表达哀思和敬意;学生朱诗怡、夏文浩、陈介文、龚和音诗朗诵《十八岁,以青春之名向美起航》,展示了青春的活力与朝气;李诗海等 7 位班主任同台朗诵《十八岁畅想曲》,为学生送去了衷心祝福;各班班主任为每位同学佩戴成人帽和成人纪念章。

全体高三学生在学生代表带领下,右手握拳,面向国旗庄严宣誓:"在跨入 18 岁

图 6-4

成人之门的激情时刻,我以一个中华人民共和国公民的名义,面对国旗庄严宣誓。我宣誓:我会努力学习,尚美求真,做终身的学习者;我会心怀梦想,勇于明德,成为问学的先锋。我会勇敢正直,理智乐观,坚毅奋进,自强不息;我会宽容善良,自信自爱,谦恭厚朴,大气恢弘。我会履行公民义务,正确行使权利;我会捍卫神圣宪法,维护法律尊严。我会热爱祖国,热爱人民,不畏艰难困苦,不负恩师厚望。热心奉献社会,无愧学校培育;以国家昌盛为先,以人民利益至上;以我火红青春,建设锦绣中华;以我壮志激情,铸造崭新未来!"

全体高三学生宣誓结束后,在歌声的伴随中在横幅"明史明责明志,向上向善向美"上郑重签下自己的名字。

对于此次十八岁成人仪式,许多学生都抒发了自己的感悟,高三4班郑昕同学说:"通过这次研学行走活动,我们明确了自己身上的社会责任和社会义务,也更具社会责任感与主人翁意识,使我们树立了正确的世界观、人生观、价值观。我们通过庄严的成人礼,心灵得到洗礼,我们将会为梦想拼搏,为明天奋斗。这不仅是我们人生重要的浓墨重彩的一笔,亦是为我们步入成人上的有意义的一课。"高三6班张藤同学说:"此次南京行,让我感受最深的是南京大屠杀遇难同胞纪念馆。从前知道南京大屠杀是一段沉重的历史。当我踏进展馆,成千上万的名字以及一段段残忍的暴行都让整个展馆的空气变得凝重起来。压抑压抑还是压抑,从来都没觉得呼吸还能这么沉重。有些人眼里泛着泪花,有些人驻足凝视,每个人在展馆里都异常肃穆。作为这段历史的倾听者,作为一名高三学子,我们应当以史为鉴,更好地面对未来,守一颗对和平向往的坚守之心。"高三8班赖霆域同学说:"两天一夜的南京行匆匆逝去,气势磅礴的中山陵、庄重浑厚的南京大屠杀纪念馆,夫子庙的夜景和玄武湖的雪景,尤其是意义非凡的成人仪式都给我们留下了深刻的印象,18岁是一个正值青春芳华的年龄,我与朋友们一同踏足南京这片土地。历史的哭诉和青春的激情震撼着我的心灵,在一生中烙下难以磨灭的回忆,让我们深刻地意识到了已经步入成年的我们身上所肩负的责任。"

以史为鉴,面向未来。成人仪式让学生将对历史的反思化为振兴民族与国家的动力,做一个勇于承担家庭和社会责任的合格公民,明史、明责、明志,向上向善向美生长,充分彰显了学校以美养德的育人实践以及四中学子的平民本色与尚美情怀!

二、校内德育案例展示

(一) 开放德育空间

以"对话"为基础的学校管理模式倡导民主与平等的价值理念,充分尊重被管理者、平等对待组织内外成员,让家长、老师、学生都参与到学校管理、民主决策,充分体现出大家的主人翁地位。学校以"我与校长共进午餐"和"家长访校建言日"为对话平台,互相交流对学校管理、家校沟通等方面的意见和建议,共同解决存在的问题。一方面,这种举措有助于提升学生对于学校教育工作的认识,另一方面,有助于把更多的力量带入学校的德育工作中,拓展德育的空间。

1. 我与校长共进午餐

根据"美育引领、多元发展"的课程理念和"规训为基 对话为本"的德育方略,学校推出"我与校长共进午餐"这一学校领导与学生面对面互动交流的平台。通过这样的对话平台,旨在丰富学生在校生活经历、疏导学生各种不良情绪、引导学生客观辩证地认识周围世界,进而打造学校"凡人德育"这一德育特色品牌。比如以"校园卫生"为主题的"我与校长共进午餐"活动,学校领导和同学们展开热烈的交流探讨,各班的学生代表针对学校卫生现状、卫生督察情况等纷纷表达了自己的看法,从卫生检查制度、食堂就餐情况、操场卫生隐患等多方面展开讨论。同时,学生们就存在的这些问题提出了建设性的意见与措施,并得到了与会老师的认可。与会的学校领导肯定了同学们积极参与的态度,同学们展现出的"四中"主人翁的精神,是"四中""向上、向善、向美"发展的动力和源泉。针对校园卫生问题,学校领导给出了 5 条建议:第一,希望同学们将校园卫生重视起来;第二,希望同学们配合老师一起发动每一位同学,为学校校园卫生做一份贡献;第三,做好班级卫生;第四,督促好身边的其他同学,帮助同学;第五,希望每位同学都能够保持感恩心、平常心,做一个建设者。"我与校长共进午餐"搭建了一个学生与校领导沟通互动的良好平台,贴近学生、了解学生的想法与诉求,让学生参与到学校事务管理工作中来。

2. 家长访校建言日

家长访校建言日是学校为推动家校沟通和平等对话的一个重要改革举措,通过这个家校沟通平台,进一步加强家长与学校的联系,拓宽双向沟通、交流的工作思路;调动家长参与学校建设的积极性,吸纳家长的合理化建议,有效利用家庭教育资源,更是开放办学、民主办学、依法办学的有效路径;彰显出人人都是德育工作者的凡人德育理念。在"社会实践类课程与学生综合素养提升"的家长访校建言日活动中,家长代表畅所欲言,对年级组举办的"'尚'亲子秀,'美'在金秋"科技类亲子活动表示充分的肯定并希望年级组开展更多的类似活动;从学校教育谈到家庭教育,从学习成绩谈到品德教育、心理教育。短短的一个小时,家长们积极发言,提出了许多利于学校和年级组建设的宝贵意见。学校领导积极回应家长的提议和困惑。指出家长应从学习态度、学习兴趣、学习习惯、学习方法这 4 个方面来关注孩子的成长,家长访校建言日活动可以促使家校双方在孩子教育问题上达成一致,让我们的孩子向美而生。

(二)领袖养成计划

课程是学校培养人、发展人、成就人,让人幸福的最重要的保证。松江四中以培养学生核心素养为基点,以"社会与交往""艺术与审美"两大板块为特色,建设、完善松江四中课程体系,把学生培养为坚韧乐观、诚朴正直的多元发展人才,让学生认识自己,了解社会,发现不同专业、职业之美,提升沟通和交往能力,学会选择和规划自己的学业道路和人生之路。学校的社会与交往课程群以一系列校内外的课程资源为依托,分为国家课程与校本课程两个板块。国家课程分为职业与人生和文化与安全两个板块,旨在培养学生基本的人生规划能力与社会安全意识,这部分内容以必修课的形式开展。

1. 校本课程

在校本课程体系的引导下,学校的学生领袖养成计划主要目的是为一部分优秀的学生干部创设多样学习方式、搭建学习平台,从而能够使他们在一定程度上有比普通同学更早、更多的途径来认识自己、认识职业、学会选择和规划自己的人生道路。在筹备学生领袖养成计划阶段,通过座谈会和问卷调查的方式,来自各个岗位的学生干部通过案例畅谈自己在平时工作中的成功和不足之处,主要集中在组织工作上的困惑,沟通交往中的不易,学习和工作的时间冲突以及服务动力缺失等方面。针对大家提出的问题,我们精心设置本次培养课程的内容:导师的主题微型报告;学员的头脑风暴分享;团队协作,导师指导,活动实践;结业论坛,共同策划,展示成果。

2. 导师团队介绍

多方调研,研究协商后,诚邀在学生干部培养和个人工作上突出的五位老师成为学生的成长导师。通过面对面——寻访身边的优秀校友活动,联系学校 2013 年毕业的前学生会主席刘涛同学,他在高中时代就是一位品学兼优,领导力非常不错的学生干部,进入大学后,担任了上海工程技术大学中韩设计学院的学生会主席,为学院的学弟学妹开设学子论坛"重塑你的大学生活"。学校特邀他作为领袖养成计划最特别、最年轻的导师,让学生听听学长的话。

3. 奖励优秀

根据整个培养过程,采用民主推荐的办法,奖励 10％学员为优秀,成为校长助理团的候选人;学生领袖养成计划的学员会成为暑期游学行走课程的推荐人选,在行走中进一步实践学习;考评合格,把学习过程及结果写进综合素质评价。

(三) 生涯规划指导

"让美成就未来"是学校一贯坚持的办学理念。要想让师生能够幸福生活,离不开健康的心理状态和清晰的生涯规划。所以近年来学校领导不断加强对学生生涯规划教育工作的重视和指导,经过前期调研,2017年8月学校正式成立生涯规划指导中心。自中心成立以来,通过调查研究发现学校在生涯教育方面存在的优势与突破点,积极探索适合四中学生的生涯教育途径和方法,争做学生生涯发展的领航人,逐渐形成本校的生涯教育特色。

1. 开展调查研究,了解学校生涯教育状况

为了解学校的生涯教育现状,我们通过问卷调查、学生访谈等形式,从自我认知,专业认知,职业认知,职业能力发展,职业决策五个方面对学校学生的生涯教育状况进行调查,形成18篇基于数据的调查报告。该调查报告将近10万字,非常翔实地反映学校在生涯教育中存在的优势以及可以突破的地方,为开展生涯教育工作提供了事实依据。

2. 探索生涯教育路径,全面开展学生生涯教育

第一,开发生涯校本课程,建立完善的生涯课程体系。在实证调查研究的基础上,在"尚美养正"课程理念的指导下,18位青年教师针对学校学生生涯教育的特点开展了"生涯规划与发展"系列主题班会活动。经过整理我们将18节生涯主题班会汇编入学校的生涯校本课程中,课程针对高中三个年级各有侧重,同时心理教师利用心理课堂开展生涯专题教育,形成了完整的课程体系。目前该课程处于审定阶段。第二,积极申报市级课题,以科研促进生涯教育。考虑到高中学生的课时较为紧张,我们试图拓展生涯教育的途径,积极开发生涯微课,利用移动终端开展生涯教育。基于这一想法我们申请了题为"生涯微课提升高中生专业决策自我效能感的实践研究"这一德育课题。同时学校于2017年10月向上海市中小学心理辅导协会申报的课题"新高考背景下普通高中生涯教育研究与实践"获得立项,目前正处于研究阶段。我们希望通过科研助推学校生涯教育工作,引领学生成长。第三,组织校外生涯体验活动,促进实践活动与生涯教育有机结合。过去一年我们通过校友访谈、志愿者活动等形式,帮助学生亲身体验社会的人和事,不断认识自我,明确自我需求,加深对生涯发展的判断与评估,进一步明确自己的人生目标,坚定自己的职业定位。比如组织高一学生走进泗泾医院、松江图书馆等,让学生亲身体验作为导医和图书管理员的职责。未来我们会创造更多的职业体验机会,让学生能够了解更多的职业环境,体验更多的职业角色。第四,开展校内生涯教育培训,加强生涯教育领航人队伍建设。2018年3月,学校特别邀请了上海市心理特级教师、首届全国中小学心理健康教育"十佳教师"杨敏毅老师,

为学校教师进行了主题为"高中生涯教育的实践与思考"的讲座。有效地帮助教师提高生涯教育方面的专业知识,让我们成为合格的领航人,从而更好地开展生涯教育。第五,引导班主任进行自主学习,提升团队生涯教育能力。除了走出去和请进来以外,我们尤其重视生涯教育团队的自我学习。2018年暑期,班主任们利用自己的假期时间学习生涯规划与教育的相关知识,并撰写了学习心得,这些有利于提升我们生涯导师团的专业能力,从而更好地助力学生成长。

3. 完善生涯教育体系,打造四中生涯教育特色

目前我们从课程开发、实践活动、科研引领等方面对学生的生涯教育进行探索,充分发挥了生涯教育的育德功能,取得了一定的成效。在未来,学校将不断努力探寻和摸索更加适合学校学情的生涯规划指导,让我们的课程和活动更加的精细化。比如学校大部分学生是艺体类学生,这类学生的生涯教育工作有其独特性,有待于去研究探索。学校始终坚持"向着美的方向生长"的办学追求,努力做好学生生涯教育的领航人,帮助学生探索生涯密码,铸就美丽人生。

三、以美养德班级创建

班集体是学校进行德育教育的单元集合体,一个优秀的班集体能够以独特的班级文化和班级活动对学生的道德建设起引领和促进作用,"班级活动是班集体形成和发展的生命线,其对学生的身心发展起着不可忽视的作用。"[1]在进行以美养德的实践中,松江四中以美术特色为载体,涌现了一批富有特色的班集体,其中由沈覃老师2015年所带的高二(4)班最为典型。

案例9:高二4班"丹青斋"美术特色班集体创建纪实

一、源起

2015年8月31日,高二(4)班的教室里有种严肃的味道,学生打量着新班主任,而

---

[1] 金晶.以尚美之心开展美的班级活动[J].江苏教育,2017(71):44-46.

新班主任本来从容的内心却在阵阵发怵！虽然之前对从未接触过的美术生有所预期，但当看到好些个浓妆艳抹、穿着不得体的女生和发型夸张、打扮新潮的男生出现在教室这个朴素的环境时，那种视觉冲击还是让我不知所措……从外区刚调入本校，又要从中途接手别人的班级，加之第一天不好的开端，一切都像阴云笼罩在我心头。经过半个多月的观察、访谈及打探，我总结出班级较突出问题：首先，学习状态散漫。上课走神、睡觉的现象较多，不交作业和抄作业的情况是常态。其次，生活态度比较消极。除了关注外表、网络游戏，对学校的生活和活动提不起兴趣。再次，集体意识淡薄。值日这种班级常规工作都要三请四催，互相推诿。我相信学生行为习惯等外在表现是他们内心的一种反映，认真诊断这些"病症"之后，我将"病因"归结为一点：心灵空虚。

如何让孩子空虚的心灵充实起来呢？切入点在哪里？马卡连柯的"前景教育"思想认为："要激励一个集体，首先必须形成大家共同拥有的希望和追求，正是这种追求和希望，能团结大家、激励大家，使大家心往一处想，劲往一处使。当这种局面形成时，这个团体就有高昂的斗志，饱满的精神和勇往直前的毅力。"迷茫中，学生们堆放在教室的画板吸引了我的目光。美术不就是孩子们的共同追求吗？何不用学生们的"美术特长"来填补他们空虚的内心？因此，将"美术特长班"打造成"美术特色班"的想法便应运而生了。作为美术特长生，学生们所接受的美术教育本来就是美育的一个重要载体，学生通过对形体、结构、比例、线条、色彩等基本技术的学习，逐渐形成了自己的审美和创造美的能力。我们的美术特色班正是要依托学生的审美和创造美的能力，实现美育与德育的完美结合，引领学生从"绘生活，画人生"到"会生活，话人生"，即发挥学生在绘画方面的特长，通过开展一系列和绘画相关的活动，让学生们拿起画笔"绘生活，画人生"——描绘日常的学习、生活，描画人生、梦想等。学生们在美的浸润中发现美、感受美，养成美好的品性，形成美好的人生态度，开启美好的人生之旅，从而实现"学会生活，共话人生"的目的。

二、践行

（一）梦想的画笔——给画笔赋予梦想，用画笔描绘梦想

绘班级梦想：开展题为"一木不成林，百花方为春"的主题班会，用丰富的事例引导学生意识到集体与个人相互成就的关系；进行问卷调查，让学生畅想自己心目中的理想班集体。有了这些前期的铺垫，对班级精神的提炼就水到渠成了。经过同学们的

资料查阅、反复推敲,再进行投票,几经筛选,最终我们将"美术特色班"的班名确定为:"丹青斋"。

班名确立之依据:根据百度百科上的解释,丹指丹砂,青指青䃤(音"霍"),本是两种可作颜料的矿物。因为我国古代绘画常用朱红色和青色两种颜色,丹青成为绘画艺术的代称。我国历代名流雅士大都建有自己的书斋,并为之起名为斋、屋、居、室、堂、馆、轩、园、亭、庐等雅号。这些饶有情趣的室名,常给人以有益的启示。

"丹青斋"之内涵:"丹","丹色"被定义为"日出的颜色。"代表着积极向上,充满活力,同时还能温暖他人。体现成员们的生活态度。"青"是一种底色,清脆而不张扬,伶俐而不圆滑,清爽而不单调。青色是中国特有的一种颜色,在中国古代社会中具有极其重要的意义。青色象征着坚强、希望、古朴和庄重。这正是成员们所追求的做人品格。"丹青",因其颜色经久不褪,还寓意着忠贞不渝、坚持不懈。诠释了成员们的处事原则。此外,古语有云"青出于蓝而胜于蓝",所以"丹青斋"的名字寄托着对成员们的美好愿望,同时也鞭策成员们要不断超越自我,超越老师。

基于"丹青斋"的内涵,师生继续合作、共同确定了以下内容。

班训:从"绘生活,画人生"到"会生活,话人生"

班级口号:绘人生百态,画精彩人生

做人目标:让人们因我的存在而感到幸福!(如丹色之温暖)

做事目标:仰望星空,脚踏实地(似青色之稳重)

高考目标:尽心尽力,问心无愧(若丹青之坚韧)

同学们分工协作对这些口号和标语进行设计并用画笔描绘出来,然后张贴在教室的醒目之处。之后,同学们按照"丹青斋"的班级精神从做人、做事、做学生三个方面拟定了班级公约,称其"丹青斋之约",同样对其进行设计并张贴上墙。

画个人梦想:经过调查,班级一半的同学学习美术是出于兴趣,还有一半的同学是迫于高考压力而选择的"捷径"。但是经过一年学习,选择美术作为高考捷径的同学中有2/3的人对美术不排斥并正慢慢产生了一些兴趣,还有1/3的同学仍然对美术提不起兴趣。而更令人担忧的是全班3/4的同学不清楚自己以后想从事什么行业。"教育部教育发展研究中心一项针对高三学生的调研显示,高三学生对高考志愿中专业的了解程度为'一小部分'和'全不了解'的比例为75.2%。由于对自身情况、社会需求、职业特点的无知，学生在选择专业上常常出现滞后、趋同和近视的现象"。这些数据让我深感对学生的目标教育与生涯规划指导迫在眉睫。就此，我们开展了如下一系列活动。

活动一，职业探究。学生通过查阅资料，就一份与美术相关的职业进行详细的整理，包括该职业的责任、意义和价值、发展前景、薪资报酬、从事该职业的要求等，以及哪些大学的哪些专业与之对口（事先我大致做了归纳，要找到四十来份职业是绰绰有余的）。

活动二，交流汇报。学生汇报自己的调查结果，并用图文并茂的形式做成宣传单，统一纸张，但不规定格式，最后将四十来份宣传单结集成册，形成《"丹青斋"生涯指南》。

活动三，职业规划。利用班会课邀请心理教师对学生进行霍兰德职业兴趣测试，帮助学生更好地了解自己，并指导学生根据自己的性格和兴趣选择职业方向。

活动四，目标确定。学生根据自创的生涯指南，结合所做的心理测试，进行目标的确定。并将自己的目标写在自画像旁边，张贴在教室的梦想栏内。

（二）行走的画笔——带着画笔绘生活，带着画笔画人生

行走在理想的象牙塔：利用周末的时间，学生带着画笔，背起画板走近自己理想中的象牙塔。画一画理想学校的某个建筑，画一画学长们的学习生活，这样的写生总能让人内心澎湃，充满斗志。

行走在神奇的大自然：利用假期走进大自然，除了统一组织的写生活动之外，如暑假赴安徽宏村写生，学生和家人旅游的时候也会带上画笔，把自己眼中的美景带回来和同学们分享。

行走在美丽的校园：以学校活动为依托，在各种活动中体现"丹青斋"的特色。

活动一，体育节。首先，入场式节目展示班级特色。利用画板为道具，在画板上描绘国旗、校徽，书写"中国人"字样等激发学生对国家和学校的热爱。通过队形的变化呈现出不同的画面，给观众带来视觉冲击。学生们的才华和散发出来的美使在场观众深深陶醉，真正展现了"丹青斋"的班级精神。值得一提的是，班级的入场式还受邀参加了区泗泾镇"古镇戏台"的演出活动。其次，以运动会中为班级奋力拼搏的身影为主题，创作绘画作品，在班级进行展示，以此激发学生对班级的热爱，同时向运动员们学

习不畏困难、奋勇拼搏的精神。

活动二，"感恩孝亲"节。以"一个我和家人之间最难忘的故事"为主题，创作一幅绘画作品，在班会课上展示作品的同时，讲述和家人之间的亲情故事。布置学生回家后为家人做一件力所能及的事情，也以绘画作品的形式在班级进行展示。让学生们在这些活动中感受亲情，学习感恩和孝道。

活动三，"绚烂的花季雨季"文化艺术节。全体同学进行了《中国美，四中魂》的舞蹈排练，舞蹈的编排与设计都融入了"丹青斋"的元素，如服装和道具主要以红色和青色搭配，融入学生的美术作品等，赢得了阵阵喝彩；此外，开展班级的文化艺术展示，如书法，摄影，绘画等一系列比赛。经过班级的评比，选出优秀的同学参加学校的各项比赛。

（三）温暖的画笔——用画笔搭心桥，用画笔绘真情

用画笔拉近彼此的心灵：每学期，丹青斋的学生们都要举办一次特别的画展，主题为"给特别的你"，这个"特别的你"不是家人或朋友，而是每天奋战在一起的同学或老师，可以是帮助过自己的、也可以是给过自己启发和触动的、或是自己赏识的。作品不限内容也不署名，先让大家观展、猜测、点评，然后由作者讲述画里的玄机和深意，最后将画赠予作者心中那个"特别的你"。在这样的活动中，学生们发现同学身上的闪光点，并将其宣传开来，学生间的关系越来越紧密了，榜样的力量也在发挥着不容小觑的作用，师生关系亦愈发融洽。

用画笔温暖他人的内心：初三和高三的学生们在校的最后一周，"丹青斋"的同学们总会很忙碌。因为他们要把自己对学弟和学长们的鼓励化为行动，一张小小的自制卡片传递的是无尽的祝福和期待，带给他人的是无尽的温暖和感动。

用画笔感恩家人的关心：每年的父亲节，母亲节，或是感恩节，为自己的家人画一幅素描已经是丹青斋学生们的传统了。仔细打量父母或爷爷奶奶的脸庞，哪里又多了一根皱纹？哪里又添了一丝银发？一笔一划之中蕴含的是深深的感恩之情。

三、成效

（一）"丹""青"交织换新颜

"高二(4)班是一个由 41 个兄弟姐妹组成的美术班。这是个充满了阳光、充满了朝气、充满了欢乐、更充满了爱的大家庭。在这里，大家一起奋斗、感动着彼此，也温暖着

彼此。每个人都积极向上,意气风发,怀着对知识的渴望,怀着对梦想的向往,怀着对生活的热爱,朝着共同的目标努力奋斗。在创建特色班集体的过程中,该班在尚美四中的校园留下了一串串让人引以为豪的足迹。"这是 2016 年 5 月高二(4)班申报上海市先进班集体的开场语。一年左右的时间,一个班级从问题重重到经历蜕变再到成为上海市先进班集体,这华丽的转身让学生感受到的不仅仅是激动,更多的是感动、感悟。

(二)"丹""青"引领斩硕果

学校组织的各种学科竞赛中,"丹青斋"的同学们取得了骄人的成绩:在英语学科竞赛中郑雅丹获二等奖、在历史学科竞赛中陆之宇获二等奖、在物理学科竞赛中王创创获三等奖;校运会中高二年级组女子团体第三名、男子团体第六名、团体总分第四名等;艺术节的舞蹈比赛中唐滢滢获得第一名、绘画比赛中陆之宇获第一名、摄影比赛中周静怡获第二名、书法比赛中龚佳燕获第三名;学校的迎新晚会由班长黄泽瑾同学担任主持,晚会上全班的集体舞更是让观众惊艳。最终,"丹青斋"荣获艺术节"最佳组织奖"和"最佳风采奖"。

(三)"丹""青"激励勇超越

自高二以来的每一次文化考试中,作为美术特长班,"丹青斋"各科的平均分不仅没有给年级拖后腿,而且成绩一直在稳步上升。每次统考中,三分之一的同学进入年级前 100 名,还有好几位同学稳居年级前 10 名。进入高三,班级的英语和数学成绩已经稳居年级第一的位置。这对于一个美术班来说实属不易。更值得一提的是,"丹青斋"的美术专业成绩从分班时和其他班级不相上下,到高考时,以 343.5 分的均分远远甩开其他班级 30 多分。

(四)"丹青"心语话成长

"在我们的班级里,永远有那么一句话:尽心尽力,问心无愧。这就是沈老师一直挂在嘴边的八个字。在沈老师的带领下,我们班同学积极响应学校的号召建设'温馨教室',沈老师把我们班委集中并分组带领全班一起动起来! 同学们纷纷展示出了自己的美术底蕴。一个星期左右,班级大变! 我负责的是植物和图书角,我和我的组员一起,用班级同学存起来的塑料瓶底做了一个一个小花贴在墙上。同学们还拿出自己的最精彩的画作贴在墙上展示出来。每当上走班课时,别的班的同学进来就夸我们班好漂亮! 内心别提多开心! "(谈莉)

"每次的黑板报,不仅是美术技巧的体现,还要求同学之间的合作。有负责拍板设计的,有负责打型上色的,有负责写字的等等。有些事情一个人是可以搞定,但是大家的合作能够完成更多的事,而且还能提高效率。这些都促进了大家之间的友谊和配合。当你再回过头去看,才会发现这些都是大家美好的回忆,是在那段时间里的见证。我们所做的不是如何去画完一幅画,而是去如何画好一幅画。那画笔就在每个人的手中。"(刘昊)

"班级墙上'让人们因为我们的存在而感到幸福'这些字都是老师经常对我们说的,每次听到这些话就感觉自信满满,铭记在心。失落时,每当看到这些字我都会重拾信心,热血澎湃,也仿佛有一种无形的力量推动着我让我不停地为自己的目标而奋斗。而我最喜欢的就是自画墙。我们是美术班,所以老师让我们发挥长处,自己画一幅自画像并且写上理想的大学。每个人都积极参与,不一会儿,一幅幅栩栩如生的画像就呈现在眼前。只要一抬头就能看到自己写下的理想大学,它不断告诫我们为了自己的目标和理想绝对不能停下脚步!还有一处便是星空图——仰望星空,脚踏实地。我觉得所有的点点光芒就是我们高三四班的同学们,我们都是一颗颗会发光的星星,我们都在为梦想而努力着前进着,携手走向自己的理想,这样的我们才是最闪耀的!"(沈天炜)

四、结语

曾听李伟胜老师说过这样一句话:"智慧的班主任懂得'借力生力'。"创建特色班集体就是这样一个过程:在全体师生共同努力下,为了一个共同的班级目标,发挥自己的力量,最终汇成一股"洪荒之力",这力量直抵人心,能激发人无限的潜能。从"丹青斋"的成长中,我将特色班集体的创建过程提炼为以下几点:以学生的全面发展为立足点;以学生特长为切入点;以班级活动为突破点;以师生共同参与为基本点;以特色的升华为闪光点。

四、以美养德实践成果

在以美养德目标的指引下,四中学子在各级活动中都表现出了很好的风采,充分体现学校教育的效果。

1. 尚美学子多元发展

学生受益于学校丰富的"尚美"课程,在各级各类活动中屡获佳绩。2017年,中国鼓《振奋》获得全国青少年打击乐金奖,并参加了上海市普教系统"一校一品"展演;学校无线电通信社团在2016年上海市无线电通信锦标赛上,获得团体和个人6个第一名的好成绩。2017年全国青少年无线电通信锦标赛中,再获佳绩,两人获得第一名。

在这里不得不提的是我校在读生谈欣悦同学,她是班级的团支部书记,自信、乐观,她荣获2016—2017年度上海市美德少年。刻苦努力的她,先后获得"尚美四中十佳学生""校级三好学生""优秀班干部"等荣誉称号;在2016学年度松江四中"道德实践风尚人物奖(美德少年)"评选中她荣获尊老爱幼奖。严于律己的她,每一步都走得踏踏实实。可是人们不知道,5岁时,她的父母先后亡故,此后她便一直跟养父母生活在一起。提起亲人,她的眼前总会浮现出一个驼着的背影——那个背影,在多年的风雨中像是枯树一样被岁月压弯了腰——那是她的奶奶,同时也扮演着父母的角色。父母去世后,一直是奶奶在照顾她,她在长大,而奶奶却在慢慢老去。看着奶奶日渐苍老的脸庞和脸上越来越多的皱纹,她无数次想抚平那些皱纹,想阻止时间的脚步,让奶奶能陪她更久更久。同时,她也希望变得更坚强,变成超人,能够照顾奶奶。她很感谢她的新家庭。家里有个小她两岁的弟弟,虽然他们并不是亲姐弟,但在她的世界里,弟弟就是上天送给自己的一个礼物,让她倍加珍惜。每当有好玩的、好吃的,她总会第一时间想到他,分享给他。每次,看到弟弟站在校门口张望,她总是加快脚步。不止一次地,她想,有个弟弟真好,有个地方永远有个人在等着她。她很平凡,也很幸运,永远怀着一颗感恩的心看待这个世界。她常说"我们没有选择出身的权利,但是我们都有改变人生的能力"。感谢每个在她成长道路上帮助过她的人,这些关爱让她健康成长,坚强面对人生。如今的她很好,并且会带着大家的祝福一直好下去。这就是在松江四中以美养德环境下成长的我校代表性优秀学子(图6-5)。

2. 尚美教师育美而行

2017年11月,学校迎来了市课程与教学的全面调研,专家组认为"松江四中课程体现出开放性、多样性、选择性和融合性的特点,形成了学校特色课程育人体系,更好地满足了不同层次学生的课程需求,从而成就了学生的多元发展。"孟晓冬老师潜心育

图 6-5

美,获上海市古诗文创作大赛一等奖。政治、艺术等教研组积极承担市级主题教研活动,在尚美课堂教学、集体备课展示、微研讨等活动中,分享育人智慧,得到一致好评。

3.尚美办学渐入佳境

学校育人实效得到社会的广泛认可。2015届毕业生周俊的中考分数可以上松江区某所市重点学校,但他依然选择了松江四中,周妈妈说:"我的孩子喜欢画画,他就是想到松江四中上学,我们也尊重他的个人意愿,事实也证明我们的选择是对的,只有适合的才是最好的!"《中国教育报》《文汇报》《上海教育》《松江教育》《松江报》上海电视台等媒体对"尚美"课程进行了报道。近几年,40多所海内外学校来访交流,并高度评价了"尚美养正"的育人效果。

在中国教育蓬勃深入发展的今天,习近平总书记也提出了自己的殷切希望,深刻论述了教育对人类发展和个人发展的重要性,指出"教育决定着人类的今天,也决定着人类的未来。人类社会需要通过教育不断培育社会需要的人才,需要通过教育来传授已知、更新旧知、开掘新知、探索未知,从而使人们能够更好地认识世界、更好地创造人类的美好未来。"[1]他用世界发展的眼光审视教育的意义,明确了教育工作不可替代

---

[1] 习近平.清华大学苏世民学者项目启动仪式在京举行[N].人民日报,2013-4-22.

的价值,进一步认为"教育是提高人民综合素质、促进人全面发展的重要途径,是民族振兴、社会进步的重要基石,是对中华民族伟大复兴具有决定性意义的事业。"[1]作为基础的学校教育承担着重要的责任,只有有利于学生发展的教育模式才能够真正促进学校的成长、发挥教育的真正价值,而我们正在不断实践和探索的以美育带动德育的方式正是对真正教育的追求。康德说:美,是道德上善的象征。我们认为:美,是德育追求的最高境界,也是学校德育成果的彰显。回眸尚美特色创建几年来的德育工作,管理理念与时俱进,德育育人模式初见体系。我们清楚"德"无处不在,"育"无时不有,德育需要无痕,需要感悟,这是一种美好的向往,更是"以美养德"育人模式的最高境界,为此,我们将一直在路上。

---

[1] 习近平.做党和人民满意的好老师[N].人民日报,2014-9-10.

第七章

以人为本：成人之美的文化

第一节　以美育人与成人之美思想

"兴于诗,立于礼,成于乐",中华民族自古以来重视美育对人和社会发展的重要意义。进入新时代,习近平同志从培养德智体美劳全面发展的社会主义建设者和接班人的高度,明确提出要全面加强和改进学校美育,让祖国青年一代身心都健康成长。这要求我们扎根时代生活,遵循美育特点,弘扬中华美育精神,推动美育工作同步于中华民族伟大复兴的伟大事业。

具体到"育人"中,我们会发现,"美"在"抽象—具体"的形态转换过程中,由于其所依附的载体具有不同的形式特征,也就形成了"美"不同的表现形态。尤其是当"美"进入到课程、教材、知识点这些载体时,其表现形态就更是与所依照的学科、课程特征紧密地结合在一起。在教学实践中,我们恐怕都会不同程度地有过以下的经历和体验——不管我们是在音乐课中,教导学生吟唱一首歌曲、欣赏一段乐章;在美术课中,带领学生欣赏一幅图画、创作一件工艺品;在体育课中,与学生一起进行形体训练、在艺术体操中欢快跳跃;还是在语文课中,与学生一起吟诵优美的诗歌、散文;在地理课中,与学生共同分享山河、风貌的壮美、清幽;在生物课中,与学生共同赞叹动植物外表的华丽和内部结构的精巧……在这些时候,我们都能直接感受到"美"的存在,体验到"美"在心灵中的激荡。

可是,在数学、物理、化学等科目中,我们就难于产生上述的感受和体验了。由此常常会使人产生一种误解,以为在这些科目,缺少"美"的存在。其实,不只在这些科目中,即使是在上述科目某些内容的教学过程中,也不是都能够产生上述那种直接的感受和体验。这里涉及到的,并非是"美"的存在与否问题,而是人们对"美"的不同表现形态的不同感受和体验的问题。我们能够直接感受和体验到的"美",是以一种显性的表现形态出现在我们的面前,它直观形象,可观可闻;或是以声音、线条、色彩和动作为载体,出现在我们的面前;或是以生动优美的书面语言为载体,作用于人脑的形象思维机制而还原其具体的形象,激发起人们的美感而显示其存在。除了这种显性的表现形态之外,"美"还有另外一种表现形态。它隐藏在科学理性之下,以抽象思维的形式反映出人类的审美认识结果;它不是以声音、线条、色彩、动作和生动优美的书面语言为载体,而是以客观事实、科学规律为载体;它不是直观的,而是需要首先通过人的抽象思维机制,然后才作用于人的形象思维机制最终转换为具体形象。如数学、物理、化学等课程中的科学原理、公式、定义,教材中反映科学发展史的大量事实,或是以抽象思维的形式、以朴实的素材反映出人类对"科学美"的审美认识结果。这种"美"的隐性表现形态,由于把事物的审美属性隐藏在思维的逻辑性之下,抽象思维的形式掩盖了它的形象思维特征,科学理性包裹着审美情感,因此,当人们习惯于以"美"的显性形态来看待这一切时,就很容易忽视了"科学美"这种隐性形态的特征,误解为只有"科学"而没有了"美"。

当我们把握住这种"美"的隐性形态之后,在教授数学、物理、化学这些以抽象思维为主要特征的科目时,教材中大量的科学原理、公式、定义,就可以成为我们引导学生认识和理解"科学美"的媒体;教材中反映科学发展史的大量事实,就可以成为我们还原认识人类科学与审美认识综合发展历史的题材。并为我们引导学生认识和理解"科学美"在人类文明发展过程中的巨大作用提供着丰富的素材;课程中大量的科学思维训练,就为学生体验和追求"科学美",并在追求中领略到人类那种包裹在科学理性之内的审美情感所产生的心灵激荡,提供了广阔的思维空间和实践体会。

因此,美对人的教育作用是全方位的,是可以在学校教育中推而广之的。基于此点,学校确立了"以美育人"的教育方法和"成人之美"的教育目标。学校的艺术与审美课程群以培养学生的审美素养为立足点,分为国家课程和校本课程,国家课程开设必修课,对学生进行基本的音乐、美术学科教育,校本课程板块分为选择性必修课程和选修课程,选择性必修课程分为感悟音乐之美与欣赏书画之美两个模块。选修课程分为绘画雕刻、设计工艺、舞美传媒三个模块。整个艺术与审美的课程涵盖美术、音乐、书法、设计、舞蹈、传媒等多个方面,力图充分挖掘各领域美的元素,从审美教育的层面展现学校"让美成就未来"的办学追求。简而言之,学校的尚美特色项目适合学校基础和传统,适合学校生源特点,适应社会、经济发展对高中生的要求;基本达到了人无我有、人有我优的水平；并且，经过了较长一段时间的建设、实施，形成了比较稳定的支持、保障条件。学校的尚美特色项目注重挖掘育人价值，项目兼顾了特长生的特殊需求而又能惠及全体学生；同时，注意课程设置的选择性，为学生提供不同的选择机会，并保障不以此项目为升学通道的学生拥有足够的学习资源。

"以美育人"和"成人之美"的确立，还有学校特殊的历史原因。松江四中把"美育"特色作为新的生长点并非空穴来风，学校是"松江区艺术教育特色学校"，自上世纪90年代中期开展美术项目，到"十五"期间进行美术特色教学研究，再到"十一五"期间打造的艺体特色，为"美育"的拓展奠定了深厚的基础。从"十二五"的最后一年（2015）至今，学校依据学生发展需求及校情的变化，又进一步提出"走向美"的理念。2015年8月29日，高德品校长向全体教职工作"'新常态'下对学校发展路径的再思考"报告，提出了"尚美养正"的教育基本理念、学校发展理念以及管理理念。把"以法为度，以人为本，以和为贵"作为管理原则；"识人之美，用人之美，成人之美"作为人才理念；"秉爱立责，享受幸福"作为服务理念。2016年，"走向美"的理念经过四中人一年的践行，逐步提炼出更加具有尚美内涵与情怀的教育价值取向——"让美成就师生的幸福"。2016年7月5日、8月29日，高德品校长分别在松江四中举行的第六期长三角名校长高级研修学员办学思想凝练交流会、教职工全员培训大会上，将这一理念化作"向着美的方向生长"的主题报告，翔实地阐述了学校"尚美求真　明德问学"的尚美文化精神；"美智、美心、美言、美行、美体、美天下"的尚美文化培养目标；"美、真、德、学"四位一体的尚美内涵；"文化启美、艺体修美、学科育美、德育融美、社团赏美、实践悟美"的六大核心课程体系内容。在"向着美的方向生长"这一办学理念的指引下，松江四中致力于打造一所有追求、负责任、敢担当的优质特色高中。回顾历史，松江四中自1996年至"十一五"期间的艺体特色是对学校以往办学内容与形式的补缺，那么由"艺体"至"美育"，进而"走向美"的现阶段则是在走教育本体之途，试图摆脱单纯而功利的技术教育，以"美育""尚美"的理念途径进行学校新的人文精神的塑造与完善，回归教育的本真。

现在的松江四中是上海市首批25所特色普通高中项目校之一，在近5年的特色创建过程中，我们既感受到了当前以"应试教育"为主流的教育思想与模式带来的压力，同时也坚定信念，坚持将尚美教育定位学校办学方向与目标，因为四中人始终坚信内在的素质教育已然是广大人民的强烈要求，它关系到中华民族的伟大复兴，关系到一代代中华儿女的素养。天道酬勤,松江四中的"以美育人"和"成人之美"思想得到了社会各界的关注与肯定。

第二节 以美育人的教师文化

一、选聘任用:以"五美"为标准

百年大计,教育为本,学校发展,教师为本。一支优秀的教师团队是一所学校发展的主要驱动力和核心竞争力。《中长期教育改革和发展规划纲要》中明确指出:教师应该成为学生成长发展的引路人,应该做一名充满爱心、品格优秀、业务精良、道德高尚、行为世范的教育工作者,努力促进每一位学生的终身发展。所以,关注每个教师的发展,建设一支德才兼备、富有创新精神和实践能力的教师队伍,是当前教育发展的总体要求和学校工作的重要任务。

因此,实现"以美育人"的关键是高素养的师资队伍。学校基于"尚美养正"理念,严格招聘教师,积极实施"五美"教师培育工程,让教师具有"以美育美"能力,让四中学子能"向着美的方向生长"。五美教师体现在以下5个方面。

(1)教师形象气质美:备课细致分层,上课从容流畅;服饰得体大方,仪态亲切自然。

(2)教学设计精当美:课堂结构清晰,目标落实高效;容量难度合理,节奏坡度适中。

(3)教学过程优化美:启发激活思维,化解重点难点;方法手段灵活,精讲精练精批。

(4)教学表达艺术美:美育两纲渗透,人文气息浓厚;语言板书优美,演示操作规范。

(5) 师生关系和谐美：师生和谐融洽，生生合作竞争；多元个性发展，绿色安全民主。

1. 教师队伍概况

教师队伍概况见表7-1、7-2。

表7-1　松江四中教师概况

职称	高　　级		中　　级		初　　级	
	人数	比例	人数	比例	人数	比例
	25	17.98%	75	53.95%	39	28.07%

表7-2　松江四中骨干群体分析

骨　干　教　师							合　计	
市级	区　级		镇　级			校级	人数	比例
	名师	新秀	名师	学科带头人	新秀	骨干		
1	3	7	4	5	2	25	47	33.81%

2. 教师队伍发展的有利因素与不足之处

有利因素：(1) 基本完备了师资管理的规章制度。学校实行校长负责制，党支部发挥监督保证作用，重大决策需经教代会讨论决定，坚持校务公开制度。队伍管理有系列岗位职责和规章制度，各部门目标明确，人员职责分明。(2) 基本形成了爱岗敬业的工作氛围。学校教师整体年龄层次比较年轻，富有朝气，自觉在岗位实践中不断完善自己。班子成员事业心强，主观上积极努力，具有求真务实的工作作风和开拓创新的进取精神。(3) 初步具备了骨干梯队的发展构架。经过前三年学校"强师兴教"的全面推进和逐步深入，极大地促进了广大青年教师的专业成长，涌现了部分比较优秀的青年教师，为进一步提升师资队伍水准储备了一定的后备力量。

教师队伍发展的不足之处：(1) 学校的骨干示范辐射作用发挥还不够充分；部分学科的区级骨干教师梯队有待进一步培育和拓展。(2) 青年教师的知识能力强，但缺乏教育教学经验；部分教师的师德修养和育德能力有待进一步提高。(3) 教师队伍年龄结构不尽合理;研究生比例相对较低;中高级职称比例还有上升空间;艺术类学科缺乏骨干教师。

3. 教师管理、任用制度

(1) 建立健全教科研制度。主要包括:参考选题、申报、审批、立项、评审、推荐、存档、登记、辑集以及奖惩制度。

(2) 建立在校长领导下的由教导室负责的学校教科研体制,通过教研组,发动广大教师积级参与学校教科研机制与网络。

(3) 以课题研究为载体,由单项研究到系列研究,逐步发展到综合研究,培养一批教学科研骨干。

(4) 加强管理。教研组是学校各学科的教学研究组织。抓好教研组常规管理,从本质上讲就是抓好教科研工作,学校的教科研工作也才真正落到实处。教科室的主要职责是抓好学校的教科研工作,必须实行全面管理,全程管理。全面管理就是要激励人人参与教科研,人人探索教育改革,人人都要撰写论文,中级职称和高级职称的教师要定期公开发表论文。全程管理是对于课题的研究,立项后要搜集相关资料,寻找理论根据,拟定研究方案,及时开题,定期召开课题实验阶段成课研讨会。

教师是人类灵魂的工程师,是"手执金钥匙打开学生心灵大门的人",松江四中的"五美"教师既讲求外在美,又塑造心灵美,以自身的美"润物细无声"地影响学生、感染学生、教育学生。

二、培训体系:落实"成人之美"师训理念

学校发展的中坚力量是教师。因此,我们始终将教师培训工作摆在重要位置。在积极贯彻落实市、区级培训基础上,学校通过集中全员校本培训,引导教师进行持续学习,正确定位自我发展目标,培养一支"尚美"教师队伍。在此基础上,学校针对不同类型教师形成了分层分类的专项立体式的"成人之美"培训体系,力求保障各级教师的专业发展和自我成长,促进教师专业能力与人文素养的提升,培养"尚美博学,合作互助,智慧育人"的教师队伍,激发教师美感的力量,从而实现"向着美的方向生长"。

(一) 规范教师基本素养,成青年教师专业成长之美

学校近年招录的新教师学科专业素养都比较过硬,但教育教学理论相对比较薄弱,教学实践经验更是不足。为了让新教师能尽快胜任教师这一职业,在市、区两级层面见习教师规范化培训以外,根据学校现状,我们开发特色微型见习期教师培训模式——"青蓝工程""入职入岗""专业成长档案袋",从新教师实际入手,在教师教育教学基本素养方面给出规范化的具体可操作性的要求,尽一切可能让见习期教师快速成长。2016 年 9 月,学校成为松江区"见习期教师规范化培训基地",为了全天候地帮助新进老师迅速站稳课堂,融入集体,践行尚美理念,除了基地的师傅带教,学校还借助于顾雪君老师首席工作室、纪国良、潘丽华等名师工作坊等平台,安排师徒结对,促使不同梯队教师螺旋式发展。在理论学习、备课、听课、评课、课后反思、布置作业、有效评价、作业反馈的每个方面,师傅全程指导,引领老师们专业成长。这一举措,凝聚了集体,共生了智慧,传播了"尚美"的精神风貌,激发他们对美的追求。此外,学校还根据新教师专业成长目标中共性的方面开设"尚美青年教师论坛",成立"名师讲坛"和"青年教师学术沙龙"。在论坛中进行头脑风暴;在讲坛中开展同伴互助;在学术沙龙中分析案例,交流教育教学心得体会……让新教师在尚美养正的课程理念下秀出自己的亮点,逐步形成自己的教育教学风格。具体来讲,有以下方案。

(1) 加强入职指导。组织见习期教师学习"教师规范要求",明确教师岗位职责;坚持"教师指导制",配备好指导老师,让见习教师尽早适应教育教学工作。每学期开学初启动新教师职前培训方案,开展一系列的培训活动,使即将入校的新教师能较快地了解和认同学校的校园文化,减轻陌生感,实现身份转化的"无缝接轨"。

(2) 关注职初期青年教师的教学基本功建设,抓好教龄三年以下青年教师教学常规的检查与反馈。结合教研组工作,对青年教师的教案、听课和教学情况及时进行反馈交流,使他们能更好更快地成长。其中教龄未满一年的青年教师在 12 月前进行一次教学公开课。同时鼓励学历进修。鼓励广大青年教师攻读在职硕士学位,或接受学历继续教育,提升学历层次,努力提高青年教师的教育理论素养和专业素质。并且定期开展教学竞赛以促进夯实基本功。每学年学校以课堂教学、课例撰写、硬笔书法等

为主要内容,开展青年教师教学技能大奖赛,为青年教师专业成长创设条件,搭建平台。

(3) 搭建成长期青年教师的展示平台,与教工团工作相结合,以青年教师沙龙为依托,以多形式带教,帮助青年教师建立个性化成长方案。每年组织教学活动月活动,在2014年松江四中"尚美杯"青年教师教学评比活动中,全组教师共同参与了选课题、集体备课、磨课、说课、评课等教学活动。通过公开研讨课的形式,达到一人开课,全组集体研究,每节课都有书面评议记录,提出对教学有改进的建议,体现诊断性和激励性,使公开课成为探索有效教学和提高教学质量的示范窗口,使青年教师在开课锻炼中茁壮成长,并挖掘总结青年教师队伍中的优秀者。

(4) 加强专业辅导。充分发挥指导老师与教研组长作用,以青年教师职称晋升为契机,加强青年教师学科知识、教学能力、论文撰写、课堂教学等方面的辅导,提高青年教师的专业水平。通过校内、校际带教相结合的方式,整合各方资源,继续落实规范青年教师带教制度,扎实抓好"拜名师""善科研"等系列活动,本学期我们与委托管理学校卢湾中学开展了"青蓝工程"结对活动,通过定期听课、评课、研讨反馈活动等形式加强对青年教师的培养,为青年教师成长搭建平台,让教师经受磨炼,反思修炼,形成风格,真正成为所教学科的行家。发挥学科带头人和骨干教师的引领作用和示范作用,推出1~2节展现教学特色和风格的校级观摩研讨课,组建"骨干教师工作室",为青年教师的快速成长搭建"同伴互助"平台。

(二) 拓展教师发展空间,成骨干教师领航示范之美

学校有特级教师1人,区首席教师1人,区学科名师4人,区教坛新秀8人,镇学科名师、带头人14人,另有校级骨干教师若干,基本形成市、区、镇、校四级骨干教师梯队。根据现有骨干教师资源,在分析教师发展阶段及特点的基础上,学校确定了"自我提升,抱团发展"的骨干教师培养策略,搭建展示平台,发挥骨干教师引领辐射作用。学校成立的毛东海特级教师工作室和区学科名师工作坊,带教6~10位不同层次的徒弟老师,打破传统培训中的集中听讲座、远程培训等形式,工作坊以"操作间"模式,通过观摩与被观摩、主题研修等方式让工作室的各级老师都对自己的教育教学理念有全新的认识,并将这种认识与实践相结合。通过多途径多形式培训助力骨干、准骨干教

师的长足发展。

基于"以美育人"的准则,我们对骨干教师的培养有以下要求。

(1)注重年轻化。积极探索与不断完善适应现代化教育体制的干部培养、使用和管理的新机制,加大培养选拔优秀年轻干部的力度,拓宽后备干部培养渠道,落实后备干部培养措施。学校各部门设助理岗,注重在实践中培养,在工作中使用,并选送参加分级分类的专题培训,不断提高综合素质。

(2)注重民主化。深化与推进干部用人体制改革,不断深化干部队伍建设。根据部门或条线岗位专业要求,关注中层干部内涵发展,引入竞争激励机制,实施中层干部竞聘上岗。期末开展民主测评和考核,加强干部的监督和管理,努力建设一支规模合理、结构优化、素质优良,适应学校教育改革和发展的干部队伍。

根据这两点准则,学校采取了以下骨干培养项目。

(1)鼓励教师参评。鼓励教师积极参与本区骨干教师的报名,组织原区名师及镇名师踊跃申报区级骨干,并做好充分的准备工作,力争在区名师的学科和数量上有新的突破。

(2)组织区镇结对。组织区名师与镇名师、学科带头人结对,展示和辐射区名师教育教学风格,共同确立校级课题,申报区级课题,开展课题研究,引领广大教师开展教育教学研究。

(3)加强履职考核。以"五个一"履职要求为载体,学期末和学年末加强各级骨干履职考核,并将考核结果作为晋升高一级骨干的主要依据,充分发挥各级骨干教师的示范引领作用。

(4)完善骨干评选。参照区镇骨干教师评选要求,制定和完善《松江四中校级骨干教师评选条列》,鼓励广大教师加强自我规划,注重实践成长,加快专业发展,努力形成骨干教师梯队。

(三)挖掘教师潜在动力,成瓶颈期教师二次成长之美

根据学校的调查,教师的第一次成长往往在工作的 5 年之内完成。这一期间,教师的教学效果曲线呈上升趋势,教师有比较强烈的成就感。在随后的 3 年间,即工作后的第6~8 年,其发展趋势普遍呈稳定发展状态,教师保有一定程度的成就感。在第

8年以后,教师群体的教学呈现两极分化的态势,其中少部分坚持不懈的老师,他们的教育教学水平不断提升,教学效果保持或稳步提升,其个人也会逐步"成名、成家";大部分人都只是成为"成熟型"教师,其教学水平和教学效果会停留在原地止步不前,专业发展处于瓶颈期。学校通过系列活动和项目,挖掘教师潜在向上动力,推动瓶颈期教师实现由"成熟"到"成名"的二次成长。学校中,绝大部分瓶颈期教师都属于实践型、经验型,其理论素养相对比较薄弱,教学的经验模式化。学校充分利用校学术委员会、教育集团、跨区联盟、极课大数据系统和慕课平台等非行政组织,对这部分老师进行学科对应指导与培训,在强化理论学习的同时,根据瓶颈期老师内在需求,拓展他们学习的空间,以"请进来、走出去"的方式,或聘请高校教授、专家来校指导,或组织他们奔赴各地名校考察学习,让这些处于瓶颈期的老师在聆听专家理论知识、观摩教学研讨、反思并实践的过程中,实现他们的二度成长。

促进教师专业化发展,是学校师资队伍建设的重中之重。学校认真组织教师积极参加全员培训;鼓励教师制定个人发展规划,学校搭建各种实践、展示平台,发挥教师团队合力,促进教师专业成长。目前,学校已经形成了市、区、镇、校四级骨干梯队,为不同层次教师的专业成长,树立了一个努力的方向,同时鼓励教师在个人发展规划中明确成长目标。充分利用镇名师、学科带头人、校骨干教师、教坛新秀的评选机制,不断激发教师内驱力。各教研组都把培养青年教师做为重点工作来抓,充分发挥原有的师资力量,打造名师、骨干教师工程,通过各种形式的实践加反思,帮助青年教师尽快地成长。"成人之美"分层分类立体式教师培养体系,促进了教师的专业成长,提升了教师的综合素养,是学校开展尚美素养教育的坚定保障。

三、团队建设:明确"美美与共"团队理念

学校的发展需要遵章依规,规章制度的制定要以人为本,注重人文关怀,让教师体验到幸福感,这不仅是教师个人的需要,也是学校的需要,更是教育的需要。学校坚持"相信群众,依靠教师;民主公正,科学规范;与人为善,成人之美"的管理思想。坚持"以人为本,以和为贵,以法为度"的管理原则。坚持"办事有规章、过程能透明、考核定

标准、奖惩讲公正"的管理目标。学校充分发扬民主,打造和谐奋进的行政管理队伍,建设有"尚美"意识和能力的教师群体,营建和谐的干群关系、融洽的师生关系,营建有"尚美"特色的管理文化。

1. 专家治校,搭建民主管理平台

在依法治校的大背景下,学校提倡民主管理、专家治校,让教师参与到学校建设和发展的行动中。通过组建学术委员会、食堂民主管理委员会、绩效工资联席会和课程发展委员会等群众自治组织,吸收行动积极的教师参与其中,发挥他们的优势与特长,承担学校改进的相关职能,大大增强了教师参与学校管理的主动性和责任感,充分体现民主管理、依法治教,专家治校的现代学校管理制度。充分相信群众、依靠教师,利用一切资源,问计于民。公正民主、科学规范的学校尚美规则意识在无形中水到渠成。

2. 专长互补,形成轮动协同效应

为了适应现代学校发展,加快教育管理人才的培养,学校大力改革中层选拔任用制度,改进学校管理模式,通过扁平化管理,分布式领导,倡导"项目驱动、目标管理",充分体现"专长互补,协同增效"的效果,使学校中每一个人都清醒认识到学校尚美文化发展中自身的责任担当。学校也积极为有能力、有才华、能做事、肯做事、做成事的教师搭建平台,创造成长机会。

3. 团建项目,具体落实团队责任

(1)工作目标制。在每学年初提出学校总体工作目标的基础上,明确各年级组学年质量目标,围绕质量目标,继续完善和实施年级组长聘任制,增强年级组长的责任意识、目标意识。

(2)选择双向制。在全面梳理和确定学校工作岗位基础上,向教师发放双向选择意向表,供年级组长与教师进行双向选择,优化年级组教师团队组合。

(3)岗位责任制。每学年初,在各年级组阁基础上,由校长与各年级组长及每位教师签订岗位目标责任书,明确岗位职责、工作任务和质量要求,增强广大教师的岗位意识、质量意识。

(4)团队合作制。各年级建立从属于年级组的学科备课组与班级工作组两个子团队,以备课组长和班主任为核心,加强年级学科备课组、班级工作组子团队建设,提高团队核心竞争力。

（5）考核捆绑制。以各年级的备课组、班级、年级的质量目标达成度为考核依据，在每学期末与学年末，实施团队捆绑考核与评价，激励教师团队合作，促进年级教育教学质量整体提高。

4. 校本研修，合作铸就优质课堂

依托"学分银行"中的共享课程等资源，从教育教学能力结合教学实际的教科研实践出发，开发适合学校教师发展、凸显学校特色的校本培训项目，促进教师职后新发展，全面提高学校教师队伍的综合素质。

（1）专家引领。紧密依托区教师进修学院研训部的专业力量，定期邀请专家来校进行校本研修指导，引领各教研组的校本研修，提高各教研组校本研修的有效性，促进各教研组教师的专业发展。

（2）同伴互助。初中学段立足六校发展共同体，积极开展发展共同体之间的校际交流，以建立学科双向质量细目表和分层练习、作业为载体，充分借鉴各校牵头学科的优势，互补互学，取长补短，促进各学科之间的均衡发展与优质发展。

同时，高中学段加强与本区同类学校华高、立达和区外同类学校青浦二中、嘉定封浜学校的校际联动，以各校优势学科辐射与共同的特色学科建设为载体，学习兄弟学校的先进理念和管理经验，形成同质交流、异质互补、共同发展的校本研修新机制。始终扎根于教研组这一主要阵地，以学校教育教学中存在的问题为主要内容，以课堂教学为重点，充分发挥"录播室"等教学辅助设施功能，积极开展"三次实践，两次反思"校本研修活动，不断提高教师的专业化水平。

5. 多彩活动，丰富教师精神生活

结合节日与季节，学校因地制宜开展形式多样的教师活动，为老师们忙碌紧张的工作增加一点乐趣。迎新联欢活动让老师们尽情展示自己的才艺；教工趣味运动会让老师们在阳光下动起来；母婴室的设立让女教师们有了自己的私密空间；五星教工之家让老师们有了交流的平台；工会爱心小组及时关爱退休老教师、探望重病老师，重大节假日安排刚来校的年轻教师活动，让教师们时刻感受到学校爱的暖流。丰富多彩的活动与交流平台，营造了宽松和谐的氛围，让老师们在相互欣赏、相互关爱、分工合作的过程中获得满满的快乐与幸福。

四、考核与评价：以评促建引领专业发展

1. 坚持考核机制

加强对教师的考核工作是提高教师素质、促进师资队伍建设的有效环节。坚持按照文件规定的考核内容，对每一位教师都要公正、公平地考核，并结合实际不断完善考评标准。考核结果与教师本人见面，并结合学校人事制度改革与教师的职务评聘、奖惩等挂钩。通过考核，激发教师的潜能，调动教师的工作积极性，促进教师自身素质的提高。

2. 重视优秀学科人才的培养

学科带头人及骨干教师的水平代表着学校在某学科（专业）的水平，是学校声誉和教学质量的标志。要按照师德水准、学历水平、智能结构、教学能力等标准培养教师。学校给重点培养教师创造良好的成才环境，提供各种机会，优先送培，委以重任。学校要进行定期考核，动态管理，以便让更多的教师脱颖而出。对各级学科人才按办法规定享受相应待遇。

3. 健全奖励制度，表彰优秀教师

学校不断建立和完善各种奖励制度，奖金政策向教师倾斜。对开拓创新、成绩突出、为学校教育教学质量做出贡献的教师，除了精神鼓励外，给予物质上的奖励。坚持每年评选镇校级优秀教师，对评选教育教学中各种单项活动的先进个人，以及辅导学生获奖的教师将给予一定的奖励和证书。重视师德评选，注重榜样引领。根据局党委开展"为人、为师、为学"系列主题教育活动的总体要求，结合学校实际，每学期开展师德自评、互评活动，对照师德规范，进行总结反思，强化了广大教职工教书育人、服务育人、管理育人的意识和责任；

4. 赏识激励，关注教师点滴变化

学校关心教师点滴进步，及时进行肯定和表扬。教师取得成绩时给予赏识，但教师偶尔失败时也同样给予关注。对于教师在日常工作中遇到这样或那样的挫折和失败，学校会适时适宜地进行分析，给予建议，努力给老师们创造一个宽松的工作环境和

积极向上的空间。每年9月10日教师节来临之际,我们学校都会评选出一批"尚美"教师,予以表彰,对他们一年来工作的付出予以肯定。

5. 榜样垂范,播撒积极向上正能量

榜样的力量是无穷的。学校十分重视教师思想建设和作风建设。在教师中树立爱岗敬业、乐群向上的典型,让老师们学习身边的榜样,营造积极向上的校园氛围。

学校通过多维度、多举措激发教师美感,培育教师学习美、实施美、鉴赏美的能力,让四中的师资团队都能"以美育美""以美育人",让四中的师生都能"向着美的方向生长"。只有这样,我们才能真正激发教师对美的追求与向往,让他们找到美感的力量。通过讲座、征文、演讲、研讨、交流等系列活动,每学年开展松江四中"师德标兵""青年教师标兵""优秀班主任""文明组室"等评选活动,进行大会表彰和橱窗展示,树立先进典型,发挥榜样示范激励作用,形成了你追我赶、争创一流工作业绩、树立师德新风的良好局面,促进了学校的精神文明建设。

第三节　成人之美的管理文化

坚持"以美育德、以美启智、以美健体"的美育发展思路已成为四中全体师生的共识,为了认真分析总结特色办学的思想,进一步明确学校发展方向、美育目标和措施,特制订以下方案。

一、管理文化核心

1. 指导思想

美育融入学校教育全过程,是素质教育的必然要求,也是美育自身的发展方向,坚持以人为本,面向全体学生全面推进素质教育是我们的宗旨,为了达到"向着美的方向生长"的办学追求,我们必须坚持走内涵发展式道路,充分挖掘内部潜力,不断改革创新,全面提高教育质量,办人民满意的学校,为"让美成就未来"的目标方向做出应有的努力。

2. 总体思路

以学校美育为特色,以打造优质校园文化为切入点;坚持"以环境美育为基础,以艺术教育为重点,以自我教育为途径"的基本思路;以全面提高学生素质为着眼点;以学科特色课程的实施和社团活动为亮点;以丰富多彩的美育活动为载体,通过自我管理和自我教育使学生确立美的追求,涵养美的品质。

3. 办学目标

经过三年努力,把我校办成美育特色成熟、育人成果丰硕、品牌效益彰显的花园式上海市特色普通高中。要着力构建一系列完善的师生美育教育评价体系和美育课程体系。要继续树立"育人为本、质量为魂"的质量意识,围绕新课改的目标,在教育教学质量上下大力气,求大进步。不断深化美育策略,实现育人质量与成绩在新的起点上的稳步提升,让美的光芒闪烁在校园的每一个角落,让全体师生都能享受教育的美好与幸福,让全社会及家长都能分享四中优质教育的成果。

4. 组织架构

组织结构如图 7-1。

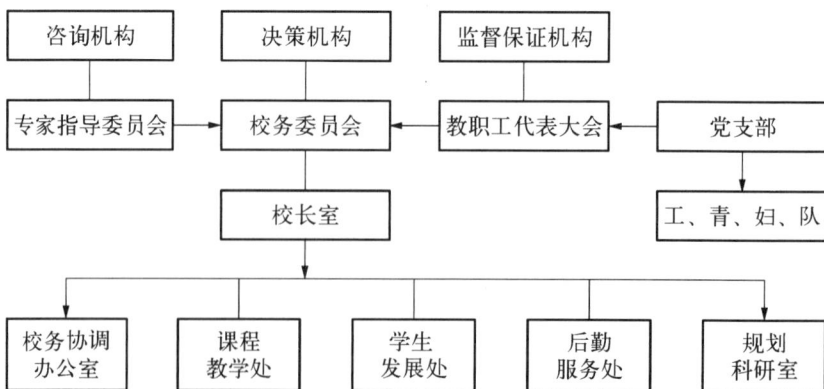

图 7-1 松江四中组织结构图

二、具体目标及措施

（一）以人为本，提高管理水平

1. 目标

突出管理之美，以制度为基础，重视创建"人本化"管理流程，牢固树立教师为主体的观念，体现尊重人、依靠人、发展人的指导思想，不断提高管理水平，保证美育特色工作顺利开展。

2. 措施

（1）健全学校各部门管理制度。建章立制，遵章办事。完善各职能部门的岗位职责，加强服务教学、服务学生、服务教师的观念。本着"依法治校、真实透明、注重实施"的原则，完善与严格执行四中各项规章制度。

（2）推进管理民主进程。一年两次召开教代会，完善教代会制度，审议学校的办学方针、发展计划，改革方案等重大问题，审议校长工作报告，评议、监督学校班子成员，调动各方面的积极性，同心同德，依法办学，规范治教。提供校长与教师互动平台，各职能部门定期在校园网"校长邮箱""书记邮箱"提交工作反思。开发"校长与教师"网络互动平台，进一步了解教师的心声，推进民主化、科学化管理进程。

（3）规范教师全员聘任制度。在按上级规定的编制数定编定岗的基础上，双向选择，实行全员聘任，学校依法保护教职工的合法权益，受聘教职工认真履行岗位职责，完善高效的职、责、权、利统一的岗位责任制度。

（4）完善教师评估体系。教学部门利用"极客大数据"制定科学、有效的教师评价体系。激活教师发展的内动力，创造富有活力的教师队伍。对教师个体评价，既要有纵向的自我比较，从起点看发展，看教师的成长度和发展空间，看到教师的个人努力；又要横向比较，考察教师的综合业务水平。鼓励教师展现专业魅力和高尚师德。

（5）激活教师进取精神。学校采取"规范＋个性"管理策略,淡化"控制和干预",强化"开发和促进",注重为教师导航,为教师减负,将学校的规章制度作为学校管理的基础,在此基础上,让教师塑造自我,设法为教师自主发展创造合适的条件和平台,让教师在工作中感到工作的美丽,成功的快乐,教育的幸福。

（二）重视师资,建设美育队伍

1. 目标

以职业美为引导,建设一支乐业、敬业、勤业、精业的教师队伍,使得教师有较强的服务意识,强烈的学习意识和创新意识,不断提高教学业务水平,有一定的奉献精神和社会知名度。

2. 措施

（1）美的教育特色学校创建的思想应该内化为每个教师的实践行为,对于学校特色的整体定位、指导思想、目标方向、策略措施,教师应该通过培训、学习、讨论,做到心中有把握、行为有落实、评价有参照。

（2）加强现代教育理论的培训辅导,明确高中阶段学生全面发展和个性成长的重要性,懂得尊重个体差异,把因材施教落到实处。努力提升教师教书育人、传承文明、造福社会的使命感,提高教师道德、业务、审美等职业素养。

（3）美育特色教育师资建设有三条途径:第一,引进艺术教育专门人才,积极对上争取,这些优秀人才将成为担当美育特色教育的生力军;第二,强化本校教师美育素养、美育技能的培训,包括从教师服饰、教师言谈、行为举止到兴趣爱好特长、教育教学技能、现代信息技术应用等,努力争取使教师有广博知识、丰富经验的基础上有一技之长、一能之专,展示独特的教师个人魅力,为美的特色教育率先垂范;第三,从社会上聘请各类专家、名人作美育特色教育的辅导员,定期讲学辅导。

（4）强化教师反思式培训。在特色教育创建的实际工作中,必然会遭遇前所未有的问题和困惑,应该有目标地引导教师主动研读名教师的教育论著,对比反思自己教学工作的差距,并作及时的策略调整和再反思,做到问题从实践中来,辅之于理论的思索,再在实践中检验,形成新的认识和行动,养成教师自觉实践、自觉反思、自觉提高的习惯。

(三) 依托课堂,全面渗透美育

1. 目标

以人生美为方向,创新教学常规管理,围绕新课标的要求,加强高效课堂建设,重视科研力量,重视校本研发。通过美的课堂,探索美育的策略和途径,培养师生积极健康的情感,提升师生生命美、人文美的高度,使整个校园充满活力和幸福。

2. 措施

(1) 根据不同学科教学的不同特点,用审美原则审视教材,挖掘教材内容中的闪光点,在确定教学目标、教学重点时充分突出美育的功能,尤其是情感态度价值观目标的确定更应充分关注审美的感染和熏陶。比如数学学科教材中,对比例、对称均衡、简洁、和谐、逻辑性的欣赏,对黄金分割、埃及金字塔所蕴含的数字关系遐想,对数学公式的潜心探索,都可以也应该渗透着美育的思想。比如历史学科教材中有大量的插图,教师应充分利用这些插图,让学生更直接地感受到历史上的自然风光美、劳动创造美、人物情操美、诗情画意美,让学生在欣赏美的同时,受到美的熏陶、美的教育。

(2) 改革教学方式,追求完美的教学过程。要关注教师教学语言的内容美、形式美、音色美、情感美、节奏美,教师的形象美,课堂设计的结构美,板书设计的情感美、简洁美、对称美、照应美、和谐美、流动美、色彩美等。在现代教学环境中,可以充分运用多媒体教学,调动学生的感觉器官,形成丰富的感性认识,在师生互动中上升为理性认识,还可借助其它教学手段——录像、投影、录音、漫画、图片、影碟等,选用恰当的教学手段,创设出学生喜闻乐见的美的教学环境,使学生在美的感染下,增强学习兴趣,引发美的情绪,从而更积极主动地参与学习和探究。

(3) 课堂教学评价应体现美育特色教育理念。应该将任课教师在课堂教学过程中突出体现美育作为课堂教学评价内容之一,并要求教师改变教学方法,讲究教学艺术,掌握教学节奏,让学生在汲取知识的同时,获得美的享受,受到美的熏陶。

(四) 精品项目,争创特色工程

1. 目标

以人格美为方向,倡导以美辅德,以美益智,以美健体,使学生在品德素养方面志存高远、明礼诚信、自尊自强、和谐交往;在学业追求上勤学笃行、拼搏进取、求真求实、发展创新;在形象气质上朝气蓬勃、仪表整洁、热情大方、乐观向上。通过三年的在校学习,成为全面发展的"美丽学生"。

2. 措施

(1)要建立、完善学生社团组织。所有社团要有组织制度、机构设置、人员培训记录、活动安排、学生素质评价及能力提升结果,让学生在百花齐放的社团活动中彰显个性、发展特长、培养情操、提高审美品位。要做到每个学生至少参加一个社团,要注意活动开展的知识性、趣味性,既要突出青春活力又要注重审美培养,让社团成为四中学子的精神城堡。特别要结合泗泾地方特色,传承民间传统艺术,注重剪纸、绘画、书法等重点项目的辅导,突出培养学生的创新意识、创新能力,突出实践能力的培养,也注重培养学生的道德情操,使学生在乡土艺术的学习中,欣赏美、发现美、创造美、参与、体验,快乐成长。

(2)重视学生实践课程的开展。搭建多姿多彩的舞台,培养学生的审美情趣,展示多样发展空间。继续开展好"游学行走课程"、"四个一"活动、"五节"活动、节日文化活动、社会实践活动,要把活动落到实处,注重学生活动的参与率,注重活动的精心设计,注重活动的总结提升,要在传统活动中去粗取精,提炼出学生乐于参与、内涵丰富的德育品牌,使实践课程真正成为培养学生良好素养、提升审美能力和塑造优秀道德品质的载体。

(3)构建学生考核评价体系。初步建立一套科学、可操作的,量化的学生美育评价体系。构建《四中学生美育实践与评价手册》,完善星级学生评选制度,开展好"尚美学生"评选活动,让更多的学生明星有展现自我的舞台。德育部门要找准着力点,在日常行为规范上引导学生明白怎样做才是一个行为美的人。要树立礼仪规范,加强礼仪教育、诚信教育、理想教育、情感教育,让美的行为、美的语言、美的仪容成为四中学生的共性。

(4)重视艺术体育特色人才培养。学校音乐、美术等艺术教育应投入更多精力进行专项艺术人才的培养,开设声乐、舞蹈、素描、国画、油画等课程,聘请专家进行辅导,定期开展汇报表演和优秀作品展览,输送优秀艺术人才。做好各年级特色活动的开展,高一年级的艺术操和威风锣鼓,高二年级的女子曲棍球,高三年级的跑操,每个年级有自己的特色,学生三年中又学到不同的美的教育。关注球类、棋类等传统优势项目的发展,尤其是篮球、乒乓球、中国象棋、国际象棋、围棋等。开设击剑、柔道、跆拳道、自行车灯社团活动。要不断充实师资力量,制订发展规划,保证场地和器材供应,加强管理和检查,加强交流和研究,凝聚人气,组织竞赛,使学生在这些项目中锻炼心智和体力,培养竞争与合作精神,展现现代中学生健康、积极、拼搏的风采。

(5)加强校园环境文化建设,不断积淀和丰厚学校文化底蕴。做强校园特色文化,要结合校情,盘活资源,让每一面墙壁说话,使每一个角落生辉,在营造教室文化氛围的同时,建设校园美育文化,为学生健康成长提供良好的育人环境,对提升学生的思想境界和审美能力起到潜移默化的作用。

(6)拓宽德育渠道。在学校、家庭、社会中开发资源,逐步创设"和谐、共融、民主、合作、关爱"的良好氛围。把学校德育延伸到家庭、社会,办好家长委员会,设立家长开放日和校长热线,充分利用家长资源进行家庭教育经验交流;加强与德育基地的联系,主动争取社会各界对教育工作的支持;从而构建学校、家庭、社会三位一体的育人环境。

(五)加强研发,科学创建美育学校

1. 目标

以科学美为引导,让科研服务教学,提升课堂,形成学校师资雄厚的科研团队,提高教师的科研能力。形成系列的、特色的、优质的美育校本教材,并使其在本领域内具有推广、借鉴价值。

2. 措施

(1)研究美育特色与国家课程标准的接轨,明确各自内涵、外延,探索以美育作为学校特色的办学模式,开发学生的智慧潜能,陶冶高尚情操,促进素质教育的全面实施,探索美育特色的内容及方法,最大程度地发挥美育在高中教育中的功能和作用,使美育真正成为构建学生审美素质的有效途径,从而促进学生其他素质的发展。

(2)研究探索美育在德育中的最大发挥。通过以美养身的研究,首先努力提高学校教师的思想素质、科学文化素质、专业素质和身心素质,使教师按照美的规范塑造自己,无愧于"人类灵魂工程师"的称号,才能承担实施美育的任务。在党的方针指导下,以现代教育理论和美学原理、规律为依据,以培养全面和谐发展的现代化人才为总目标,创设和谐、民主、愉悦的德育氛围,优化德育过程的诸要素,以美育为引线,最大限度地开发学生的潜能,培养全面素质,促进个性发展。探索出在德育中实施美育的新路子,设计出学校易调控、教师易操作、学生易接受的德育新途径。

（3）研究美育与智育、美育与学科教学的结合应用，探索美育与各学科相互渗透机制的主要要求，明确各学科的美育教学目标和任务，充分运用各学科内涵的美来激励学生主动、积极地学习，尝试在学习中通过美的感受体验等有关的手段来集中学生注意力，增强学生的智力和身心健康的发展，尝试在学科教学中陶冶爱美的心灵，培养审美的情感，培养创造美的能力。

（4）加强美育特色校本课程的开发。根据国家课程标准，遵循"以人为本"的原则，凸现素质教育，依据本校美育特色，研究制订校本课程体系标准。以此为标准，分解至年级组、教研组、课题组，研究和开发富有美育特色的校本课程内容。

美育特色校本课程基本内容：以学生为核心，探索学生自觉成长、优势发挥的途径和方法；走出教室，参与社会实践活动，以获取直接经验、发展实践能力、增强社会责任感。

在校本课程开发的过程中，要与学科领域知识紧密结合，使学科领域知识在其中得到延伸、综合、重组与提升。同时，从其中获得的素养能力能够有利于学科领域的拓展。要寻求学科教学与审美教育的最佳结合点，促使两方面的共同提高。

在校本课程开发的过程中，要始终贯彻美学原则。课程内容设置应该有利于发现美、欣赏美、展示美，要关注自然生态的和谐美、社会生活的人情美、学生个体的人性美。课程辅导的形式也应该符合学生的年龄特点和教学的规律，充分体现科学之美。

第四节　美美与共的环境文化

一、教室环境美：温馨教室

优美整洁、充满生机的校园环境即校园物质文化具有"桃李无言"的特点。学生个体情感的培养，心理素质的锻炼、道德行为习惯的形成、知识才能的增长，无不受到优美、健康环境的熏陶和感染。优美整洁的校园物质文化能使学生在不知不觉中受到美的熏陶,让学生心理上感到舒适、静谧、和谐、安全,起到陶冶性情、激发美感、提高审美情趣、热爱学校、热爱生活的作用。学校的校舍建筑、图书馆、体育馆、黑板报、宣传画、雕塑乃至校园山水都已不是原始意义上的"自然",它们体现着环境设计者、建设者的匠心,反映了教育者的价值取向、兴趣爱好,其中蕴含着教育的因素和内容。我国古代书院大多依山傍水,目的在于"借山光以悦人性,假湖水以净心情,使学生获超然世外之感,在万籁空寂之中悟通返真"。

对于教室环境,学校每学期都会开展"尚美清风园"温馨教室创建评比,以学校的尚美校园建设为主线,以让学生健康快乐每一天为宗旨,营造有益于学生身心健康发展的教育氛围,让幽雅、温馨、健康的教室文化影响学生个性的培养、心理素质的锻炼、道德习惯的形成、知识才能的增长,促进教师与学生、学生与学生关系的民主、和谐,形成具有尚美特色的温馨教室,让学生在充满温馨的氛围里快乐健康地成长(图7-2)。

全体学生在班主任的带领下积极行动,用自己的奇思妙想来装点属于自己的教室。班主任和同学们群策群

图7-2

力,从确定主题到搜集素材,从设计板块到给板块命名,从画涂剪贴到确定位置无不凝聚了全体师生的智慧。温馨教室里洋溢着学生的丰富创意,见证着同学们成长的足迹。每个教室布置得焕然一新,既注重整体和谐又突出个性,亮点不断,尤其在"绿化角""马史墙""图书角""赏识墙""荣誉角"这几个部分下足了工夫。教室里每一面墙壁都被赋予了美的内涵,在这样美的环境中养成具备尚美情怀的人。

"温馨教室"是一种温馨、和谐的育人环境。营造"温馨教室"的实质是增强班级的

凝聚力,体现师生和谐、生生和谐,因此创建温馨教室不仅仅是班级环境的建设,更重要的是一种班级文化建设。当然"温馨教室"只是校园生活中的一个载体,通过这个载体为学生心理和人格的健康成长提供一个平台,让教室、校园成为师生共同成长的精神家园。

二、校园环境美：完善美化

(一) 硬件设施完善

1. 艺术长廊(校门工程)

宽22米、高12米的钢结构人字形大门古色古香,既体现了学校的尚美品味,又很好地融入了泗泾古镇的整体改造风格。(图7-3)

图7-3

2. 集美图(校史陈列馆)

已基本完成内部装潢,为学校梳理办学历史、展示特色普通高中创建工作成果提供了物理空间;内部布置以及外部整体改造、加固、屋顶建设,待下一年度完成。

3. 崇德厅(报告厅)

整体改造面积达900平方米,改造涉及座椅更换、地毯铺设、墙体吸音墙安装、吊顶制作、舞台背景墙制作、会议室、以及贵宾接待室和强电改造等。

4. 南北教学楼大修

完成20个厕所改造,48间教室、50间办公用房内部粉刷,120米不锈钢楼梯扶手修复,门锁更换,走廊安全护栏加设,阳台防水工程等。有利于学校统筹办公、教学空间,同时,为走班授课及美术教学提供了场地。

5. 绿化

2014年学校完成两幢教学楼阳台、校园围墙绿化和阳台绿化的补种工作及办公室、会议室、楼道等主要部位摆花工作,添置一些观赏性花卉,进一步"净化、绿化、美化"校园环境。

(二) 人文环境美化

学校的校园环境建设以"健康向上、整洁优美、和谐统一"为目标。学校按照美的规律来设计和优化校园环境,校园环境的设置给人以美的熏陶、美的向往,渗透着尚美教育理念,体现学校的人文精神。例如,在教室、阅览室、学生宿舍、餐厅等场所装饰名

图 7-4

213

言警句、书画名作,修建美术画廊、艺创中心、校史陈列馆等,让学生步入校园就可以看到醒目的校训和校风标语。2014 年,学校完成两幢教学楼阳台、校园围墙绿化和阳台绿化的补种工作及办公室、会议室、楼道等主要部位摆花工作,添置一些观赏性花卉,进一步"净化、绿化、美化"校园环境。2015 年,新建连廊 16 个教师办公室,布置南北教学楼、艺体楼、综合楼等楼道内、连廊内学生艺术作品(图 7-4),让校园的每块墙壁都"说话",让每处环境都"育人"。校园里绿树成荫,花草繁盛,建筑错落有致,各种雕塑、壁画、名人名言整齐有序,让学生被一种优美、健康、积极向上的校园气氛所笼罩,不知不觉中就会受到美的熏陶,自愿把自己与学校融为一体,带有强烈的主人翁责任感和使命感,从而逐步形成与校园精神合拍的道德风尚、行为习惯和人格情操;憎恶各种丑陋行径,发展自己美好的思想品德和个性。

三、社会环境美:文明熏陶

(一) 学校周边:马史文化

四中的马史文化源于学校周边得天独厚的环境:史量才故居(图 7-5)、马相伯故居(图 7-6)紧紧围绕,其古朴的建筑给了学生美的享受,其博大的精神给了学生美的熏陶。

史量才是原《申报》总经理,是 20 世纪二三十年代中国最大的报界企业家,也是爱国民族资本家。在民族危亡的岁月里,他的办报思想与实践充分体现了中国新闻工作者刚正不阿、秉笔直书的战斗精神。他曾告诫报社同仁:"人有人格,报有报格,国有国格。三格不存,人将非人,报将非报,国将不国!"《申报》是中国近代一份赫赫有名、影响深远的报纸,在其近百年的沧桑历史中,史量才为它的发展直至辉煌鼎盛做出了重要贡献。"史量才的献身就是《申报》的永生!"后人无比敬佩史量才不顾生命安危,竟以笔杆子断然拒绝枪杆子的威胁。"申报馆"设立了长期纪念他的"量公堂",直到 1957 年后才拆去;"申报二校一馆"易名为"量才二校一馆";他的妻儿为继承他的遗志,分别做了各种好事善事;翁家埠是罪恶的见证人,村民们不顾上方压力,年年代代

图 7-5

传颂着史量才不幸遇难的悲壮往事；海宁观潮胜地公园重建了史量才纪念亭、纪念碑……改革开放后，全国乃至国外各家的报刊杂志、电视媒体不厌其烦地登载、播放关于他的文章、轶事及生平贡献；上海市政协、市记协及新闻学会为他举办了两次隆重的纪念活动；他的两个故乡都为他修缮了故居，塑起了铜像，建立了陈列室，将他创办的学校易名为"量才小学"，且将这些列为"青少年爱国主义教育基地"；曾经小巧、精致的秋水山庄如今也在浙江省、新新饭店的重视下修缮、布置一新，尽量保存、体现其原貌。2005 年，后人为缅怀他，特别精选一组资料照片，为他制作了一版有 16 张从生到死的照片、题写着"千秋报业、百世留芳——纪念报业泰斗史量才先生诞辰 125 周年"的纪念邮票。邮票封面上一张铜像是留日学生金学成于 1936 年所雕塑，因他是当时在日作品参展并获奖的外国第一人，又因为日本人民敬仰、惋惜史量才，故日本文部省为史量才的两张铜像均做了明信片发行。中国新闻史学会副会长黄瑚说："一本《红楼梦》研究了几代人，《申报》与史量才还不知道要研究多少代呢！"

马相伯则是复旦大学的创始人，他与蔡元培一起，向天主教会租用徐家汇观象台的旧屋作为校舍，并聘请了几位法国籍神父任教，创办了一所新式的学校。马相伯还给学校起了个响亮的名字——震旦学院。"震旦"一词出自梵文，意即中国，在英语中，亦有黎明、曙光的含义。马相伯将震旦学院喻作旭日东升，担负着以教育开启中国曙光的重任,必将前途无量。震旦学院成立后,马相伯任监院(即院长),在他的运筹帷幄之下,震旦学院的教学、教务活动均安排得井井有条。为引导热血青年学习科学文化知识,报效国家,他振臂高呼:"欲革命救国,必自研究近代科学始;欲研究近代科学,必自通其语言文字始。有欲通外国语言文字,以研究近代科学而为科学救国准备者,请归我。"这种"开宗明义、力求自主"的治校风气,对近现代教育也产生了深远的影响。马相伯的学生蔡元培提出的五育并进、思想自由、兼容并包、文理沟通、造就具备完备人格的学生的教育理念,一定程度上受到了马相伯的影响。而"学术独立、思想自由"也被写入了复旦校歌,为世世代代的复旦人所传诵。

图 7 - 6

崇尚科学、注重文艺、不谈教理是马相伯提出的三条办学宗旨。换言之,他认为科学和人文两者皆不可偏废。强调崇尚科学的重要性,在20世纪初的中国是毋庸置疑的。马相伯曾说,"立国于20世纪科学之世界,必赖科学发达,始足以自存。中国今日之危亡,实根因于科学之落后。"与此同时,如果不注重人文教育,培养学生的道德与修养,那么"科学意识"就会变成"科学主义",沦为了社会的工具。"举国倡言科学,无良心! 无宗教! 只有科学而已!"于

右任曾用"尚自治,导门径,重演讲,习兵操"来形容震旦的四大特色,其中所提到的演讲训练更是每周日由马相伯亲自带领。"或讨论学术,或研究时事,习以为常。先生本长于演说,高谈雄辩,风趣横生,诸同学传其衣钵,故出校以后,从事政治革命运动,受用不尽"。而"重演讲"的风气已然成为了复旦的传统。他推崇在教学中采用"提举纲领、开示门径"的启发式教学法,反对只停留于文字表面的训诲或者教条式的灌输,注重研究与实验,希望学生能够手脑并用,求得"真的知识"与"活的学问",从而提高原创力。临终前,马相伯曾在与胡愈之的一次交谈中沉痛地说,"我是一只狗,只会叫,叫了

一百年,也没有把中国叫醒。"也恰在复旦百年诞辰之际,全校开始实行"通识教育",去践行老校长当年未能实现的教育理想。而以"志德"(马相伯原名)命名的书院,正是为了纪念这位在忧患中度过一生的老人。

让学生做马史文化的讲解人,无疑是进行美育、感受学校周边文化的好方法。文化泗泾镇城市发展有限公司专业讲解员夏青老师为四中众多学生举行过生动活泼的现场培训。夏老师在史量才故居正厅里,热情洋溢地向同学们一一介绍着报业大王史量才的精彩爱国故事,那一张张照片,一幅幅字画,一件件文物,静静地诉说着史量才刚正不阿、气吞山河、矢志不渝地追求民主自由的崇高人格和悲壮人生。她的讲解,声情并茂,字正腔圆,句句话语倾注着对家乡名人由衷的崇仰。接着,同学们在故居后厅的录像室观看了纪实片《史量才》。培训之后,学校举行了讲解员选拔比赛,择优组建学生讲解员队伍,专门为学生参观马史故居时提供讲解服务,为全校师生宣讲马史,让马史进学校、进社区、进单位,把马史精神弘扬光大。

(二)泗泾古镇: 民俗风情

学校所在地泗泾镇,凭借其历史文化积淀、区位明显优势、高水平规划管理以及经济发展现状与潜力,入选全国重点镇之一,并且对近期松江区创建"全国文明城区"也将起到重要作用。然而,随着地区城市化发展和经济的迅速增长,公民素养缺失、环境污染、心理疾病、审美趣味低俗化等问题也将伴随而生。学校主张"以美育人,发展学生"的育人理念,将美渗透到学校德育工作的各个环节,以美的语言教导人,以美的行为感悟人,以美的环境陶冶人,以美的画面情境激发人,全面提高学生道德、文化、艺术等修养,从而使学生身心得到和谐发展。针对四中学生实际情况,除了渗透美育思想,规范性教育也不能松手,于是形成了"规训为基,对话为本"的德育方略,坚持走"凡人德育"道路,构建"以美辅德"的尚美德育精神和育人模式。

随着泗泾下塘历史文化风貌区保护与更新利用的推进,馆藏古镇周边资源日益丰富,为我们开发乡土课程提供资源。例如泗泾拥有国家级非物质文化遗产——"十锦细锣鼓"。泗泾老街内坐落着"马相伯故居"和"史量才故居"。古镇民间艺术丰富,拥有舞龙、划龙船、秧歌、打腰鼓、武术等表演艺术,竹编、剪纸、泥塑等工艺艺术。如何更好地利用这些资源,使之课程化,成为丰富学校课程的重要抓手。为此,我校开办了许多与此相关的学生社团、校园活动,使学生在老师的带领下,有组织地融入泗泾的历史文化之中,并通过亲自参与动手制作、实地调查研究来更深刻地了解民俗风情,从中获得美的感悟。

松江四中师生每年都会参加泗泾镇"古镇戏台"演出,作为展示学校艺术特色的一个有效载体,它是学校校外活动品牌项目。从组织排练到最后演出,参与演出的全体师生为这场演出尽心尽力,把学校最优秀的节目展示给所有观众。"古镇戏台"作为泗泾镇精神文明建设的一个载体,是泗泾镇的群众文化品牌项目,为广大居民提供了具有地域特色的文化生活,形成了良好的群众文化氛围。

2016年11月4日晚,学校师生齐聚古镇戏台,展示精心准备的文艺节目。本场演出是学校学生文艺成果的汇报展示,也是教师风采的绽放。富有浓郁尚美特色的节目,融入了师生的心血,凸显了学校师生的聪明才智和艺术素养。一曲《校园集体舞》为本场演出拉开了序幕,学生们整齐的舞步、甜美的笑容,为整场节目奠定了基调。高二2班和初一5班的同学,为我们带来主题朗诵,展示了四中学子的多才多艺。教师群舞《五环之歌》《卓玛》,展现了年轻教师的青春活力。俞红老师等带来的蒙古族舞蹈《赛拜努》,洒脱的舞姿仿佛让我们置身于辽阔的大草原。(图7-7)宋悦老师引吭高歌,独唱一曲,将晚会的气氛推向高潮。整场演出掌声不断、高潮迭起,给人以美的享

图7-7

受,赢得了前来观看的家长和领导们的广泛好评,为本年度的"古镇戏台"泗泾专场演出画上圆满的句号。这项活动的开展,给学校师生创造了一个施展才华的平台,也让学校的艺术教育走出校门走进社区,让更多的居民群众得到文化的熏陶和精神生活的享受,同时也让泗泾古镇成为学校进行美育熏陶的好环境。

开展志愿者服务活动也是在社区中进行美育的好方法。每年推荐高二年级优秀学生干部参加松江区暑期学生社区挂职活动。在"学雷锋日",校团委少先队学生会组织青年志愿者踏上了社区志愿服务的岗位,为社区老年人提供一个更加整洁的活动场所。另外一部分志愿者负责向社区及周边的居民散发《创建全国文明城区倡议书》,为建设更加文明、美好的泗泾镇贡献力量。

(三) 松江文化:上海之根

九峰三泖,人文荟萃,历史给松江留下了"上海之根""浦江之首"的自然人文遗存,形成了风格鲜明的民俗文化。上海之根的温润气质浸润着松江四中的学生,养成了他们沉稳的个性;松江的十锦细锣鼓、花篮马灯舞等非物质文化遗产潜移默化地影响着四中,给予四中丰厚的文化底蕴。

泗泾十锦细锣鼓是上海泗泾地区的吹打艺人们在吸收昆腔艺术特色的基础上,于长期的演奏过程中不断打磨而形成的独具特色的汉族民间音乐,距今已近300年的历史,2008年入选我国第二批国家级非物质文化遗产保护名录。泗泾十锦细锣鼓的艺术特色主要是锣鼓。锣梗、鼓梗的敲头,通常用木质较重的材料,这样发出的声响短促而沉闷,符合十锦细锣鼓节奏感鲜明的特点。与众不同的是十锣梗的敲头可以勒上脱下,演奏时用槌杆头敲奏,音质效果别具一格。

草龙求雨仪式,相传源自唐代的一场旱灾,传说"八仙"中的韩湘子是叶榭埝泾村人,为解家乡旱灾,召来东海"青龙",普降大雨,使得叶榭盐铁塘两岸久旱逢甘霖。当地百姓为报韩湘子"吹箫召龙"的恩德,便将盐铁塘更名为"龙泉港",沿用至今。以后每年乡民就用金黄色的稻草扎成4丈4节、牛头、虎口、鹿角、蛇身、鹰爪、凤尾的草龙,祈求风调雨顺。从此,草龙求雨成为叶榭民间的一种习俗,并影响到周边地区。这种接近古代原生态的祭龙求雨仪式,因为有整合村落集体力量的文化功能,已传承了近千年,并孕育出富有特色的民间音乐、舞蹈。1950年,该地为解除旱情举行了该仪式。

后因庙会式微中断,近年有所恢复。

余天成堂创始于 1782 年(清乾隆四十七年),距今已有 227 年历史,可以说是上海地区建成最早的中华老字号药房。创始人余游园是浙江宁波人。游园公以余氏为姓,以"天禄同寿、成德长生"为意,定店名为余天成。余氏先后传承了余游园、余全吉、余修初、余五卿和余鲁珍五代人,完善和坚持了"道地药材、修制务精、货真价实、童叟无欺、名医坐堂、治病救人"的 24 字经营宗旨。除了出售中药外,还以"鹿鹤"为标记,自制独特秘方的丸散膏丹供应于市,颇受市民喜爱。余氏经营长达 121 年,"余天成堂"声播上海、苏杭一带。余氏第三代传人余修初被聘为胡庆余堂首任阿大,配合胡雪岩创下了江南药王伟业。

花篮马灯舞原名"串马灯",以马灯和花篮道具命名。一般用于元宵节庆庙会中。主要盛行于松江区新浜镇,历史上曾有"山歌马灯乡"之称。全镇每村都有串马灯,每逢元宵佳节,村村组织灯队,一般第一夜先在庙场齐灯串舞,点灯的火种要从庙里迎请,然后进入本村逐家登门。村民们则家家煮菜备酒,邀集亲友前来观赏和品尝,并备好"红纸包",馈赠灯队。第二夜起按邀发帖子为序,开始去别村相互串舞。每到夜晚,在敲打的锣鼓声中,马、花篮纷纷亮起灯火,村庄灯光闪烁,时隐时现,五光十色,气氛热烈,场面壮观。整个活动要持续到正月底才收灯结束。花篮马灯舞初期只有 4 马 4 花篮。灯队身穿戏装,扮演《水浒》《白蛇传》《吕纯阳三戏白牡丹》等剧目中的角色。

这些具有地域特色的"松江文化教育",成为师生接受市情、乡情教育的一个重要窗口,成为培养学生社会主义核心价值观的一个重要载体。区域的历史文化资源是我们的先辈馈赠给后人的精神文化财富。作为一种宝贵的社会公共文化资源,长期以来,我们更多地将之用在了旅游、宗教、休闲、娱乐等活动当中,而真正将其作为一种青少年儿童品德教育的资源加以开发与运用的思考和设计并不多。松江区有着极为丰富的历史文化资源,这为教育行政部门整体思考和设计如何从日常社会生活中深化和推进中小学美育提供了良好的基础。如果我们的美育能够充分发挥区域特色以及中华优秀文化的引导和教育功能,通过丰富的社会实践活动,增强美育的实践性、体验性和感悟性,就能够切实提升其实效性。基于这样的思考,松江区教育局协调整合了区域内各方面的历史文化资源,从教育的角度进行开发、设计和组织实施,推进教育社会化,从而拓宽了中小学美育的途径,丰富了中小学美育的资源。

为了更好地凸显区域内优秀历史文化资源在学生良好品德和健全人格发展中的引领作用和培育功能,松江区逐步形成以下三大载体。

(1) 研究性课程。学科教学是学校生活的主要内容,"学科育人"是松江区基础教育改革与发展的一个聚焦点,研究性课程不仅是一门学生延伸课堂教学内容、发展研究能力的课程,更是为学生提供一个通过社会实践活动体验社会、感悟人生,培育其正确的世界观、人生观和价值观的重要载体。因此,松江四中把对于松江文化的领悟和学习同研究性课题结合在一起,使学生在享受文化的同时锻炼研究能力。

(2) 文教结合。这是当前基础教育改革的一个重要载体,松江区拥有诸如十锦细锣鼓、古琴、书法、花篮马灯舞等"非遗"资源,学校就是以这些资源为基础,把特色教育与品牌文化建设相结合,开发出一系列卓有成效的文教结合项目,如学校的锣鼓队、书法墙、书法社等,都是松江文化与学校教育结合的成果。

(3) 主题系列活动。长期以来,中小学主题教育活动普遍存在着"有主题、无系列"的问题,松江区在推进"养正达人"教育时,针对这一问题,充分利用区域内各类社会实践教育资源,把学校教育与社会实践有机结合起来,同时根据实践内容形成不同的主题系列,使美回归学生生活。例如,2011 年松江以纪念建党 90 周年为契机,开展了"红色"系列主题教育活动,各校制定具体方案,全区共有约 10 万名学生参与了这项活动;又如,党的十八大召开后,松江区教育局根据各学段学生的年龄特点和认知规律,分层开展了"我们与梦想同行"主题教育活动;此外,松江区还组织承办了"在社会大课堂里健康成长"上海市小学生社会实践教育研讨展示活动等。学校积极参与这些活动,主动配合区教育局,圆满完成任务,使"向着美的方向生长"的办学宗旨与区域文化结合,成为一个主题连贯的、影响深远的美育系统。

参考文献

1. 普通图书

［1］Howard A. Ozmon, Samuel M. Craver.教育的哲学基础(第七版)［M］.石中英,邓敏娜等,译.北京:中国轻工业出版社,2006.

［2］曾祥芹.文章学与语文教育［M］.上海:上海教育出版社,1995:263.

［3］陈学恂.中国近代教育文选［M］.北京:人民教育出版社,2001:339.

［4］傅季重,黄万盛.道德的理论与实践［M］.上海:上海社会科学院出版社,1987.

［5］高平叔.蔡元培教育文选［M］.北京:人民教育出版社,1980:195.

［6］赫尔巴特.论世界的美的启示为教育的主要工作［M］.张焕庭,译.北京:人民教育出版社,1979:249‐250.

［7］教育部基础教育司.中小学德育工作指南实施手册［M］.北京:教育科学出版社,2017:10‐11,14,25.

［8］林崇德.21世纪学生发展核心素养研究［M］.北京:北京师范大学出版社,2016:134.

［9］刘泽民.应用美学［M］.长沙:中南大学出版社,2000:251.

［10］苏霍姆林斯基.给教师的建议［M］.杜殿坤,译.北京:教育科学出版社,1984:130.

［11］苏霍姆林斯基.怎样培养真正的人［M］.蔡汀,译.北京:教育科学出版社,1992:5.

［12］乌申斯基.乌申斯基教育文选［M］.郑文樾,译.北京:人民教育出版社,1991:213.

［13］杨伯峻.春秋左传注(第三卷)［M］.北京:中华书局,2009:1088.

［14］杨恩宁.审美教育学［M］.沈阳:辽宁大学出版社,1987.

［15］叶昌奎,麦志强.审美教育模式论［M］.广州:广东教育出版社,1997:125‐126.

［16］中华人民共和国教育部.普通高中语文课程标准(2017年版)［M］.北京:人民教

育出版社,2017：26.

［17］钟启泉.化学教育展望[M].上海：华东师范大学出版社,2001：120.

［18］朱立元.现代西方美学史[M].上海：上海文艺出版社,1993：1021.

2. 科技报告

［1］中华人民共和国教育部.国家中长期教育改革和发展规划纲要（2010—2020 年）
[R].北京：人民教育出版社,2010：10.

3. 学位论文

［1］鄂继荣.高中生物教学中进行生态美学教育的探究[D].东北师范大学,2005.

［2］蒋莉莉.美术特色高中的生物教学中渗透美育的实践研究[D].苏州大学,2013.

［3］刘琼华.构建"以美育人"的中学德育模式[D].福建师范大学,2003.

［4］欧阳文爱.当代美育新视野—中学学科教学美育探讨[D].江西师范大学,2003.

［5］秦双.美育视角下大学生德育研究[D].南京师范大学,2015.

［6］文平.多元智能理论视域下基础音乐教育的研究[D].湖南师范大学,2014.

［7］张东海.全人教育思潮与高等教育实践研究[D].华东师范大学,2007.

4. 期刊中析出的文献

［1］蔡洞峰.论美育的现代性意义[J].新疆艺术学院学报,2007(03)：14－16.

［2］曾繁仁.加德纳的"多元智能"理论与美育[J].山东大学学报（哲学社会科学版）,
2001(04)：11－20.

［3］陈庆洪.以美立校,以美育人——开展学校美育工作的几点感悟[J].福建基础教
育研究,2017(02)：11－12,23.

［4］杜君兰,徐宝芳.中学地理美育实施策略[J].内蒙古师范大学学报（教育科学版）,
2005(10)：116－118.

［5］高德品."尚美"特色创新实践探究[J].基础教育参考,2016(22)：27－28.

［6］高德品.尚美养正—构筑"成人之美"的校本师训体系[J].上海教育,2016(22)：
31－33.

［7］高德品.教育是一种坚守,校长是一份责任[J].上海教育,2017(Z1)：26－29.

［8］何丙华.特色学校的内涵和创建因素[J].许昌师专学报,1999(02)：126－127.

［9］金晶.以尚美之心开展美的班级活动[J].江苏教育,2017(71)：44－46.

［10］李国胜.浅谈化学教学中的美[J].理科教学研究,2006(6)：22－24.

［11］林兴发.以美辅德：未成年人思想道德建设的有效途径[J].理论观察,2005(03)：
68－69.

［12］刘向信."立人"：中国现代人本主义美育思想的价值追求[J].文史哲,2006(03)：
75－80.

［13］刘燕斌.历程非凡　成就重大　经验宝贵　40年中国就业栉风沐雨[J].中国人力
资源社会保障,2018(01)：13－15.

［14］罗必新,付冬梅.国际视野下的高中课程改革研究[J].现代教育科学,2008(12)：
85－87.

［15］罗国萍.中国古代美育思想的嬗变[J].开放时代,1996(04)：70－73.

［16］牛兴佑.基于核心素养的语文美育实施路径[J].教育观察,2018,7(20)：45－47.

［17］孙俊三.净化与美化：西方占代审美教育的理想[J].湖南师范大学教育科学学报,
2008(05)：40－43.

［18］孙霄兵.我国新时代高中教育发展的目标和任务[J].中国教育科学,2018,1(01)：
12－26,136－137.

［19］汪长明,王晓华.基础教育阶段数学教学的美育功能析论[J].内蒙古师范大学学
报(教育科学版),2010,23(02)：109－111.

［20］王红旺,张玉滨,王敏.核心素养在高中各学科教学中的体现[J].教育教学论坛,
2018(21)：244－245.

［21］王文革.美育的德育功能分析[J].中国德育,2018(24)：30－34.

［22］王正平,林雅静.立德树人：教育伦理的根本原则[J].道德与文明,2018(04)：
111－118.

［23］吴怡昕.新形势下高职技能型人才培养模式的两点思考[J].成才之路,2010(15)：
2－3.

［24］谢安邦,张东海.全人教育的缘起与思想理路[J].全球教育展望,2007(11)：

48－52.

［25］徐菁.试论数学教育的美育价值［J］.漳州职业大学学报,2002(03)：84－86.

［26］叶华文.在高中心理健康教育中开展心理社团活动的实践与探索［J］.校园心理,2013,11(02)：114－115.

［27］臧雷."尚美"教育的"苍梧"表达［J］.江苏教育,2017(66)：66－67.

［28］张文青,马勇军.学校特色建设中"特色主题"的研究与启示［J］.基础教育研究,2014(01)：16－19.

［29］张祥沛,石中增,王军生.生物学教学中的美育目标、内容及实施策略［J］.山东教育学院学报,2002(02)：89－91.

5. 报纸中析出的文献

［1］柳海民,邹红军.在落实立德树人根本任务上下功夫［N］.中国教育报,2018－10－11.

［2］习近平.清华大学苏世民学者项目启动仪式在京举行［N］.人民日报,2013－4－22.

［3］习近平.做党和人民满意的好老师［N］.人民日报,2014－9－10.

［4］于文书,周晓光.美育视角下的校园文化建设［N］.中国教育报.2005－5－14(3).

后记

　　我们从事教育事业的人，多多少少得有些"不合时宜"的想法，这么做并不是为了标新立异，更不是要故意抬高自己而贬低别人，只要遵循教育的基本准则，不违背教育的本质，在合时、合势、合理、合情的条件下敢于突破瓶颈，追求办学品质，那又有何妨呢？晚清思想家龚自珍不就一反文人画士之趣，辟病梅之馆而甘受诟厉吗？我相信，做对的事情往往比把事情做对更重要。

　　在松江四中做了整整五年的校长，学校的办学实绩和社会声誉确实有了长足的进步，这是有目共睹的。于是也常常受到一些同仁的过誉，甚至还要向我讨"秘方"。不管他们信还是不信，我的秘诀就是　　　　散步。尼采说："只有从散步中获得的灵感才有价值。"贝多芬午饭后会散步，并随身携带纸笔记录音乐灵感；达尔文每天两次定时定点散步；狄更斯每天走很长的路才能文思泉涌。可见散步对人的创造力的挖掘和增强是多么重要啊！尤其对我这样的老人，散步还可以恢复心力、延年益寿。我的那些"不合时宜"的想法有许多就是在散步时偶得的。比如，我提出用指数函数公式"$F = e^{Br}$"来表达松江四中的办学理念（"让美成就未来"）。在这个公式中，"e"既代表"教育（education）"又代表数学中的自然常数，蕴含着教育回归自然（平民本色）的理想；"B"代表"美（Beauty）"，是我"尚美教育"的体现；"r"意味着"责任（responsibility）"；尚美和责任作用于教育，就会培养出"F（future）"，即未来有平民本色、责任担当、尚美情怀的强者，而这种作用力会像指数函数一样无限增长，成就学校中每一个自由舒展的生命未来。指数函数的增长方式是无限的，老师和学校的尚美与责任感作用在孩子身上，给孩子带来的潜能也是不可估量的。老师应尽量用自己的真善美和负责任的态度去影响孩子。有人会说用"美"的思想来建构办学模式和体系本身就是理想化的，尤其在当今这个功利主义至上的社会中，没错，但是学校不就是与美相遇的地方吗？教育的目的不就是为了美化人的心灵吗？也只有"美"才能激起人们对"幸福"的憧憬！

从最初的摸着石头过河到一点一滴的积累前行，五年的思考与实践铸就了松江四中的"尚美"文化。围绕着"尚美"母题，我不断在思考一系列的核心问题：如何实现学校特色发展、完善课程育人？如何建立质量评价体系，促进教师专业成长？如何全面发展学生品格，提升学校文化底蕴？对这些问题的探索、实践、提炼与反思便是本书的主要内容。俗话说，"十年树木，百年树人"。作为"树人"的教育工作是一段漫长的过程，就像盖房子一样，五年的思考与实践为"尚美教育"这幢高楼大厦打下了坚实的基础，不断浇筑的恒心与决心则是推动它层层向上的力量。当然，我们相信"尚美教育"有"诗和远方"，但还有许多工作需要我们下一步的思考，怎样才能让"尚美教育"真正落地开花就是值得我们不断去追寻的恒久命题。

我们希望"尚美教育"达到"桃李不言，下自成蹊"的效果，我们更希望得到社会的关注与支持。向上向善向美生长，是我们不断的追求；立德树人，成就梦想，是我们心底的渴望。独行快而众行远，众志成城能办事。本书的成功出版离不开诸多专家、学者的指导。非常感谢华东师范大学的刘世清博士全程指导书稿的写作，对书稿的逻辑架构给予了高屋建瓴的意见，令写作团队有"拨云见日"的感触。非常感谢本书的编写团队，正是这些老师们不辞辛苦、日以继夜地编撰，才使本书能尽快付梓。

本书共分为七章。第一章由高德品、郁青执笔，第二章由黎勇军、方丹竹执笔，第三章由郭静、李诗海执笔，第四章由高德品、景一君执笔，第五章由高德品、王景执笔，第六章由高德品、于少华执笔，第七章由高德品、李慧执笔。全书由高德品负责统筹并最终审定，黎勇军、郭静协助校对。

在本书的编写以及前期的课程教学与课题研究过程中，我们得到了各方面的关心和大力支持。首先感谢松江区教育局领导对本尚美特色项目的认可和支持。还要对给予本书关心指导并欣然为本书作序的教育部中学校长培训中心副主任、博士研究生导师刘莉莉教授，上海市格致中学校长张志敏等专家表示诚挚的感谢！同时也要感谢我们创建项目组的沈惠明、郭洁、余斌、郭伟峰、顾雪君、袁丽丽、余晨、吴中、石春山、董尧琴等所有老师在尚美课程开发、"211"尚美课堂实践、尚美校园文化创建中的探索与付出。

　　尽管我们以专业的操守,认真负责的严谨态度编写,但由于水平有限,本书仍有许多不成熟和值得商榷的地方,敬请读者多提宝贵意见,指出不足,斧正错误,予以完善!

高德品

2019 年 4 月